ECLECTIC COUNSELLING

折衷的カウンセリング

ARPIモデルのすべて

Working with an Integrated Model

ギャリー・ハーマンソン
塩見邦雄 監訳

誠信書房

第2版への序文

本書は、一九九二年に初めて出版されてから今日まで、ニュージーランドでのカウンセリング研修と実践での参考書として、実に幅広く使われてきた。数多くの研修プログラムのテキストとして、この本を手にするカウンセラーたちは増え続けている。その間、カウンセリングの世界は進展し続けており、使うモデルをどのように適用し、どのように教えていくかという見地から、モデルの修正や改善が必要とされるようになってきた。

カウンセリングの発展は、社会のなかでますます認知されてきている多元論、また、さまざまなニーズや介入要求に導かれてカウンセリングを受けにくるクライエントの多様性から、よりはっきりとしてきた。そして、個人の力動性だけではなく、もっと明確に社会的状況を取り込むという方向づけの必要性が、ますます強調されてきている。それは、社会的、経済的、文化的に異なる分野へと、クライエントになる可能性のある集団が拡大してきたことが原因でもある。明確な方向づけとその結果に焦点を合わせようとしてきた開業カウンセラーの増加も、それに輪をかけてきた。

カウンセリングのなかで主導的な方向づけとしての折衷主義に関しては、おおいなる矛盾に取り囲まれている状況が続いている。折衷的カウンセラーであることを周りに公言することには躊躇しつつも、実際には折衷的方法で行っているカウンセラーはますます増えていることが、次第に明らかになってきた。現場の現実がそれを余儀なくさせるのであるが、心配な点がいくらか残っている。それは、実態を超えたカウンセリング技法を持っている者として認められることが、主な関心事になっているということである。現在、実質も信用性もある折衷的モデルが存在するようになった。単一理論のアプローチは、他の方法を試みることなく、その理論的な説明に合わせるための実践を当然とするという点において、実際にはもっと心配である。折衷主義が最も広い領域を持っていることについては、まったく疑いはない。折衷主義は、統合された枠組みのなかで、必要な内容から引き出された技法をもって、クライエントのニーズと多様性に応えていくことができるからである。

ここに提示するモデルは、哲学的な一貫性と矛盾のない理論原則に支えられた、十分な内容を持っている。なおかつ、支えている土台を補足して、多様なクライエントに対し、カウンセラーが最も利点を生かしてかかわることができる広範囲の技法が明確に提示されているという点で、実践的な効用を提供することができる。

第2版には注目すべき改訂点がいくつかある。実践的局面と文化的背景の章は、本書全体のなかでのウェイトを重くするために書き直し、章の配置を変更した。このモデルの特別な要素を強調するために、原文にさらに磨きをかけた。たとえば、より強調したのは、このモデルの持っている循環的な特徴、モデルの進行に対する障害、そして、個人体験として明確に指摘されるがけっしてその個人の「状態」というものではない、個人化することに対する失敗についてである。このモデルは、有益な介入方略のなかでナラティヴの外在化を行いながら、うまく確立されて変化に富んだナラティヴに関係づけて、位置づけられている。

本書は研修プログラムできわめて広く使われてきたので、主要な章の終わりに、研修と発展のための適切なエクササイズをいくつか追加している。特別な概念と原則に関連した学習を、個人として身につけてもらえるように、また、このモデルの多種多様な中心要素に習熟して技法を身につけ、その過程に親しんでもらえるよう、構成されている。

最後に、中心となる概念や理念、技法を把握し、解釈の流れを助けるために、それぞれの介入方略の参考文献を巻末の「注釈」に移した。これらの文献は必要に応じて更新されている。

第2版は読者の意見を参考にして、私自身の判断を引き出しながら、前向きに書き直し、磨き上げた。今はただ、本書が、厳しいけれども時間と労力をかけるだけの値打ちがあるこの分野で奮闘している読者の役に立ち、読者自身とそのクライエントの利益のために、カウンセリングの有能性を発展させていただきたいと願っている。

一九九八年三月

ギャリー・ハーマンソン

謝　辞

この本に提示した理論に何年にもわたって貢献してくれた数多くのクライエント、同僚、研修受講者の方々に謝辞を表したい。しかし公刊書であり、またその人数が多いために、個々のお名前をお出しすることができないが、その方々の貢献は計り知れないものがある。ただ、本書の出版に関してより具体的にご協力をいただいた同僚たちの名前は挙げて、その援助に感謝を示したい。

同僚で今は友人でもあるラッセル・バーンストーンは、人々に対する誠実で偽りのない力の共有を反映する立場のひな形を作り、私がカウンセリング哲学を形成するのを援助してくれた。カウンセラー養成の同僚で個人的なパートナーでもあるスー・ウェブは、私がカウンセリング・オリエンテーションを形成して統合するのにとても協力してくれた。スーは、彼女自身の思慮深いカウンセリングと研修の専門性を実際に演じて見せてくれて、強い影響を与えてくれた。スーの理解力、感受性、創造的なスキルの深さはゆるぎないものであり、多くのクライエント、研修受講生、トレーナーの間で長年評価されてきた。

ＡＲＰＩモデルを研修に適用したり修正したりすることに関しては、マッセイ大学の研修プログラムのなかで、何年にもわたって一緒に働いてきたトレーナーの方々の貢献に感謝したい。特に近年、このモデルの文化的側面を強調して、文化的な適正さを引き上げるという点に貢献してくれた、同僚のキャサリン・ラブに感謝したい。同僚のトレーナーの方々も、私のカウンセリング統合の発展に重要な役割を演じてくれ、別の洞察や経験をさせていただいたことをうれしく思っている。

出版技術面では、リサ・エマーソンから受け取った実務的な援助とガイダンスに感謝したい。リサは編集者の目で初期原稿に目を通し、本書の完成に尽力してくれた。また、カバーとグラフィックデザインを担当してくれたキャサリン・ニューマンにも感謝の意を表明したい。

個人的には、私の元の家族（シャーロット、ロイ、ベバリー）と、現在の家族（スー、キャシー、ライズ、レオン、イヴ）は、私に出版の機会を設けてくれた。彼らの支持と励ましに感謝する。

本書をロイ（一九一五-八四）、ロッティー（一九一八-九二）に捧げる。二人は苦労して生涯を送ったのであるが、そうするなかで、私が興味と勉学の機会を持ち続けることを可能にしてくれた。

目次

付録——二つの事例—— 274

序章

本書は、効果的なカウンセリングに不可欠な要素について、私の考えるところを詳細に述べている。個人的な見方にはなるが、本書は、カウンセリング教育や研修、現場での私の三十年以上にわたる経験に基づいたものである。この間、クライエントと研修生を援助するために、できる限り効果的でありたいと努めてきた。また、カウンセリングのなかで一番良いとするものや、私が理解し実行可能であり、人として自分が誰であるかを知らしめる品質と調和するものを、発見し、まとめ、適用するようずっと試みてきた。クライエントのニーズの多様性のため、また人間として、専門家としての私の人格により、このような努力の産物は、必然的にいくらか折衷的になった。しかしながら、そこにあるものは、カウンセリング領域の折衷主義が時々そうであるような、まとまりのない理念や技法の寄せ集めではない。むしろ、統合モデルに基づく折衷主義である。つまり、確立された哲学、信頼できる信念や原理、実践での意味ある操作方法すべてを合体したモデルである。このモデルは、クライエントのニーズに合わせながら、独自性を持ってはいるものの十分に標準的な方法で人格統合を発展させていく健全な基礎を、カウンセラーに提供することができる。

個人的な基盤

私の最初の研修は精神力動理論から始まった。しかしより正確に言うなら、研修後の初期の実践は来談者中心療法だった。私は精神力動理論の実践的な価値に幻滅するようになり、来談者中心療法の哲学的な基盤に、より魅力的なものを見つけた。しかしながら、多くのカウンセラーと同様に、ロジャーズ派の方式には次第に不満を覚えるようになった。クライエントの世界観、経験、ニーズ、目標に焦点を当てることには価値を置いたが、それは方向性の欠如、関係性における受動性、表面的には洞察の探求に見えるが、終わりのない循環によって先延ばしにされるのだった。私はより積極的な提供の必要性を感じる一方で、カウンセラーの観点に重きを置いた方向づけを無理強いし、理論的な仮定のもとに目標を決定しかねないという危険を、モデルのなかに見ることがあった。

このような状況から、私には二つの広い局面でできた荒っぽい開拓者的なやり方が育ってきた。第一の局面は来談者中心の基盤であり、第二の局面はその基盤からのより目標志向的な投入である。後者は、一般的にどんな目標がクライエントの関心を支えているかという、来談者中心療法の過程で認識される試みから出てくるものである。この方式は以前のものより満足できたとはいえ、確立された理論と比較して、漂流しているかのような不安な感じを覚えた。クライエントの目標が、曖昧な仮説に基づいたものであることがよくあり、またより行動的へと導くその移行が、スムーズにいかないことが多かったためである。

ロバート・カーカフの影響

一九六〇年代後半、私はロバート・カーカフ（Carkhuff, R.）らの労作に出会った。カーカフ自身の著作[1]、チャールズ・トルアックス（Truax, C.）[2]、バーナード・ベレンソン（Berenson, B.）[3]の著作は、まさに私の問題意識に関連していた。以上の著者らもまた、私の信念と矛盾しない指針や、当時の私が考えていた以上に発展した考えを、一貫して提供してくれたのである。

カーカフは、確固とした研究基盤に基づき、カウンセラーにとって不可欠な関係性の特質を表現していくことで（第一局面を参照）、クライエントの経験したことやその見方をじっくりと焦点化する必要性を確立した。しかし、カーカフは「来談者中心的」応答の基盤以上のものを明確に表明したのである。クライエントが目標に達成するための、積極的なカウンセラーの介入の必要性を論じ、一番大事なことは、クライエントが自分にとって意味のある適切な目標を正確に見極めるように援助することとした。カウンセラーの仕事は、正確な目標の発見を援助することにある。それは、応答的な基盤と、主要なカウンセリング技法（第二局面を参照）の適切な方法や技法を適用した目標探しの試みによる、重要な移行としての目標発見である。

カーカフの人間資源発達モデル（ＨＲＤ）[4]は、私に、効果的なカウンセリングのための力強い解釈上の枠組みと、信頼できる実践上のモデルを示してくれた。モデルは、肯定的な結果が後から明らかになるカウンセリングという相互交流のなかで起こっていることを、詳しく述べている。その特徴のひとつは、包括的で同時に柔軟性がある点であると思われる。カーカフは、意味のある系統的な方法で、関係性という品質と具体的な方策という二つの局面をまとめてくれた。ひとりのカウンセラーとして、またカウンセラー教育者として、カーカフとその関係者の初期の仕事に、私は深く共鳴した。

幻　滅

しかしながら、はじめから、またかなり後になってまで、私はカーカフの仕事にはある種の幻滅を感じていた。彼の著作には反復が多く、尊大で〝伝道的な〟感じがすることが心地良くなかった。そのような姿勢は、他者への感受性や受容性がその中核的なものとして働くという彼のモデルと正反対に作動するので、特に気になった。

カーカフの方向づけは、時の流れとともに、記述的というよりもより規範的になったように思われた。ＨＲＤモデルは、カウンセラーが始める好みの一技法、すなわち、コミュニケーション・スキルの体系的な研修プログラムに狭められてしまった。当初、包括的で弾力的であったものは、少なくとも私にとっては、あまりにも限定的で融通の利かないものになった。援助職についている多くの人々は、その方式と強調する点で私自身と同じ困難を感じ、カーカフと彼の提言にこの時期、興味を失ってしまったのであった。しかしながら、彼の初期の著作は私にある種の衝撃を与え続けていたので、私はその枠組みにとどまっていた。私は基盤としてカーカフの作り上げた枠組みを採用し、実践家かつ研修トレーナーとしての専門的経験から、効果的なカウンセリングになるにはどのように評価するかについて、積極的に具体的な形を私は作り上げることにした。

個人的統合

本書で提示したモデル（ＡＰＲＩモデル）は、その基盤としてカーカフとその協力者の初期の構成要素を持っている。その構成要素とは、効果的なカウンセリングのための系統的な折衷主義の枠組みで、記述的なモデルを推進するものである。ＡＰＲＩモデルは原形の重要な特徴をとどめてはいるが、クライエントやカウンセリング研修者に集中的にかかわってきた何年にもわたる私の経験から出現してきた、注目すべき変化がある。その変化は持続的で、そのモデルも、継続的な訓練と練習体験に基づき絶えず洗練されてきた。たどり着いた結果は、何が効果的なカウンセリングを作り上げるかという、個人的統合であった。

ＡＰＲＩモデルは、指令的というよりも記述的で、厳密というよりも弾力的である。私は自分の経験から、聞いてもらいたい、問題を解決したい、というクライエントのニーズが、意味のある効果的なやり方を探すカウンセラーのニーズと、いつも結びついていることをよく知っている。これは、カウンセラーが専門化されたカウンセリング方略や技術で、クライエント中心の精神とエンパワーメントを結びつけるための方法を見つけようとするときに、特に顕著である。この独特な苦闘は、カウンセリングの現代的風潮のなかではきわめて一般的なものになっている。

ＡＰＲＩモデルの折衷的な性質は、人々が自分自身の強さや個人的スタイルを、違った方略を持った専門家レベルに合うように形づくることを可能にするものである。しかし、このモデルの本当の可能性が明らかになるのは、徹底的な自己探求から始まって、統制のとれた訓練下で最も重要な構成要素の統合ができたときのみである。表面的な探求は、クライエント中心という底流の価値観や態度なしには、また、クライエントの体験の「最先端」で取り組み続ける技術なしでは、間口の広い構造を持つこのモデルの単なる転用になるかもしれない。そのような状況下のカウンセリングでは、一般的に何が重要なのかを決定しつつも、進行については巧妙に（そうでないときもよくあるが）指導的な、統制的カウンセラーになってしまう。つまり、機械的な態度といった独特の方法に陥り、その現代的な位置づけに関してすぐ批判するのだ。

ＡＰＲＩモデルを効果的で系統的な研修という条件下で学べば、カウンセラーはカウンセラーとしての不可欠な態度と技術の要素を手に入れ、さらに研修を重ねると、モデルを統合し実践に適用させていくことができる。自動車の運転を習うときのように、さまざまな行動がばらばらで不自然に思えるところから、自分の一部分と感じられて自動的になるまでの漸進的ではあるが明らかな動き、つまり「無意識の能力」といったようなものになる。体系的な訓練を受けたカウンセラーは、モデルに不可欠な要素を失うことなく、そのモデルを独自の際立ったスタイルに形づくる。このモデルの卓越しているところは、カウンセリングの相互交流のなかで、「自分が何者であるか」という存在への問いが、カウンセラーがより自由にできるようになることである。しかし、物事がどこに、どのように決着していくかという気づきのなかでこそ、クライエントは目標に到達していく。

折衷的カウンセラーとして誇り高く

ＡＰＲＩモデルは必然的に今、カウンセリングと隣接諸分野のなかで、折衷主義を容認していこうとする動きで緊張のみなぎる真っ只中にいる。しかしながら、折衷的カウンセリングを行おうとしているカウンセラーは明らかに増えているのであるが、そのことを秘密のようにするほうがいいと思っているカウンセラーも多くいる。[5]

折衷主義が陥る可能性のある否定的な側面は、まるで技法の「福袋」を持っていて、軽蔑されて当然であるが、行き当たりばったりのワークや、ほどんど個人的な気まぐれによって方略を選択する。そのせいで、折衷的であるということに対して、自ずから寡黙的にならざるを得なくなる。この否定的な誤用を避けるために、自分自身を統合的に、[6] つまり、二つかそれ以上の違った技法の中身を混合してかかわろうとするカウンセラーもいる。その方法は、クライエントの違ったニーズに対して、より弾力的により広い範囲の技法を提供できるが、「理由もなく好きになる何か」に対して開かれているというわけではない。この一例としては、カウンセラーの多くがごく普通にやっている、ゲシュタルトと交流分析の統合[7]が挙げられる。

しかしながら、折衷主義は非常に肯定的な面を内在しているものであり、確実に追求する値打ちがある。その価値は、クライエントが持ち込んでくる多様なニーズを扱える、最も広い守備範囲を提供できるところにある。そして、違ったやり方を提示しなければならないときには、最高のものを引き出す機会が、最大限にある。しかし折衷主義は、哲学的で理論的な一貫性を持つ系統的な枠組み、クライエントを焦点化する堅固な基盤、カウンセラーがどう行動するかの明確な理論的根拠、を必要とするものである。このような資質は統合的なアプローチを必要とするが、必ずしも限定された選択肢に限るようなものではない。ここで使うモデルは、その高潔さを損なうことなく違った技法を受け入れるので、その技法をクライエントのために活用することが当然できるのである。私たちは、クライエントの経験をねじ曲げるような、またクライエントのニーズを狭い見方に合わせるような強制から、自由にならなければならない。そういった見方は、単一理論の観点とか、それより少し拡張された統合理論のうえにさえも、必然的に起きてくるものである。カウンセリングの現代的で多文化世界のなかでは、クライエントの多元論的現実を無視することができない。カウンセラーは、この現実を反映していけるようなカウンセリングのやり方を必要としている。しかし、核となる基盤台を失うことなく、効果的なカウンセリングを構築しなければならない。

ＡＰＲＩモデルは、折衷主義の線上でプラスの一端に位置する。それは、最も利用しやすい介入方略によって引き出され、クライエント独自のニーズと問題を扱う完全な守備範囲を持ち、首尾一貫している包括的な実践モデルである。この方法は、アーノルド・ラザルス（Lazarus, A.）の「テクニカル折衷主義」[8]や、ラリー・ビュートラー（Beutler, L.）によって洗練された「システマティック折衷主義」[9]の概念と近い。

カウンセリングにおいては、関係性の要素[10]に比べて、技法のほうが結果のばらつきが比較的少ないことを考慮に入れると、モデルのなかの異なる技法を超えた「共通要素」に、相当の重みが与えられている。関係性という質が中枢から過程全体に及ぶというやり方で、モデルを下から支えているのである。このモデルの最も強力な要素を聞かれたなら、私は躊躇なく関係性という面を強調するだろう。しかしそれは、ＡＰＲＩモデルを有益で生産的にする、多様なプロセス・スキルと介入方略の組み合わせであると付け加えたい。それは、クライエントの独特な物語の重要性がカウンセラーの力と溶け合って、潜在能力が再生するように、多元的真実を認識する見方のなかにうまく合致するモデルである。その再生要素は、ただひとつの解釈を見つけようとする、また依存的なクライエントに治療的な方法論を強制するといった現今の努力とは、はるかにかけ離れたものである。

本書の構成

本書は三部に分かれている。

＊第Ｉ部はＡＰＲＩモデルを明確に提示する。そして、このモデルを実践面と文化面における状況要素との関連で考える。

＊第II部は、特にこのモデルの変化に富んだ過程と技術の要素を見ていく。モデルを支えている意図を説明し、それぞれ違った段階を構成するのに不可欠な態度と技術を検討したい。

＊第Ⅲ部は、モデルの段階の一つ（イニシエイティング：開始）を、専門的なカウンセラーの介入方略の詳細を考えながら広げていく。また、一連のカウンセリング技法の信念や概念、技法に注目する。そして、これらの技法をその中心的な方向づけから、思考、感情、行動といった広い領域でグループ分けをする。

第Ⅰ部は、はじめにカウンセラーのための実践的なモデル概念を焦点化する。このモデルが認識されていようとなかろうと、信用されていようとなかろうと、このモデルの使用が不可欠であるということを具体的に示すことにする。そして、カウンセリングで最も中心となる構成要素、すなわちクライエントとカウンセラーについて考える。

クライエントに関しては、その普遍的な発達の過程を詳細に述べ、なにか「個人的な困難」があり、選択肢としてカウンセリングを受けようとしている人、という状況のなかでこれを検討する。そして、人としてのカウンセラーと、特に、発達過程の枠組みのなかでクライエントを推し進めていくための態度と技術を考える。

クライエントとカウンセラーを（ＡＰＲＩモデルの枠組みで）扱ったあと、二つの重要な状況的事項である、実践面と文化面とに注目する。実践面で扱うことは、ＡＰＲＩモデルが研修を超えた現実の状況のなかで、どのように最適に統合され、適用されうるかということである。そして、現場の制約のなかで自然に機能する、人間としてのカウンセラーのあるべき姿を論ずる。文化面では、民族性とジェンダーについて述べる。両者にかかわる課題として、文化的差異と、信頼できるかかわりであるためにはどのようなカウンセリングでなければならないかを検証し、何が必要だと思われるかという観点からＡＰＲＩモデルを立ち上げる。

第Ⅱ部は、ＡＰＲＩモデルの段階、技術、過程についてさらに詳しく述べる。第Ⅱ部の各章は、ＡＰＲＩモデルのそれぞれの局面で、違った過程と技術の詳細で完全な輪郭を考える。

第Ⅱ部の各章の終わりには、（第Ⅰ部の二つの章と同様に）数多くの研修内容と発展のためのエクササイズを掲載してある。それらは研修用の題材になるだけではなく、現在進行中の専門家としての発展と自己研修の要点にもなるように提示されている。経験のあるカウンセラーには、専門性を統合整理するのに役に立つ促進媒体であるとわかるだろう。研修指導者にとっては、カウンセラーとしての態度を磨き、ＡＰＲＩモデルを作り上げていく技術を獲得している人たちのための、研修活動に利用することができる。

各章のモデルの各段階に、実際どのようにこのモデルが使われていくかを示すために、同じ事例を何度となく登場させた。この事例は、民間のカウンセラーがかかわっているものである。巻末「付録」には、別の二種類の事例を簡略して記述してある。一つは学校でのカウンセリングであり、もう一つは職業・キャリア設定のなかでのカウンセリングである。これらの事例が、ＡＰＲＩモデルを最も明確な形で示していることは驚くにはあたらない。もっとも、カウンセリングがいつもそんなに論理的に進行するものではないことは明らかであるし、すぐに良い結果が出るわけでもない。複雑で、さほど決定的な結果になるものではない場合も多い。ＡＰＲＩモデルの構造と可能性を示すのに最善を尽くすためには、このやり方で事例を提示することが適切であると思う。もっと複雑で当惑するようなかかわりのなかであっても、何が必要で何が望まれているかを指し示し、その経験が意味あるものになるために、このモデルは機能する。

本書の第Ⅲ部は、ＡＰＲＩモデルの枠組みの一段階をさらに詳しく述べる。それは、さまざまな主要カウンセリング理論から引き出されたカウンセラーの行動志向の方略を焦点化する。各理論に関連する技法は、カウンセラーがクライエントとともに探求してきた目標を最も効果的に推し進め、達成するための介入方略のレパートリーを形づくる。

そのような技法を支えている哲学的な仮定や理論的な構造が、使用する際に大切である一方で、読者がすでに知識を持っているか、別の目的のために考案された道筋をたどっていることもあるかと思う。それぞれの技法の参考文献は、便宜のために巻末の「注釈」に掲載した。特別なカウンセリングの基本的な知識や哲学的・理論的理解のまだない読者には、正確さや、守備範囲や、ＡＰＲＩモデルの実践可能性を増やすために、発展的に読書をされることを望みたい。

本書の終わりには、すでに述べた「付録」と同様に、注釈や参考文献が掲載されている「注釈」を置いた。中心となる考え方や出典を示した「索引」も参考にしてほしい。

本書の使用法

私は本書を、基本的には、実践に役立つ効果的で信頼できる独自なスタイルを形づくりたいと思っているカウンセラーの参考書として、また技術中心の方向づけを持っている研修プログラムとして書いた。

本書は、私が信ずるに、カウンセリングにかかわる本を一列に並べた場合、その中間に位置している。その一端は、包括的にまとめられたカウンセリングの基盤、技法、論争点に関する詳細な理論書である。それらは、典型的なカウンセリング理論コース[11]のテキストとして使われる。もう一方の端には、現在カウンセリングに従事している人のための基本的な技術とエクササイズのために、さらに焦点化された実践的書物がある。[12]本書はこの両端の中間にあり、後者のほうに少し片寄っている。それは適度に包括的であり、カウンセリングの効果性という現代的知識を複雑ではあっても、容易に使える実践モデルに解きほぐしていくものである。そうするなかで、傾聴、受容（多くの援助サービスで適用される技術である）を超えたものから、ＡＰＲＩモデルを治療的なカウンセリングの領域にまで広げることができる。[13]

綿密な研修プロセスに参加することで、本書を最適に活用することもできる。研修を受け、指導を受けるというやり方のなかで、本書が技術やその統合をする機会を与えてくれるにちがいない。しかしながら、経験のあるカウンセラーが表面的な探求以上のものを備えているのであれば、すでに確立された技術を向上させるために、このモデルの材料を活用して、さらに効率的で効果的な枠組みとして取り込んでいくことができる。

第Ⅰ部
折衷の枠組み

第1章　統合モデル

カウンセリングは複雑で要求の多い活動である。どの出会いも二つと同じものはない。しかしカウンセラーは、適度に一貫性を持った基礎を確立し、それをもとに仕事ができるようでなければならない。さもないと、どこから手をつけよう、何に焦点を絞ったらよいのだろう、何と言おう、どう振る舞おう、何を引き出す手助けをすればよいのだろうといった、新たに答えを探さなくてはならない問題が多すぎることになる。かかわりをうまく処理し、納得のいくものとするために、カウンセラーには指針となる枠組みが必要である。

カウンセリング・モデル

調査結果や理論を研究すれば、クライエントの問題がどのように展開し、どうしたらそれを解決できるかについて、役に立つ説明が得られるかもしれない。しかし、その手の説明は往々にして、一般化することが難しかったり抽象的だったりして、カウンセラーがクライエントと向き合う密接な関係では、直接的な助けとなるものではない。特定の調査研究や抽象的な理論は、どうしたら効果が上がるかという点でカウンセラーの指針となるような実行可能なワーキング・モデルへと形を変えたとき、はじめて役に立つものとなる。カウンセラーは概して、ワーキング・モデルを探し求め、それに頼るものである。最も信頼しうるワーキング・モデルを手に入れて、それを使うことができれば本望なのだ。

長年にわたって、技術に基づくさまざまなワーキング・モデルが開発されてきた。カーカフ（Carkhuff, R.）のものはさておき、比較的よく知られているものには、ブラマー（Brammer, L.）[14]、アイビイ（Ivey, A.）[15]、イーガン（Egan, G.）[16]のものがある。これらにより近いものに、オーストラリアのネルソン-ジョーンズ（Nelson-Jones, R.）[17]、ニュージーランドのマンロー（Munroe, A.）とマンセイ（Manthei, B.）とスモール（Small, S.）[18]が生み出した枠組みがある。これらのモデルは、専門用語や重点の置き方に違いはあるものの、おおまかなところで類似している。ＡＲＰＩモデルも同じ系列である。ＡＲＰＩモデルには、技術に基づく他のモデルとの類似点がある一方で、違いや示唆的な特徴もある。ＡＲＰＩは、一般的な技術のもうひとつ別の中核的存在を打ち出しているのではなく、むしろ、特定の法則や行動に重点を置き、動的で総合的な、折衷主義に必要な独特の組立てをなす、さまざまな構成要素を持っている。

ワーキング・モデル

モデルとは、物事がどのように働くか、あるいは実際にどう役立つかを、視覚に訴える表現、書き言葉、話し言葉などの形で説明するものである。それは、たいていが理想的な状態、つまりさまざまな要素がどのように有意義で有効な形で一つになるかを示す、認知地図である。この地図は実際の状況の特徴を示し、自分が今どこにいるか、自分が望む位置までどうすれば到達できるかを説明するのに、その特徴をどう読んだらよいかを示している。

イーガンによれば、効果的なワーキング・モデルには二つの重要な性質がある[19]。それは、①表現しようとしている現実を説明するのに十分複雑なものでなければならないし、②ごく簡単に使えるものでなければならない、ということである。前者しか当てはまらないモデルは、研究者や理論家だけに価値がある。後者しか当てはまらないモデルは、誰が実際に使うにしても単純化されすぎている。

要するに、イーガンによると、優れたワーキング・モデルとは次のようなものである。

◆優れたワーキング・モデルの特徴◆

＊理論や調査結果がどのように作用するかを、目に見える枠組みに変える手段を提供する。
＊行動するための一貫した基礎を構成する。
＊サービスを効果的に行うのに必要な方法、技術、スキルを提案する。
＊平面的で直線的だが数学的ではない。
＊極度に単純化されてはいないが、わかりやすい。

ここで紹介するＡＲＰＩモデルは、これらの特徴をすべて備えている。ＡＲＰＩモデルの要素は、しっかりとした研究や理論によって裏づけられており、行動を促す技術や手順と組み合わさって、遂行の可能性をすぐに与えてくれる。また、視覚的な説明は平面的で直線的だが、数学的ではなく、わかりやすいが決して極度に単純化されてはいない。長年にわたる私の実務や研修の経験からも、ＡＲＰＩモデルは、現在用いられているカウンセリング・モデルのなかで、最も包括的で有意義なもののひとつといえる。

他のモデルのほとんどが、かなり広範囲の一般化された介入戦略を伴っており、限られたコミュニケーション・スキルに焦点を合わせている。これらは概して、目標確認のための漸進的で動的な手順や、行動のための一貫した折衷的枠組みを提供しない。ＡＲＰＩのモデルは、効果があるカウンセリングの出会いにおいて何が起きるかを、目に見える形と言葉で説明する。また、行動の出発点となる根拠のしっかりとした基礎を提供し、反応や介入が妥当か信頼できるものか、という評価の基準となる枠組みも提供する。

この類のモデルを文字だけで示すには明らかな限界がある。文字という媒体は、その動的で循環的な性質を伝えるにはあまり適切ではない。どうしても直線的、合理的、論理的すぎるという印象を与えてしまう。しかしながら、表現の限界はあるものの、実践と研修のためのモデルとしてのＡＲＰＩの価値を否定するわけではない。むしろ、その動的で循環的な性質は、いかなる説明においても実践の要点として強調されるべきだし、それにかかわる人たちは、直接的な説明を超えて包括的にＡＲＰＩモデルを理解する必要がある。

ＡＲＰＩ

ここで示した枠組みはカーカフのＨＲＤの研究と関連がある、という歴史的なつながりを確認したが、なぜ私はそれをＡＲＰＩモデルと呼ぶのか。私はどんなワーキング・モデルもできるだけ「使用者に優しく」あるべきだと考えているが、このモデル名は、識別方法の名称を当てはめたものである。ＡＲＰＩは、このモデルにおけるカウンセラーの主たる段階の頭文字で、ＨＲＤモデルから専門用語をそのまま引用して並べたものである。

◆ARPI◆

A——かかわる（Attend）　R——応答する（Respond）
P——意識化する（Personalise）　I——手ほどきをする（Initiate）

ＡＲＰＩは、カウンセラーがクライエントと取り組むそれぞれの段階で適用する必要がある一連の技術を、使用者に直接的に知らせてくれる。

類似点と相違点

ＡＲＰＩとカーカフのＨＲＤとは明らかにつながりがあるが、では二者の間に大きな違いはあるのだろうか。確かに強い結びつきはあるものの、はっきりとした深い違いもある。カウンセリングのコミュニケーション・モデルは、どれも広い意味では似通っていて、かなり重なる部分もある。それらの間で使われる異なる用語は往々にして、実際にはまったく同じ特徴を表す同意語なのである。時には、私も自分なりの個人的な枠組みを特定するために、新しい用語を作ってみたりすることがある。しかしながら、これはむしろ不要であるような気がするし、独自のアプローチであるかのようなふりをしているにすぎないと思う。

それよりも私は、一般的な記述子としてのカーカフの用語のほとんどが、そして彼の基本的な一連の技術が、効果的なカウンセリングに不可欠の構成要素を網羅していることに気づいたのである。私がＡＲＰＩを介して行ったことは、それらを私なりにまとめ、原理と応用を特に強調し、カーカフが初期の理念で提案した折衷主義的な展望を維持し、拡大するということだった。彼の研究のなかで明らかだった折衷主義的な可能性は、少なくとも私が望んでいた水準にまでは発展していなかった。私が開発したＡＲＰＩモデルには、中心の柱として明敏で円熟した折衷主義があり、基本的なＨＲＤモデルの特徴をこの方向に伸ばしているのである。

ＡＲＰＩモデルの特徴

ＡＲＰＩモデルにはいくつかの大きな特徴がある。このモデルは、クライエントの独自の視点と、人生の葛藤に対処しようとするときの成長の段階とに注意を払いながらも、クライエントとの面接過程を優先する。人間として、またプロとしてのカウンセラーの成長は、クライエントとの出会いの有効性に相当関係がある。カウンセラーはクライエントとの関係に、活力と感受性、積極的に受け入れる姿勢、誠実さ、そして技術を充てることができなければならない。

コミュニケーション・スキルと態度という資質は、クライエントの経験についての理解を促進させることから、このモデルの中核に位置している。それらを機敏に使いこなすことによって、クライエントが自らの問題に責任（感応する能力）を感じ、その結果変えていくことができるように、クライエントの持つ問題の局面へと徐々に関心を絞り込むことが可能になる。これがなされて、クライエントは何のために変わるのかという意義のある目的が特定されてはじめて、カウンセラーはさまざまな理論的観点からの、意識化された目標に到達するための助けとなりうる専門的な戦略や技法を、紹介することができるのである。これらの目標は、個人的な変化や発達、あるいはクライエント自身や周りの人々を力づける環境での行動、といった性格のものであることが多い。

さまざまなカウンセリング・アプローチから選んだ専門的な技法が使えるということで、ＡＲＰＩモデルは折衷的なものとなっている。しかし、異なる「学派」からの特定の戦略の利用が、ある意味、場当たり的であいまいであることが多い他の折衷主義的なアプローチとは対照的に、ＡＲＰＩモデルは体系的で統合的である。特定の方法の使用は、主にクライエントの経験、ニーズ、やり方、目標に、徹底的に注意を向けるところから生じる。ＡＲＰＩモデルの手順は、戦略はカウンセラーのニーズよりもクライエントのニーズを満足させるために使われるものだ、ということの裏づけになろう。

モデルという形で表現された結果、形式的な方向づけという印象を与えるかもしれないが、表面的な水準からさらに一歩踏み込めば、それだけではない資質や特徴にすぐに気づくだろう。このモデルは、一人ひとりの相違、共有された力、力動過程に重点を置いている。そしてクライエントに、それも原則的には、文化的・社会的な影響や環境を含む状況のなかでのクライエントに、力を注いでいる。その状況というのは、たいていが制約的で、往々にして非常に圧制的なシステムのなかで、クライエントに力を与えようとするときに影響を及ぼすものである。

理念、理論、実践

多くの人々にとって、カウンセリングは技法中心の活動である。必ずしも言葉にされてはいないが実証されている共通の立場は、「良い」関係を築き、短時間の研修会や「やり方」を説明した本から学んだ技法を応用することが、カウンセリングには必要だということである。しかし、そのような実践のための指針や、実践への反映を通して形づくられる特徴としての理念（信念と価値観）、理論（関連する理解と原理）は、実のところ多くのカウンセラーの経験からかけ離れている。

大事なことは、ＡＲＰＩモデルに接するなかで、それが一次的な側面（関係基盤、目標中心性、選択肢の特定）と二次的側面（変化のための戦略）に、本質的な哲学的、理論的な基盤を組み込んでいるのに気づくことである。ＡＲＰＩの一次的な側面に組み込まれている哲学的想定は、以下のものである。

＊違いの尊重。
＊「我‐汝」の相互関係を通しての公平さ。
＊現実と事実についての、クライエントの見解の独自性と優位性。
＊どんな状況にあっても、何らかの建設的な応答が可能であるという認識。
＊力をつけようという意志。

理論的な基盤というのは信念や価値観と一致するもので、自己探索や特定の状況的・背景的要因、非言語行動、コミュニケーション・スキル、そして何よりも対人関係における態度の質を重視する。

ＡＲＰＩの二次的な側面に伴うものとして、カウンセラーが自分のレパートリーとして持っている戦略それぞれの背後には、ある特定の哲学的想定と理論的原則が存在している。これらがどういうものなのかをカウンセラーが知り、接することによって、与えられるもののすべてを活かし、相容れない哲学や理論的原則を取り入れないようにすることが重要である。一例を示すと、カウンセラーが行動指向、洞察指向のカウンセリング・アプローチに関連した、哲学的および理論的な相違を通した思考を持つことである。カウンセラーが、これらの対立する可能性に関して自分が何を信じていいのかわからず、片方を他方より強調する技法を区別することができないときに、混乱が起こってくる。

力動過程（ダイナミック・プロセス）の重視

ＡＲＰＩモデルは視覚的に描かれ、つながってはいるものの独特の局面を経て進んでいくという概念を伴う、直線的なものとして記述されているが、実際には循環的なものなのである。カウンセラー‐クライエント関係という実際の場面では、物事がまっすぐ進んでいくということはめったにない。新しい段階に入っていく動きは、たいてい漸進的で、決して絶対的ではないし、段階を循環するのは当たり前であり望ましいことである。そういう循環には、より深い水準の経験や病巣への動きを含むことがよくあり、このことによって、その過程に多次元の層が付け加えられ、ますます説明ではとらえにくいものになる。このモデルが実際に経験されたとき、はじめてその素晴らしさが認められ、全面的に評価されるのである。

ＡＲＰＩモデルを効果的に使うためには、カウンセラーは融通の利かない設計図としてではなく、柔軟な略図として接するつもりでいなければならない。系統的で、統制が取れていて、論理的であることが優れたカウンセラーであるというのは、直感、洞察力の鋭さ、創造性、健全な判断力を必要とするという事実を変えるわけではないのだ。それらが相まって、カウンセリングを、融通の利かない技術や自由形式の経験ではなく、規律ある技術としているのである。

第2章　クライエントの経験

クライエントの経験は、ＡＲＰＩモデルの中心となるものである。クライエントがカウンセリングの必要性にかられたのは悩みごとに苦しんだからであり、最も重要で注目し続けるべき焦点は、カウンセリング・コンタクトのなかでの力動過程である。これから見ていくように、このモデルではカウンセラーの対応の仕方が影響力を持つとしても、その信頼性と有用性は、クライエントの経験との関連のなかでのみ評価されうるのである。

クライエントの独自性

クライエントに対する基本姿勢は、どのクライエントも背景にある経験は独特であり、カウンセラーとの接触に独自の物語や関係枠を持ち込む、と認識することである。カウンセラーはこのことに気づき、援助を求める人々にこの姿勢を持ってあたることが不可欠である。

そうはいったものの、この独自性のなかには、同じような経験をしたことがあるといった過程の共有が含まれることを理解するのも大切である。この認識は個性を弱めてしまうものであってはならないが、この程度の画一性に頼れるということは、人を助けを求める段階にまで至らせる葛藤に意味を与え、その葛藤を乗り越える努力をする際の方向感覚を与えるのに役立つ。

「日々の」過程

人間として私たちは皆、人生において共通の過程を持っている。それは、困難を知り、出会い、克服したり理想の目標を追い求めたり、などである。この過程は、私たちが月並みの問題を処理したり、新たな変化に富んだ状況に向き合ったりするにつけ、毎日何度も起きている。

まず最初に、私たちは問題や必要性、挑戦、機会にかかわるのに十分なほど奮起する。これは、なんとかして取り組みたいと思うほど重要であり、概して安全なものである。たとえば、以下のようなものだ。

❖かかわり

クリントはゴルフを習いたいと思っている。気晴らしのため、地位のため、社交のため、その他の個人的な理由で、ゴルフを覚える必要性に直面している。ゴルフに取り組んでいくことには十分乗り気である。彼はこの件にかかわっている。

いったん何かにかかわると、それを自分と関連づけて探索し始める。さまざまな局面を検討し、そのことについて、また自分自身に関して、できる限り多くのことを見つけ出すのである。

❖探　索

ゴルフをすることに乗り気になっているクリントは、ゴルフ道具や会員権にどういうものがあるかとか、その値段、入会規準、手数料、現在の会員たちの顔ぶれ、プレイする際の規則などに関する情報を、洗いざらい調べ出そうとする。そしてまた、自分自身の懐具合を調べたり、はたしてゴルフが自分のイメージに合っているか、ゲームを楽しむことができるのだろうか、あるいはより個人的な関連事項として、妻は「ゴルフ・ウィドウ」となるかもしれないことをどう思うだろう、などと考えることになる。クリントは、ゴルフにかかわるありとあらゆる事柄をできるだけ探索するのである。

自分とかかわる物事の探索は、通常、自分がどこでそれとかかわっているかを理解することにつながる。私たちはそれが自分にとってどういう意味を持っているかとか、それをさらに進めるためには、あるいは変化をもたらすためには何をする必要があるのか、どうしたいのかを知ることになる。

❖理　解

クリントの例では、彼はゴルフのどこが自分を惹きつけるのか、個人的な犠牲や費用はどの程度のものになりそうか、そして本格的に、また満足のいくようにプレイできるようになるまでには、どういう目標を達成しなくてはならないのかを知ることになる。

こういった理解は、クリントにこの計画を先に進める決断をさせるのであるが、彼は自分の望むレベルに至るまでゴルフに取り組むためには、もう少しお金を貯めて、それなりの道具を手に入れる必要があることに気づく。

私たちは、ある問題に自分がどうかかわっているかを理解してこそ、そこに介在する目標を達成するために行動を起こすことができる。私たちは、望みを実現に導く行動を工夫したり実践したりすることができるし、あるいは、その問題の見方や感情的な反応を変えようと努めることもできる。

❖行動（アクション）

クリントは、本気でゴルフをしたいと思ったら、ゴルフに必要な道具が買えるような財務計画を立てて実行するか、あるいはそれを可能にするため何か他の方法をとらなければならない。しかし、クリントが大金をそれほどゴルフに費やしたくはないと気づくこともありうる話である。そうなれば、彼の行動は、ゴルフをすることが自分にとってどの程度重要なのかについて、考えを変えることになる。あるいは、クリントはその金を使わず、自分が本当にやりたいことを邪魔している人たちがいると勝手に思い込み、そういう人たちに対して憤りを感じるかもしれない。彼の行動は、自分が選んだことやしなければならないと信じていることについて、気持ちを変える必要があるかもしれない。

行動は、行いという形で外に向けられることもあるし、考えや信念、態度、価値観、または感情的な反応の修正という形で、内面に向けられることもある。

普遍的な経験

「かかわり」（Involvement）

↓

「探索」（Exploration）

↓

「理解」(Understanding)
↓
「行動」(Action)

右の流れで表すＩＥＵＡという一連の学習／展開の道筋は普遍的なものと見なされ、人生のあらゆる局面で自然に起きている。その過程と構成要素とを分類し説明するには、学習／展開の理論のなかでいずれわかるように、他にもっと複雑な方法があるだろうが基本的にはごく普通で日常的な、人間としての経験の特徴なのである。

経験は、いつお皿を洗うかなどといった日常的な物事とともに生じる。

◆日常の例◆

＊お皿を洗わなければならない（私はこの問題にかかわっている）。たくさんあるのだろうか。誰かに手伝ってもらえるだろう。この仕事について私はどう思うか。

＊私はどういう状況になっているのか、自分がこの問題とどこでかかわっているのかを探究する。数はあまり多くはない、おそらく私の番なのだろう、息子に手伝ってもらえる、今片づけてしまって、あとで他のことをする暇を得たほうが手っ取り早い。

＊私はお皿を洗ってしまうことに自分をどう関連づけるかを理解する。椅子から立ち上がって、息子と私とでお皿を洗う。

＊私／私たちはこの仕事を完了するために行動する。

これは、より複雑な人生の問題の一部でもある。

◆カウンセリングの例◆

＊私はとても落ち込んでいる。なぜかはよくわからない。そこでカウンセラーを訪ねる。安心してこのことをカウンセラーに話せるとわかる（落ち込んでいる状態から抜け出したいと思い、助けが必要だと気づく。助けてもらう関係になってもいいと思うほど、カウンセラーといて気持ちが楽になる）。

＊カウンセラーの助けを借りて、私は落ち込んでいることと関係がありそうな自分の気持ちや生活のさまざまな面、自分自身について見つめてみる（私たちは一緒に落ち込んだ気持ちの力動性を探索する）。

＊二人で、私が非常に自己批判的であることやその原因を突き止め、もっと優しくなって自分を育む必要があることを認める（私たちは関連する力動性について、また落ち込み状態を変えるために何をすべきかということについて、理解を共有する）。

＊カウンセラーの助けを借りて、この場合は、たとえば交流分析の概念や技法を応用することによって、自分にあまり批判的にならないように努める（自己批判の水準を下げ、落ち込んだ状態に終止符を打つように行動する）。

過程を阻止するもの

ほとんどの場合、私たちは難なくＩＥＵＡの過程を進んでいく。私たちがクライエントになるのは、快適な生活や人生の充実感に大きく影響する事柄について、その過程のどこかの段階で妨げとなることが生じたときである。

問題を直視したり、解決策となりうる関係を築くほどにはかかわれないかもしれない。あるいは、十分にかかわりはするが、あまりにも抗し難かったり、不安をかき立てられたり、複層的すぎたりして、その問題を適切に探索できないだけかもしれない。一方で、探索はなんとか可能かもしれないが、理解はできそうにない。自分が何をしているのか、何をしていないのか、自分がその経験のなかにどう位置づけられているのか、または経験している問題のなかで何が自分を縛っているのかを、理解できないのである。さらに言えば、その問題も、何をすべきかもよくわかっているが、変化をもたらす行動がとれないのかもしれない。技能が不足していたり、結果を心配しすぎたり、解決するのに必要な資源を求められないのかもしれない。

クライエントがカウンセラーのもとにやって来るときには、抱えている問題について、ＩＥＵＡ過程のいずれかの段階にいることになる。過程のどの段階にいるかが、カウンセラーが何をすることになるかを大きく左右するのである。

柔軟性

ここで、ＩＥＵＡ過程について最後に言いたいことは、問題の探索や何が関与しているかをきちんと理解することよりも、行動が重要な場合があるということである。たとえば、クライエントが危機的な場合には、カウンセラーはクライエントに直接の行動をうながすこともあるだろうし、極限状況では、クライエントに代わって行動を起こすことを選択する場合もあるだろう。しかしながら、もし将来、似たような状況が起きたときに、クライエントが自発的、建設的に行動しようとするのであれば、当面の危機が過ぎ去ったときに、かかわり、探索、理解の過程を踏むように手助けしなければならない。以下はその例である。

◆探索と理解よりもまず行動◆

自殺の可能性が顕著であるなど、クライエントが自己破壊性に関して明らかに危機に瀕している場合がある。カウンセラーは当面の危機が続く間、密に連絡を取り合うように友人に依頼するなど、何らかの主導権をとる（クライエントのための行動を促進する）。

安全性の問題が解決したら、カウンセラーはクライエントと協力して、似たような状況で、同じようなあるいは別の防御策をとる可能性を探索し、理解し、促進しようとするかもしれない。そのうえ、まず最初に、自己破壊の原因に関して同じIEUAの循環をたどろうとするかもしれない。

抵抗勢力

カウンセラーの行動を検証する前に、私たちはクライエントの内面で働くもうひとつの力動性に気づく必要がある。この力動性は、カウンセリングの過程にとって決定的なものとなる。救いを求めてカウンセリングを受けようと思うほど、何か違うものが必要だと気づいたクライエントは、本気で変化を求める方向に動いている。

変化を求めたい力 ──→

周囲の状況とクライエント自身の内面的な経験は、恒常的に変化を求めるクライエントに対決させることになる。カウンセラーを訪ねたという事実は、ある程度ではあるがそういう欲求を反映している。彼らは明らかに自ら行動をとり始めたのだ。

しかしながら、必要とされる変化の意義は、それが未知で、経験したことがないために、かなり恐ろしいものとなる。もしそれが単純なものなら、人は偶然によって、あるいは前もって意図して、変化させたかもしれない。変化することの不安は、行動することへの抵抗に現れる。

脆弱性を回避しようとする力

十分な探索と深い理解を通して、綿密かつ徐々に進んできたとしても、抵抗の裏側にある恐怖心は克服できないかもしれない。

これらの相容れない内面的な力が、変化に向かうにしてもそれから離れるにしても、往々にして気づかないままに個人の内面で働き、カウンセリングの相互作用に影響を与えることになる。これから見ていくように、これらの相対する力は、カウンセラーの心の中にある似たような力と共存し、状況によってはクライエントが行き詰まったり、極度の挫折感に陥って変化のために行動することにますます苦難を感じるようになったりさせることになる。

カウンセラーには、このような相対する力に気づき注意を払う大きな責任がある。そしてこれは、ＡＲＰＩのさまざまな構成要素を使って、ＡＲＰＩの枠組みのなかで処理するのが一番である。

●実行中のＡＲＰＩ――事例●

ここで、クライエントとなりそうなケイトに会ってみることにしよう。本章以降でケイトは、自分の人生において重要な変化を遂げるために、地元の機関のカウンセラーに助けを求めるようになる。巻末の「付録」で、私たちはあと二人のクライエント（マイケルとグレム）にも出会うことになる。一人は学校の、もう一人は職業・キャリア領域のカウンセラーに助けを求めている。

❖クライエント――ケイト

ケイトは二十代後半で、幼稚園児の娘二人を抱える専業主婦である。以前は小学校の教師をしていたが、夫との間に最初の子どもができたときに仕事を辞めた。将来的には、子どもがひとりで学校に通えるようになったら教職に戻るつもりである。

ケイトは愛情に満ちた献身的な母親であるが、幼い子どもたちと家で過ごすことに、だんだん空しさを感じるようになってきた。近所にはやはり幼い子どもを持つ友達もたくさんいるし、教師時代の友人も多く、そういう人たちとできるだけ交わるようにしている。しかし、母親として以外の自分に自信を持てなくなってきて、なんとか家庭の外との接触を保とうと躍起になっている。

ケイトは三十歳になるマルコムと夫婦である。彼は電子機器関係の事業を営んでいる。二人は結婚して八年になる。マルコムは事業を軌道に乗せ発展させるため、何年もの間、懸命に働いてきた。現在、順調にやってはいるが、ご多分に漏れず厳しい経済状況をなんとか乗り越えようと努力している。そのため、将来の不安はかなり感じている。

マルコムは働き者で、朝から晩まで仕事をしている。そのため、彼の関心はほとんど仕事に向けられている。彼は面倒見の良い人柄ではあるが、あまり感情を表現するタイプではなく、だんだん神経を張りつめさせ、隔たりを感じさせるようになっている。最近は、仕事がこれまで以上に大変になってきたことから、ストレスの兆候を見せ始めている。望ましい範囲を超えるほど酒を飲むようになったし、夫婦喧嘩の回数も増えている。そのせいで、マルコムはケイトに対して虐待的な態度をとることが多くなり、時には暴力にまで発展するようになった。

ケイトは肉体的な虐待をたいへん恐れるようになり、自分の両親とまったく同じことが自分の家庭にも起きていることで、ひどく憂鬱になっている。問題が起きると、マルコムと一緒に解決しようとするが、彼はそれを話題にしたがらない。彼は家族を養うことをストレスに結びつけ、ますます仕事に没頭していく。これまでケイトは二度ほど、もし自分たちの夫婦関係について外部の助けを求めないのなら別れると切り出したが、マルコムはそれを拒み、自分たちの力で解決できるはずだと言い張った。しばらくの間、彼はそれまでより思いやりを見せ、家庭を顧みていたが、長くは続かなかった。

ケイトはみじめさを感じるようになり、どうしていいかわからなくなってしまった。悲しさも絶望感も増すばかりである。彼女は教師仲間が、この町に教会がかかわっている優れたカウンセリング・サービスがあると話していたのを思い出した。自分の問題を宗教的な観点からは見たくないと思い、教会が絡んでいることに躊躇はしたものの、役に立ちそうなことは試してみようという考えが何度も頭をよぎる。どうやって連絡を取ったらいいのか、なぜ自分がそこにいるのかをどう説明したらいいのか、どうやって最も気にかかっている話に入っていったらいいのかなど、自分でおさらいをしてみると、不安は増すばかりである。何週間か熟考し、その間にもまたマルコムと喧嘩をしたあげく彼に殴られたケイトは、カウンセリング・サービスに電話をして相談の予約を入れた。

●教育研修のための演習●

❖導入にあたっての解説

本章の演習は、そのほとんどが、かかわり、探索、理解という発展の過程が、いかに人生の至るところにあるかに気づくことをねらいとしている。自分自身や一緒に仕事をしたことのある人の経験について考え、それらをＩＥＵＡの過程に当てはめてみてほしい。刺激となる質問への自分の反応を書き出してみると、役に立つだろう。それによって、自分の反応をより詳しく考えてみることができる。また、もしトレーニング・プログラムの期間中にでも、機会があれば自分の反応を他の人たちに見てもらい、議論するのもよいだろう。

◉課題1　日々の生活のなかのＩＥＵＡの経験について検討します。このプロセスが、今日あなたがすでにしたことのほとんどを、どの程度まで裏打ちしているかを考えてみましょう。

◉課題2　①今日したことのなかで、明らかに、あるいはそれとなく、そのプロセスを含むことを三つ挙げてみましょう。

②より長期間にわたる人生経験のなかで、そのプロセスを含むことを二つ挙げ、自分がＩＥＵＡのプロセスのどの段階に置かれているか、そして／または、それらに関してどの段階で苦闘しているかを確認しましょう。

◉課題3　あなたを悩ませＩＥＵＡのプロセスでつまずかせるような、主たる人生の問題を特定しましょう。

＊プロセスを進めるためにあなたは何をしていますか。
＊何を助言してもらうべきでしょうか。
＊何をカウンセラーに持ち込むべきでしょうか。

◉課題4　担当しているクライエントについて検討しましょう（三人選んでみる）。彼らの主たる心配事について、彼らがＩＥＵＡプロセスのどこにいるのかについて考えてみましょう。

◉課題5　会ったばかりの一番新しいクライエントについて考えてみましょう。問題をつまびらかにした時点で、彼らはＩＥＵＡ的にいうと、どこにいるでしょうか。

第3章　カウンセラーのかかわり

簡単に言うと、カウンセラーは、クライエントが最もうまくIEUAの過程をたどっていける方法に、積極的でなければいけない。これには、ひとりの人間としてのカウンセラーの器量、カウンセリングが行われる背景状況、カウンセラーが自分の持ち駒として持っているコミュニケーション、その他の専門技術も、かかわってくることになる。

ここでは総合的なARPIモデルの枠組みを示すために、これらすべての要素を簡単に検証してみることにする。そのうえで、カウンセラーの言動がより深く理解され活用されるように、より細かく検討していく。

私たちが共有するIEUA過程

言い換えれば、読者の皆さんにも関連するような完全なモデルを提示することにする。そのうえで、このモデルの構成要素や使い方を皆さんにもっとわかっていただけるように、さらに詳しく示していく。これを理解すれば（訓練という状況のなかでの実践と相まって）、皆さんは理念と枠組みを統合させ、特定の言動を実践のなかで使うことができるようになるはずである。

カウンセラーの人格

カウンセリングの過程にとって重要なのは、カウンセラーの個人的な姿勢と、専門家としての技能である。好ましい姿勢についてはこの後に示していくことになるが、その前に、ひとりの人間としてのカウンセラーの「完璧さ」に関する、無視することのできない葛藤について取り上げたい。

多くの人は、ほとんどがカウンセリングとは無縁の人たちかもしれないが、カウンセラーというのは伴侶や親との関係、あるいは伴侶や親としての役割において、非常に立派で見事にうまくいっている人に違いない、と信じ込んでいるようである。この信念はめったに口には出されないが、カウンセラーが、少なくともその社会の規準に基づいたところで、完璧でないとか、結婚に失敗するとか、子どもが問題を起こすとか、無分別な行いをするとか、個人的な悩みの片鱗を見せたりすると、必然的に表に出てくるものである。こうしたことが起きると、こんな人がカウンセラーなのかという批判や驚きが出てくるのが通例である。たとえカウンセラーであっても、仕事の適性に関してこのような個人的な葛藤を暗にほのめかされれば、間違いなく苦しむことになる。

このような否定的な反応は、目に見えることと内面的な動きとの間での混同を、浮き彫りにしている。効果をもたらすカウンセラーであるための資質は、成功とか美徳という表面的な指標よりも、内面的な動きとの関係によることが多い。結婚の破綻は、本人たちの素晴らしい高潔さ、勇気、誠実さという印象を傷つけるかもしれない。しかし、どのように個人的な問題や家族の苦悩に対処するかということこそ、そういうことが起きるという事実よりも、もっとずっと重要なことなのである。状況によっては、整然としていて傍目には居心地の良さそうな個人的関係というのは、当事者とその相手の両者にとって、物事が無事に運び、統制された状態を保とうとする、必死の努力のうえに築かれていることがある。こういったことはカウンセリングの適性とはほとんど関係がない！　カウンセラーとしての可能性や能力の決め手となるのは、外観ではなく内面的な経験なのである。

さらに、私も運良く出席した米国カウンセリング学会[20]で、ロロ・メイ（Rollo May）が行った「傷ついた治療者」というタイトルの講演で、ずば抜けて力量のあるカウンセラーの多くは（彼は何人かの名前を挙げ、その人たちの人生における危機について、また自分自身のことについても詳細に語った）、その実力のほとんどを、自分たちが痛みや傷を負った経験から身につけたものであると語った。外面的な規準からすると、彼らはある意味欠点があると判断されるかもしれないが、人生と向き合い、なかばこういう経験を通して、力のあるカウンセラーになったのである。彼らがそういうものに取り組んできた過程や、他の人々とともに実証してきた過程こそが、何よりも重要だったのである。

深刻な問題を抱えることが力をつけるための前提条件だとか、「悩みのない」ことは決定的に不利であるなどと言うつもりはない。それはむしろ、何を経験するかという認識の問題であって、自己や他の人々との関係においてどう振る舞うかという方法が、問題なのである。私たちの生活の過程が、不可避的にカウンセリングの相互関係の過程に持ち込まれることになるのである。

そういう力動性が、継続的な研修やカウンセリング・ワークの準備に、カウンセラー自らをかかわらせる必要性を示すのである。すなわち、常に「調子を合わせた状態」でなければならないということである。カウンセリングは感情的にも、知的にも、肉体的にも、精神的にも大変な仕事である。これらすべての面がかかわっているし、ある程度のところまで利用されるからである。カウンセラーは、人生におけるこれらの個人的な特徴を積極的に発展させ、調和を保つことが要求される。継続的な訓練、読書、スーパーヴィジョン、個人分析、運動、精神的な活性化（いかなる形であれ）は、カウンセリングに全面的にかかわり、クライエントに自分の持っている最高のもの、また自分の存在の最良の部分を提供するために、不可欠な要素である。

態度的／知覚的な資質

カウンセリングは技術だけでは十分ではない。カウンセラーが持っていなければならない、また熟練した行為を適用するなかで伝えなければならないと考えられているものに、さまざまな態度的資質がある。これらの多くは、自分や他の人々に関する一般的な態度である。コームズ（Combs, A.）とソーパー（Soper, D.）[21]は、「優れた」カウンセラーと「劣った」（効果があるかないかという意味で）カウンセラーとを、その基本的な態度や、カウンセラーやクライエント、役目、目的の認識の仕方で区別できるかを考察した。彼らはそこには明らかな違いがあることを証明した。彼らの調査によって、「優れた」カウンセラーには以下のような傾向があることがわかった。

◆優れたカウンセラーの認識◆

＊表面的な関係枠ではなく内面的な関係枠から、また物事としてではなく人間の問題としてとらえる。
＊他人を、無能ではなく有能、信頼できないのではなく信頼できる、友好的でないではなく友好的、価値がないではなく価値がある、ととらえる。
＊人々からかけ離れているのではなく同一である、足りないではなく十分である、自分を隠しているのではなく自分をさらけ出している、ととらえる。
＊自分たちの目的を規制するのではなく解放する、自己愛的というよりも博愛的、小さい問題よりも大きな問題に関心を寄せる、ととらえる。

ベールキン（Belkin, G.）[22]は、力量に関係すると考えられる他のいくつかの個人的資質を、おおまかにまとめた。それは、自分自身を知ること（長所と限界の認識と受容）、安心感を持っていること（自信と自尊心に基づく）、信頼感を持ち（自分自身と他人に対して）、信頼に足る存在であること、勇気を持つこと（対峙し対峙され、力を共有する）、開放的で批判的ではなく、敏感であることなどである。

もっと細かく言えば、カウンセリングに特有の態度に関しては、ロジャーズ（Rogers, C.）[23]、トルアックス（Truax, C.）[24]、カーカフ（Carkhuff, R.）[25]などの主要な研究も注目しなければならない。彼らは、高い水準でカウンセラーの内面に存在し、意思の疎通を通してクライエントに気づいてもらえるいくつかの重要な性格的資質の意義を特定し、調査した。

これらのなかで最も重要なものが、共感である。この性質には、クライエントの状況や自我に対して、できるだけ敏感であることが含まれる。つまり、クライエントが経験しつつあることに、自身のアイデンティティとの接点を失うことなく、ただし押しつけることなく、親近感を持つことである[26]。これは、人によっては生来の能力であるが、難しいと感じる人でも能力を開発し、その状態を保ち続けることは可能である。その基本となるのは、別な人格（クライエント）に対して、つまり彼らの状況、物の見方、コミュニケーションを、心から受け入れられるよう十分に自分自身を熟知し、信頼し、他人を信頼することである。

共感という概念と同情という概念を、区別することが重要である。共感はドイツ語の「einfulung」から来た言葉で、「feel into」（感情移入）[27]という意味である。一方、同情には「feeling with」（一緒に感じる）という意味がある。前者はカウンセリングにおいて建設的であるが、後者は妨げとなることが多い。

もうひとつの重要な資質は、思いやり、愛情、あるいは尊敬である。効果的なカウンセリングでは、価値があるものとして人を認める基本的な尊敬の念がなければならないし、この尊敬の念をクライエントに伝えなければならない。それは、敬意や好意的評価をわざとらしく述べるという意味ではない。また、挑戦や対決を避けなければいけないという意味でもない。むしろ、たとえ何をしようとも、批判的ではない見地で、対等な人間として感じたままに確認し、相手の人格の誠実さを心から尊敬するという意味である。この資質は、尊敬の念を持ち、カウンセラーが自分自身を誠実で価値のある人間としてとらえているかどうかに、大きくかかっている。これもまた持って生まれた資質であり、そうではない人たちは、訓練やスーパーヴィジョンによって培わなくてはならないものである。

不可欠のものとして最も一般的に強調される資質が、純粋さである。カウンセラーは真の人間でなければならないし、カウンセリングの相互作用のなかでこれを伝えなければならない。まず第一に、それは相互作用においてまやかしでないこと、非人格的な「職業意識」という外見や、迷っているのに関心があるような、またかかわっているとか確約するかのような不自然な表現の後ろに隠れたりしないことを意味する。後になって関係が進展してくると、それは、相互作用のなかにひとりの人間として完全に姿を見せることを意味する。そうすることによって、援助の中核にある個人的な資質が、機敏に介入する技術と自然に混じり合うようになるのである。カウンセリング関係において本物であるということは、人間として過度に防御的にならないということである。これには、人の葛藤と否定的な性質について知り、訓練やスーパーヴィジョンでそれらに前向きに取り組むことが必要である。

技術

優れたカウンセラーは、援助的関係の込められた促進的態度を持っているだけでなく、クライエントのワークを推進する専門的態度も、持ち駒として持っている。訓練、経験、スーパーヴィジョンによって、カウンセラーはこういった技術をワーキング・モデルのなかに統合させ、態度の質をさらに高めながら、援助的かかわりの自然な一部となる機能的な合成を形づくる。ここで取り上げる技術は、かかわり、探索、理解、行動というクライエントの過程に役立つ技術である。したがってこれらは、ＡＲＰＩの体系的で折衷的なカウンセリング・モデルの、カウンセラー特有の要素となっている。

1　かかわり技法

この技術は、カウンセリング関係で最初に、そして進行中にクライエントに関与するのを促進するために考案されている。これには、まず最初にカウンセラーがカウンセリングが行われる環境や状況、つまり場所や行きやすさ、外観や居心地の良さ、そしてほかにもクライエントがカウンセリングを受けるのに影響を及ぼしそうな物理的な条件に、カウンセラーが注意を払うことが含まれている。

次に、カウンセラーはクライエントの人格に注意を払うことになる。カウンセラーが関心を持っており、気を配って積極的に関与しているということを、威嚇的ではない方法で非言語的なメッセージとして伝えるのである。かかわり技法のもうひとつの構成要素は、クライエントの言葉によるメッセージに付随する非言語的振る舞いを徹底的に観察し、その振る舞いをあれこれ推測せずに記憶にとどめるということである。最後は、クライエントが伝えようとしていることに耳を傾け、そのなかにある明示的なものも暗示的なものも含めて、自己についての重要なテーマやメッセージに気づけるということである（図1参照）。

かかわり技法には二つの主要な点がある。①クライエントに対する（またカウンセラーに対する）気配りを伝える、②カウンセラーの見聞きすること

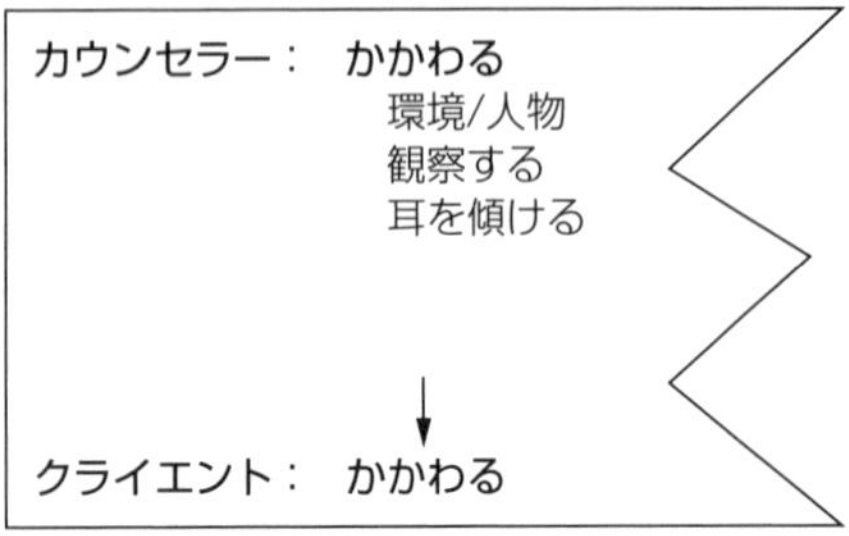

図１　カウンセラーはかかわりを促進するために注意を払う

をより充実させる、という二点である。このことが、お互いの関与を助長し、クライエントの探索を促進させるカウンセラーの感応度など、他の過程を最大にするための環境を整えることになるのである。

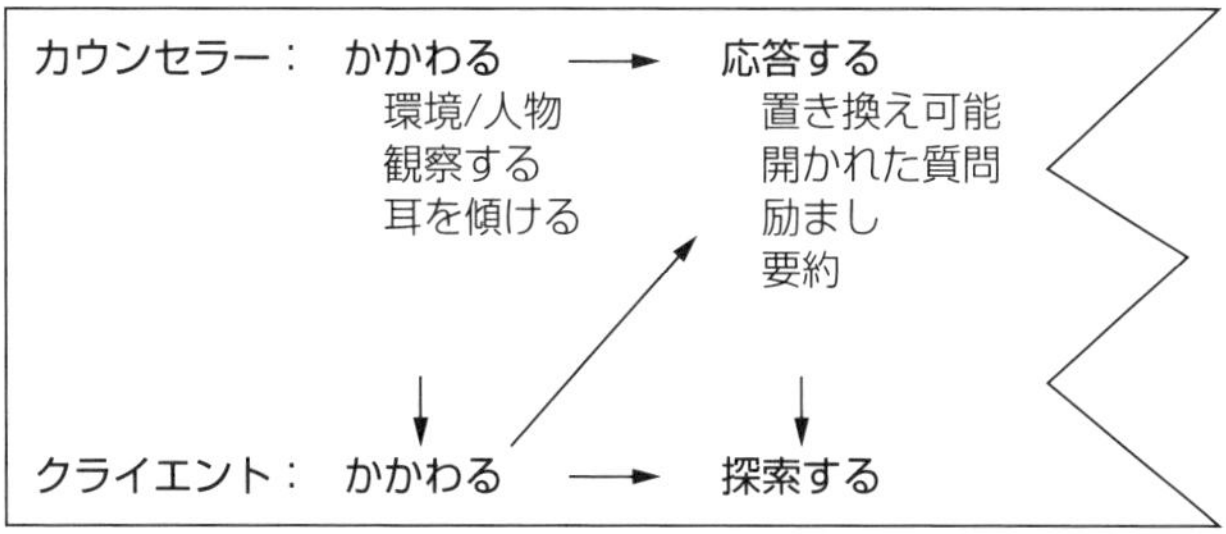

図２　かかわり＋探索を促進させるためにカウンセラーが応答する

2　応答技法

応答技法は、主にクライエントの問題や、それに関連した自己探索を促進するために、考案されている。

ＡＲＰＩモデル全体のなかでまず第一の、そして最も不可欠な技術が、置き換え可能の応答という技術である。これはカウンセラーが、クライエントから伝えられた内容の本質を、過不足なしに伝え返すことである。応答は、クライエントによって明示的あるいは暗示的に表現された感情と、鍵となる内容のいずれをも扱う。

もうひとつの技術は、開かれた質問（自由回答式質問）をすることである。開かれた質問は、クライエントを励まして応答に広がりが出てくるようにするものである。多肢選択式質問、または限定的な応答が要求されるような質問は、援助的相互作用において何らかの役割は果たすものの、探索の過程を促進するという意味では価値はずっと低い。それらは情報の収集には最適であるが、カウンセラーが恩恵を受けるだけで、クライエントの問題を解決するのを助けるには、あまり価値があるものではない。

探索は、カウンセラーの励ましによって、同じく強化される。これは簡潔な言語的または非言語的な励ましの表現のことで、クライエントに対し、このやり取りを続けていくと伝えることである。

最後にもうひとつの重要な応答技法は、伝え返すときの要約である。応答はクライエントがそれまでに探索した素材をひとつにまとめて、さらなる探索、統合のための出発地点を築く（図2参照）。

3 意識化技法

意識化技法は、クライエントが自分がいたいと望む場所に対して今いる場所を理解するのを助け、責任（応答する「能力」）を負える問題の局面に焦点を合わせ続けるのを助けるために考案されている。ここで重点が置かれているのは、変化の媒体がどこにあるかという意味での「責任」であり、何らかの形での行動を起こす能力を認識するという意味での「応答する能力」である。それは問題に対する責任ではなく、むしろ変化を生み出すことへの責任である。

最初の技術は、意味の意識化である。これは、感情と内容を探索する際の焦点を、クライエントの「自己」[28]にとって最も意味のある要素に絞り込むものである。これはクライエントが、何とかしなければ、という責任を負える問題の局面に関心を集中させるところから始める。

この技術を使う過程でカウンセラーはおそらく、クライエントが探索の作業の間にやり始めたジグソーパズルの何枚ものピースを一緒にはめ込むことになるだろう。これらのピースは、「自己についてのメッセージ」と「自己責任」によってつながる。少なくともこの段階では、出現するパターンは確定的な筋書きではなく、可能性のある筋書きとして見る必要がある。

その後、カウンセラーは、経験した欠損（欠けている要素）を特定する技術を用いる。この技術には、カウンセリングが必要となった原因とされる問題に関して、この時点で、クライエントができないこと、知らないこと、信じられないこと、感じられないこと、あるいはなり得ないことに、関心の焦点を合わせることが必要とされる。

のちほどより徹底的に検証していくが、この欠損という概念は、個人の内面から生じるあらゆる問題を意味するのではない。たとえ問題が、他の人々とか社会的な条件などといった、環境的な要因によって生み出される場合でも、建設的に、個人的に満足のいく方法で応答することができる資源が必要である。これには何らかの個人的な変化、あるいは内面から始まる環境を変えるための行動が、必要かもしれない。

いったん経験した欠損が特定されると、カウンセラーは目標を特定する技術を用いる。この技術は、経験した欠損（必要性）を目標の声明書に変換する、つまりクライエントが問題の解決を成し遂げるのに必要とするものに、経験した欠損を変えるのである。その目標は、実質的には経験した欠損の「裏返し」であり、だからこそ、比較的容易に特定したり明確化したりできる。

経験した欠損に目標が定められると、クライエントは目標達成のために努力をする準備ができたことになる。これを遂行するなかで、カウンセラーは通常、さらに積極的かつ干渉的な役割を果たすことになる。

この意識化段階の最中は特に、場合によってはカウンセラーがクライエントとの対決技法を使う必要があるかもしれない。対決には、カウンセラーがクライエントの表現の不一致に直面することも含まれる。このような不一致は、クライエントが言うことと為すこととの間、言語的行動と非言語的行動の間、そしてクライエントが望むことと覚悟しているように見えることとの間にあることが多い。これらの要因の多くは、変化に向かっているがまだそこからは遠い、クライエントの内面にある抵抗勢力（前に特定した）から生じている。ベレンソン（Berenson, B.）とミッチェル（Mitchell, K.）[29]が言うように、対決は「行動への励まし」を含むものとして取り組んでいく必要がある。

この段階で利用されうるもうひとつの有力な技法は、カウンセラーとクライエントとの相互作用が起きたとき、カウンセラーがそれに注意を向けて促進させる直接的技法である。これは通常、クライエントの動きへの明

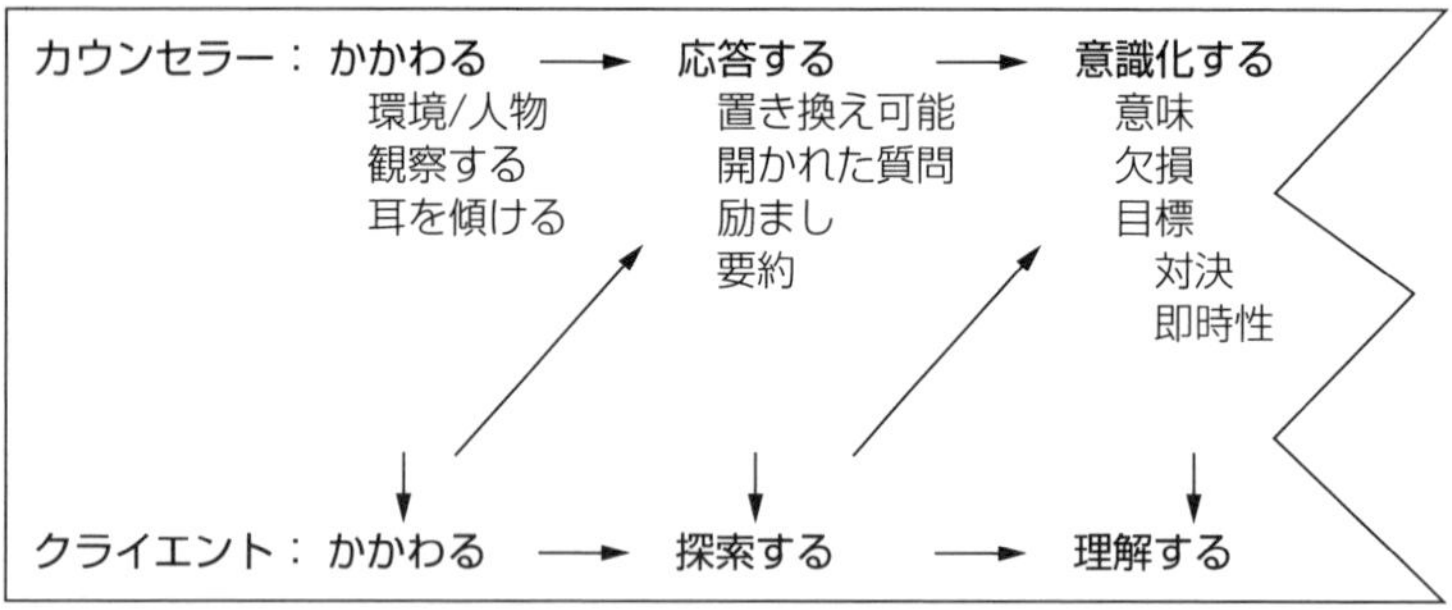

図３　かかわり・探索＋カウンセラーが理解を促進させるために「意識化」する

らかな障害に対処したり、クライエントの過程を説明したり、あるいはカウンセラーの反応の抑制に対処したりするためになされる（図3参照）。

あらゆる段階で、特に目標への移行と行動が起きる時点で役立つ相補的な技術は、その過程を言葉で表すものである。これは、カウンセラーが思っていることを声に出して表現することが要求される。その内容は、カウンセリング過程での移行の要所要所に関連していることが多い。過程の言語化の一例は、カウンセラーの次のような発言である。

◆過程の言語化◆

「他人の反応についてのあなたの発言から、私はこのことについて、あなたのご両親の思っていらっしゃることを考えるようになりました。あなたがそれを関連していると見なすかどうかはわかりませんが。ちょっとそのことを考えてみませんか」

これは、「あなたのご両親はこのことについてどうお考えですか」と質問をするのとは、対照的である。その問題がどこからきたのか、とクライエントに推測させることになるからである。

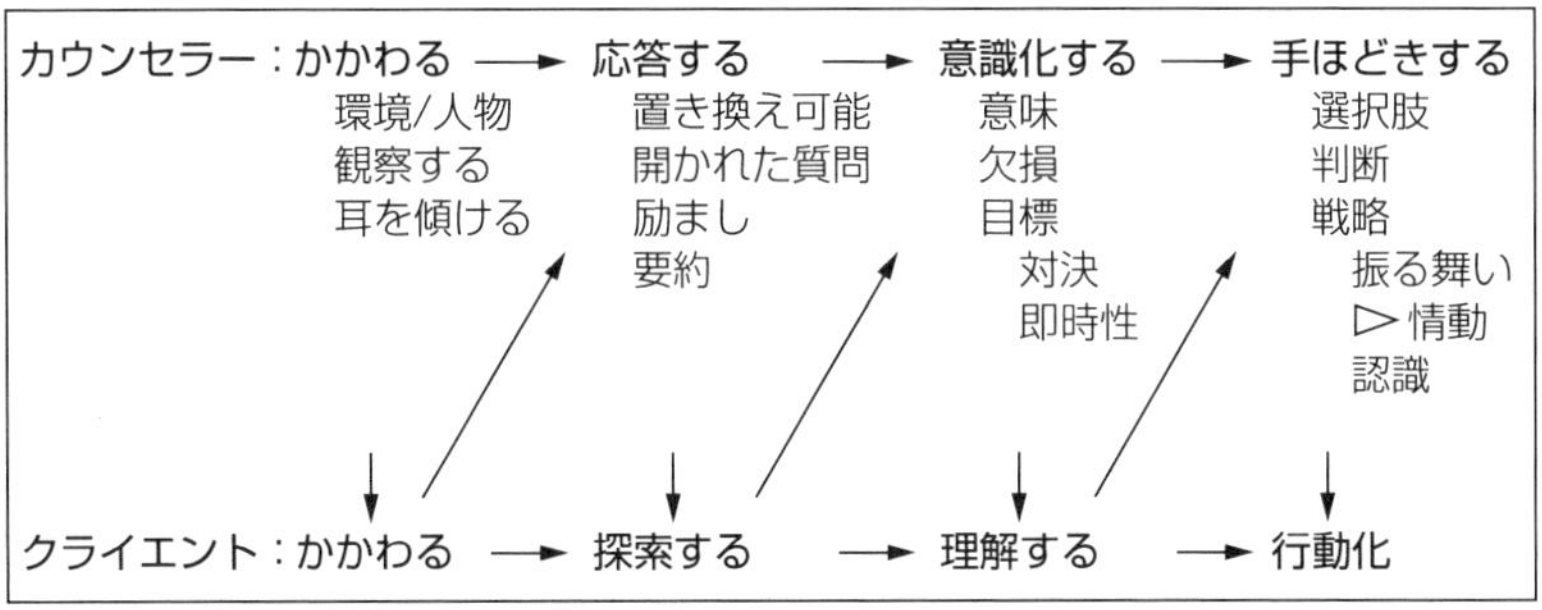

図４　かかわり・探索・意識化＋カウンセラーが行動を促進させるために「手ほどき」する統合 ARPI モデル

4 手ほどき技法

手ほどき技法は、クライエントを、今いる地点から希望する地点にたどり着かせるために考案されている。手ほどき技法は、クライエントが目標に到達するための行動を起こす手助けをするのだ。問題となっている目標に到達するための選択肢は複数あるかもしれないので、最初に必要となる技術は通常、どのような選択肢があるかを識別し、検証するものである。これは、クライエントが探し求めている目標を達成するような現実的な選択肢をもたらし、さまざまな選択肢が持つ個人的な意味や含意するものを探索するのを助けることである。

このことより、試してみる価値のある選択肢が二つ以上あってもおかしくはない。クライエントは、最も適切だと思われる選択肢、あるいはまず最初に試してみるべき選択肢を選ぶのに、手助けを必要とするかもしれない。カウンセラーは、クライエントが選択肢を検討し、最適と思われるものを選ぶ際に役立つような意思決定方法を、用意しておくべきである。いったん、クライエントが複数の選択肢のなかからどれを試すか決めたときは、あるいは最初からはっきりとした選択肢が一つしかない場合には、カウンセラーは、クライエントが希望する地点にたどり着ける戦略を選べるよう、一連の専門的な戦略を持ち駒として持っている必要がある。

クライエントの経験や変化にかかわりのある主な機能の要素には、認識力（思考）、情動（感情）、そして振る舞い（行動化）がある。だからこそカウンセラーは、持ち駒のなかに、これらに焦点を合わせた戦略を持っているべきなのである。ひとつの要素における動きは他のものに影響を与えるし、クライエントが異なれば、ふだんの生活様式や抵抗の度合いによって、最初に焦点を当てる場所を変える必要があるかもしれない（図4参照）。

抵抗勢力

このように、クライエントの経験を検証するとき、カウンセラーの内面にはカウンセリングの過程に影響を与えるような抵抗勢力が生じるだろう。一方で、建設的な変化に向かって、クライエントとともに価値のある結果に到達するための、強い積極性があることも多い。

有効であろうとする力

反対に、破壊的ではありたくない、不必要にクライエントを落胆させたくない、または経験的に誰かを危険にさらしたくないという理由で、ためらい、またその結果として範囲の限られた変化に向かう、反対の力が働くこともよくある。

ためらいがちな力

このような相反する力は、すでに説明したクライエントの抵抗勢力と相互的に作用することになり、進行の遅さ、「最先端」からの後退、勇み足、または探索の袋小路にはまるなどの状態に陥るかもしれない。カウンセラーはこれらの力動性について認知し、監視し、何らかの策を講じる責任を負わなくてはならない。これは、セッションなかでは、即時性のある技術を用いるなどしていつでも相互作用を検証することができる状態であること、セッションとセッションの間にはいつでもこの問題をスーパーヴィジョンに持ち込める状態にあること、などを意味する。

その他の構成要素

すでに見てきた図4に示されているようなAPRIモデルの段階や技術について、さらに細かく検証していく前に、このモデルにつながる、あるいはそのなかを流れるいくつかの他の構成要素について、簡単に見ていきたい。これらの追加的構成要素は準拠枠であり、過程の目に見える形である。これらは他の図と同様、図5に示されているAPRIモデルの図式に見ることができる。

1 関係枠

カウンセリング・コンタクトには、カウンセラーとクライエントの双方が独自の関係枠を持ち込む。カウンセラーとクライエントは、背景（体質的、社会的、個人的）も、個々の性格（年齢、性、民族）も異なることから、現実経験も信念もそれぞれ違ってくることになる。これらの違いは劇的なものかもしれないし、あるいは些細なものでしかないかもしれない。しかし、そこには常に違いが存在し続け、コンタクトの間じゅう、大きく尾を引くのである。

カウンセラーはクライエントの関係枠を試し、正しく評価し、そのなかで仕事をこなすためであればどんな努

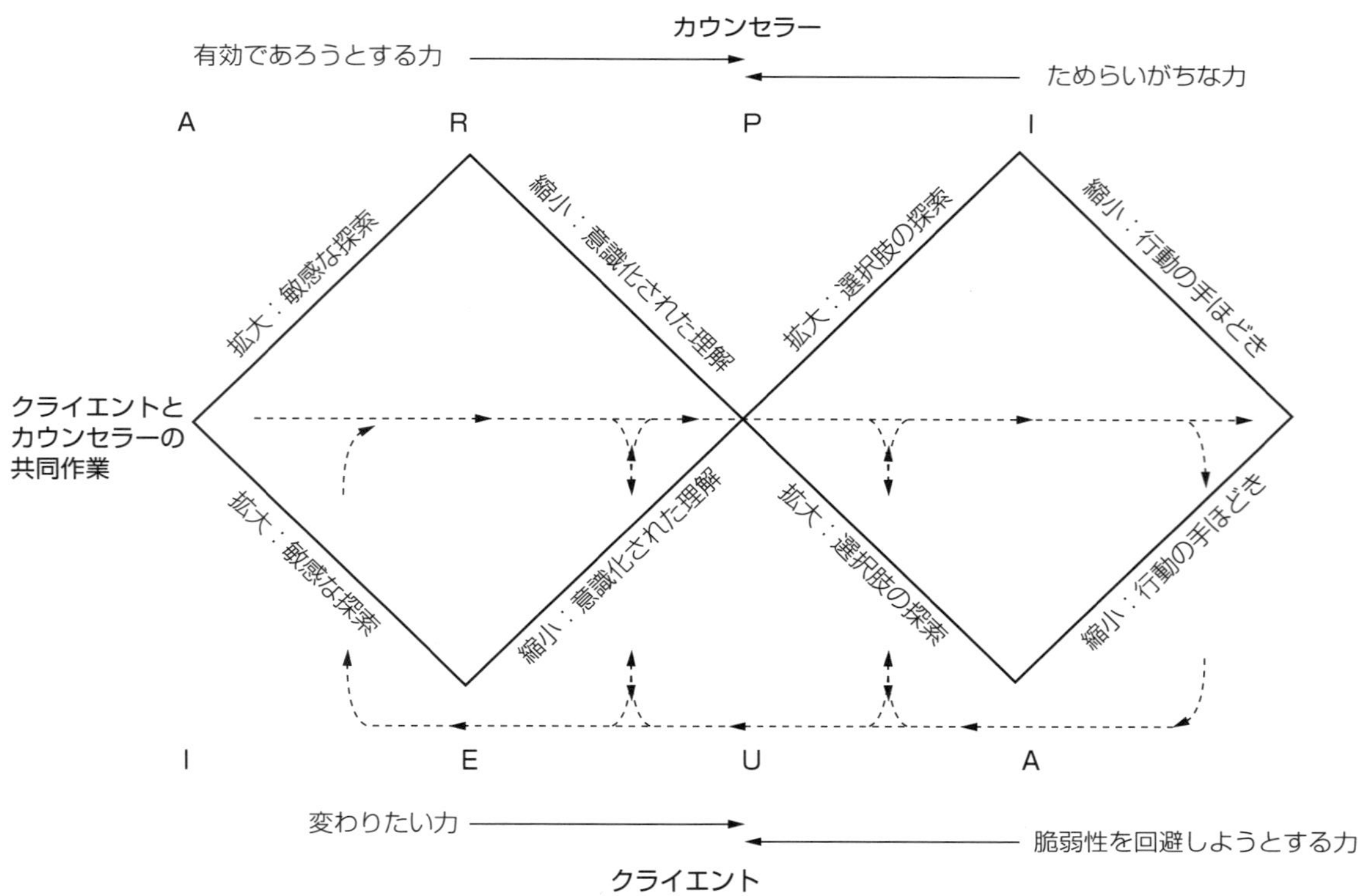

図５　プロセスのビジュアル・マップ

力でもする、という総合的な責任を認識する必要がある。本質的に、態度としての共感と、技術としての置き換え可能な反応があってこそ、できることである。このような理由から、私は共感を、ＡＰＲＩモデルの最も重要なものと考える。

2　プロセスのビジュアル・マップ

図5の菱形は、カウンセリング・プロセスの「形」を視覚的に表現している。最初のコンタクト（出会い、接触）がなされると、相互作用の範囲は、その人物をカウンセリングに向かわせた問題の周辺で、カウンセラーがクライエントの探索にどう反応するかを通して広がっていきながら、関係を築き上げていく。カウンセラーが意識化を開始すると、目標（複数かもしれない）を特定するための絞り込みが起きる。いったんかなり絞り込まれた状態で目標が特定されると、次に選択肢を考えることが始まる。そしてそこには、最適と思われる選択肢の選択があり、目標を達成するための最適な戦略の選択と実行がある。

前にも強調したとおり、この過程は各段階を循環して戻る付加的な領域を伴い、時には進行の速さを調整し、ワークが必ずクライエントの経験の「最先端」で起きるよう、より深いところで発生するものである。これはまた、必然的にカウンセラーとクライエントの両方が押し出そうとし、時には変化やそれが暗に意味するものから遠ざかる、内面的で対照的な力動性を働かせることになる。

結　論

おおまかに示したように、これはＡＲＰＩのワーキング・モデルを視覚的、言語的に表現したものである。説明してきたすべての技術については、カウンセラーがそれらの性質と目的を理解し、カウンセリングの相互作用のなかで明敏に使うことができるよう、より詳細にわたって考察する必要がある。これは本書の第II部において扱うことにする。技術の詳述では、訓練の状況と同様、実践の状況にも注目する。

●実行中のAPRI――事例●

ここで私たちは、カウンセラーのジョアンに会うことになる。彼女は新しいクライエント（ケイト）に会って、コンタクトを築こうとしているところである。ジョアンは地域の公的機関で働いている。巻末の「付録」では、あと二人のカウンセラーに会うことになる。一人はスクール・カウンセラーのフランク、そしてもう一人は産業カウンセラーのサラである。

❖カウンセラー――ジョアン

ジョアンは、教会が母体の社会福祉事業機関でカウンセラーとして働いている。そこに勤めて三年になるが、（慈善事業の）サマリタン協会や性暴力被害者救援センターといった組織のボランティア活動をかなりしてきたあと、有料の指定カウンセラーとしての職を得た。研修機関中に与えられた仕事の一部としてカウンセリングをしていたことから、そこで常勤職として勤務している。

ジョアンは三十代後半で、夫と二人の十代の子どもと一緒に暮らしている。彼女自身、ある意味で問題を持つ家庭で育った。彼女の両親は折り合いが悪く、父親は仕事が長続きしないようで一定の職に就いていなかった。夫婦喧嘩が絶えず、両親は二、三度別居したこともある。彼女には男の兄弟が二人いる。姉はジョアンが幼いころ非業の死を遂げた。今思えば辛い青春期だった。生活はいさかいの連続だった。

ボランティアの手伝いから発展して、彼女は地元の専門学校で二年間のトレーニング・コースを受講した。

このコースは技術を中心にすえ、さまざまな主要理論を検討する貴重な集中プログラムだった。それはまた、個人過程的な作業（態度と個人的な問題についての作業）に重きを置き、スーパーヴィジョンと継続的な教育研修を促進させるものだった。この最初の訓練以来、ジョアンは集中的なワークショップ・プログラムを通してARPIモデルに触れてきた。ジョアンはカウンセリングの仕事を、自らの人生全体の統合された側面として見ている。

ジョアンは自分の継続的な成長を、さまざまな意味で期待している。彼女はカウンセリングについての書物を読み、近くでワークショップが行われるとそれに出席し、約二週間ごとに会うスーパーヴァイザーを確保し（この関係にはケースワークとともに、彼女自身の個人的な過程分析を検証するという局面が含まれる）、ゆったりと構築された演習プログラムを継続し、バランスの取れた私生活を送ろうと努力している。彼女は開かれた、また正面から、自らの個人的な関係に接触しようと努めている。ストレスを感じることも時にはあるけれども、自分の家族関係からかなり支えてもらっている。

勤め先ではかなり忙しく過ごしている。ある朝、予約ノートに目を通すと、午後の早い時間に新しいクライエントの予約が入っていることに気づく。電話をかけてきて予約をした、ケイトという名の女性である。

●教育研修のための演習●

❖導入にあたっての解説

以下の課題は、そのほとんどが、カウンセリングに関連したあなた自身の態度や技術についての意識向上に関係するものである。これらは、後の章で行う技術開発作業の基礎を考えるための刺激となるよう、考案されている。より詳しく検討することができるように、自分の反応を書き出してみると役立つだろうし、機会があれば自分の反応を他の人たちと共有し、話し合ってみるとよい。

◉**課題1**　あなた自身の態度の型を考えてみましょう。あなたのカウンセリング・ワークは、下記の条件を伝えているかという点で、平均的にどう評価しますか。

共　感：低・・・中・・・高・・・
敬　意：低・・・中・・・高・・・
純粋性：低・・・中・・・高・・・

もし、一貫して高い水準の意思の疎通を図るのに必要な水準には至っていないとしたら、どうしたらよいでしょう。

◉**課題2**　コームズとソーパーズによる「認知次元」について、あなたは自分自身をどう評価しますか。あなたがどの程度まで気づいているかについて、簡単に記しましょう。

＊外面的な問題枠とは対照的な、内面的な問題枠から。
＊物事というよりはむしろ人間という意味で。
＊他人を有能な（無能）、頼りになる（頼りにならない）、友好的（友好的でない）、価値がある（価値がない）として。
＊自分自身を人々と同一であるとする（彼らとは別であるとする）、十分である（欠けている）、自己を表している（自己を隠している）。

＊あなたの意図を解放的に（規制して）、利他的に（自己犠牲的に）、より広い意味（狭い意味）にかかわって。

◉課題3

あなた自身の主な人生の問題について考えてみましょう。現在、それらについてどの方向に動きつつありますか。あなたや他の人々にとって建設的な解決……停滞……破壊的な危機の方向へ。建設的な解決に向かっていないとしたら、向きを変えるためには何が必要だと思いますか。

◉課題4

あなた自身の問題枠、つまり背景となる経験について考えましょう。自分自身との関係における以下の事柄について、説明を記しましょう。

＊分化（性同一性／民族的な自覚／社会経済的階級）

＊あなたに最も影響を与えている背景的経験

◉課題5

現時点でのあなた自身のカウンセリング技法の型について考えましょう。あなたの現在の能力をどう査定しますか。かかわり／応答／意識化／手ほどき。

これらの領域の進歩のために、どういう目標を設定しますか、具体的に述べてみましょう。

第４章　ＡＲＰＩモデルの背景

ＡＲＰＩモデルの概略を検証してきたところで、本章ではそれをより広い文脈で考えてみたいと思う。いかなるカウンセリング・アプローチもそうであるように、この折衷的なモデルも孤立しては存在できない。それが展開され適用される状況に、関連していなければならないのである。特に注意を払う必要がある二つの文脈は、①実践、それに関連する訓練、②文化、である。他章でこのモデルの詳細を言及するが、ここでは全体的なモデルについて検討したい。

実践

カウンセラーがクライエントに集中的にかかわるとき、自然体で、落ち着いて、自発的でいたいという願望は、ふつう非常に強いものである。効果的であろうと努力するカウンセラーは、定式化した態度や振る舞いでごまかしながら仕事をすることを潔しとしない。ほとんどのカウンセラーにとって主たる目的は、クライエントと人間対人間の出会いを経験することである。しかしながら、カウンセリングは特定の目的を持った意図的な活動であるために、すべて自由に振る舞うことはできない。

カウンセリングにおいてとても自由な状態といっても、指針となる枠組みを持たなければ、かかわり合いをあやふやなものにする。規制もなければ、明確な指示もないだろう。ほとんどの場合、その過程はその時々の流れで決まり、気まぐれさがついてまわる。「カウンセラー」はおそらく束縛を解かれ、「自由人」として機能できるような気がするだろう。しかしまた、規律がなく、行き当たりばったりとなることもある。もしかすると、援助より危険な状態になるかもしれない。

まったく正反対に、枠組みによる厳しい規制は、有効性を妨げることにもなる。そのような状況下でのカウンセリングは、カウンセラーの個人的な存在は必要としないので、かかわり合いは不毛でうわべだけのものとなる。追い求めるべき方向は明白でしっかりとしているかもしれないが、融通がきかず、ゆえにカウンセラーとクライエントとのかかわり合いを操作することが必要となる。そのような過程は大部分が外的な制約によって動かされ、ルールに縛られることが多い。このような状況にあるカウンセラーは、完全に管理されていて、過度に規律正しく、過程のなかで自然な形で機能できない恐れがある。

カウンセラーは、制約のない個人的見解による応答の危険や、制約されすぎた形式主義的な応答の限界を克服するために、これら二つの両極端の中間に身を置くことが望ましいだろう。最も適切な選択は、カウンセラーの人格を過程に完全に没頭させ、同時に取り扱っている経験を、何が望ましくまた妥当なのかについて、より良い判断ができるような枠組みの選別にかけることである。このバランスを達成できるかどうかは、枠組みの汎用性と、カウンセラーがどこまでそれを統合できるかに、大きくかかっている。

汎用性のある枠組みは、もしそれがカウンセラーとクライエントそれぞれの独特で変化に富んだ特徴に対応すべきものであるとしたら、できるだけ幅広いものである必要がある。論理的基盤が狭い枠組みだと、限られた範囲の人たちにしかすぐには適合しない。そのようなモデルを使っている多くのカウンセラーは、狭い枠組みのなかへ快適に収めるために、自分たちの世界観と、人々がどのように機能するかということへの理解を変える必要があるだろう。多くのクライエントが、もしそのようなモデルによって援助されるのであれば、似たような変化をするように操作されるだろう。

当然ながら、どのモデルも完全に非論理的なものではあり得ない。それぞれのモデルが何らかの内在する哲学と、人々が暮らしのなかでどのように機能し、経験し、変化するかということについて、一連の考えを含んでいる。しかしながら、主に説明的な方向づけで発達性に重要性を置くモデルは、哲学的・理論的な視野でより幅の広いことが多いので、他のモデルより人々の経験を多く包含している。ブラマー（Brammer, L.）[14]、アイビイ（Ivey, A.）[15]、イーガン（Egan, G.）[16]らのモデルのように、関係に基づくもの（すなわち、共感、純粋性、尊敬）として作られたコミュニケーション・スキルのモデルのほとんどは、この範疇に入る。ARPIモデルは間違いなく、このような内容によって特徴づけられる。ARPIモデルは、哲学や理論的な方向づけ、特にその基礎となる振る舞い（すなわち、かかわり〈Attending〉、応答〈Responding〉、意識化〈Personalising〉）との関係性を、幅広く含んでいる。その折衷的な性質（特に、手ほどき〈Initiating〉の段階で）のおかげで、広い範囲のカウンセラーやクライエントに無理なくなじむ。

ARPIモデルは幅広い方向性を提供し、カウンセリングの典型的な目的を有している。このモデルは、主に発展の原則によって動かされ、専門的／臨床的な判断を行うための健全な基礎を提供するものである。また、このモデルは、責任などとは無関係の日常の人間関係のようなすべての可能性をもって、カウンセラーが専門的関与を無意識に作動できるよう個人的統合として一体化するとき、最も効果的に適用される。この種の統合された組み立てに到達するのは容易なことではないし、かなりの訓練を必要とする。

訓練ということでいえば、そのような訓練が欠かせない。通常、ここで統合の過程が始まり、整備される。ARPIモデルを満足のいくように統合するためには、二つの主な要素を中心とした集中的な訓練が必要とされる。すなわち、①態度と、②技術である。

1 態度

訓練時のカウンセラーの言動に注目することは、不可欠である。ＡＲＰＩモデルの核となる特徴は、態度的資質としてよく引き合いに出されるきちんと確立された効果的な援助次元の意思の疎通と経験を、重視するものである。私たちは皆、他の人々への共感、純粋性、敬意を経験できる水準が異なっている。これは、本章でこれから検証していくように、カウンセリングをする相手のなかでも、性格や背景となる経験が私たちと目に見えて異なる人々との関係において、特にさまざまである。訓練では、一般的にいう他人との関係、そして特に異なる価値観、信念、振る舞いを持つ人々との関係において、どの程度までこういった言動を経験するかをカウンセラーに認識させる必要がある。意識を深め、有効性を向上させる方向に変えていくこの過程は、難しいことが多いし、時として苦痛を伴う。

2 技術

意識や強さの水準を高めながら前項のような言動を実践するだけで、効果的にカウンセリングができるわけではない。もうひとつ必要なのは、クライエントが相互作用のなかですぐにその言動に気づくような、コミュニケーション能力である。こういったコミュニケーションには、技術が必要である。コミュニケーション・スキルの能力を習得し、発揮することが重要である。なぜなら、着実に効果を上げられるようになっていくという成長のなかで、それは不可欠な段階だからである。またそれは、カウンセラーの内面にある援助態度の水準を明らかにする主たる方法でもある。たとえば共感が、熟練したコミュニケーションで伝わらないとしたら、それは技術の限界ともいえるが、ここで共感が伝わらないのは、共感の経験そのものが足りないことも示唆していることになる。言動と技術の間の相互作用は、訓練の重要な側面である。

ARPIモデルを補う技術には、さまざまな「手ほどき」の戦略に関係するものも含め、特定の、そしてたいていが複雑な理解、経験、振る舞いがからんでいる。これらを学び、完全に機能する効果のあるカウンセラーの特徴を表す動的な判定セットを作り上げていくためには、新たな応答パターンを集中的に学ぶことが必要であり、通常、古い習慣的なパターンを捨て去ることが必要である。この過程には常にストレスがつきまとう。そのストレスの多くは、制約されたという思いと、「型にはめられる」ことに抵抗する葛藤が、中心となっている。しかしながら、長年にわたって訓練の仕事をしてきたおかげで、私はこの抵抗はたいていが理解できるものであり、望ましいものだと認識できるようになった。

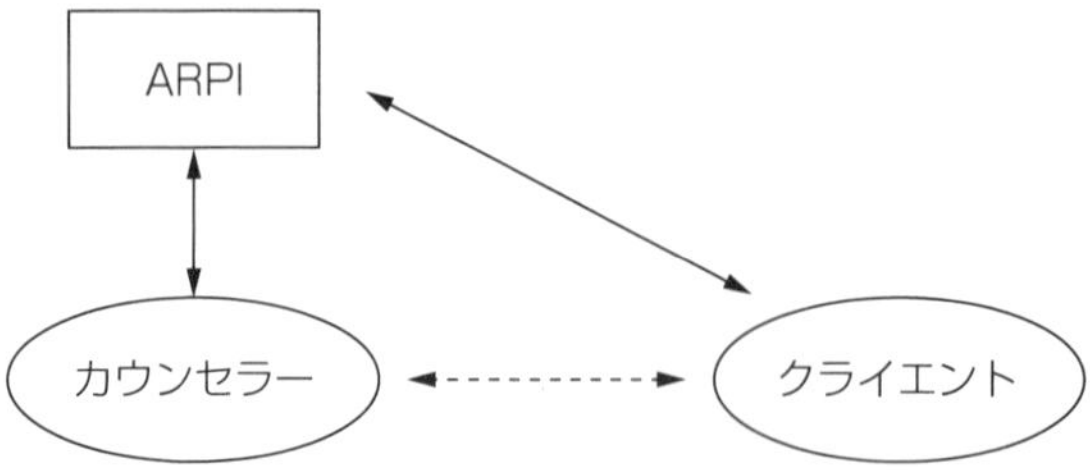

図6　学んだモデル

抵抗が理解できるものだというのは、それが訓練においては、関心がクライエントからカウンセラーへ、学んだモデル（図6参照）へと移り、これがぎこちないものとして経験することに反映されていく。訓練中のカウンセラーはかなりの時間をかけて、自分自身の感情、態度、思い、振る舞いについて、またこれらが関心の的となっている訓練モデルの要素とどう関連しているかについて、考えなくてはならない。研修生はしばしば、クライエントが過程のなかで見捨てられているかのように感じる。このことは、効果的なカウンセリングに求められるカウンセラーが「知る」ということとは、逆のものである。

抵抗が望ましいのは、それが統合の過程が起きつつあるのだろうということを意味するからである。抵抗がないところでは、研修生は分析したり、消化したり、個人的な組み立てを作ってみたりせずに、漫然と丸ごと取り入れることになるかもしれない。このような取り入れ方をすると、モデルを応用する際にどうしてもある程度の硬直性を招いてしまう。すると、抵抗を、それが丸ごとでないとすれば、個別の表現方法として組み込んだモデルを考えたほうがよい（図7参照）。通常明らかになるのは、カウンセラーがクライエントに対して十分で、集中した、また関心を払うことを可能にするモデルと調和するなかで、しかるべきバランスを備えた人間としての自然なアプローチである。このような形でカウンセリング・モデルを超越することは、洞察の鋭い、要求に適うカウンセリングという結果をもたらす。

しかしながら、そのように超越することは容易ではない。それには、講師、スーパーバイザー、研修生仲間との、やりがいのある協力的な取り組みに根づいた、開かれていて誠意ある反応が感じられる雰囲気のなかで、綿密でしっかりとした訓練が必要となる。周到にして体系的な訓練の要件を備えたARPIモデルは、集中的な作業を通して簡単に超え、その最大の可能性を発揮し、カウンセラーに、そして誰よりもクライエントに、力強い結果を通して認められるのである。

図７　統合モデル

文　化

文化とは、私たちが誰なのか、どう機能するのかをくまなく網羅する次元なので、経験について説明し変化するための方向づけをすると言われているモデルは、ある程度まで文化の束縛を受けざるを得ない。どのカウンセリング・モデルも、特定の文化的文脈にある程度合わせるための、独特の価値観や信念、嗜好を組み込むことになる。カウンセリングに関連の深い二つの文化的文脈とは、民族性とジェンダーである。

1　民族性

最も確立されたカウンセリング・アプローチは、独立心、自主性、功績などの資質が重視され、男性、白人、地位としては中流階級が多数派、という文化的文脈に適応している。カウンセリングにおけるこの狭い位置づけから、他の価値観や信念体系に基づくアプローチを作り出すことへ変化させようと、懸命の努力がなされていることは明らかである。ニュージーランドのある例で、ハット・バレーにあるファミリー・センターでの、ワルデグレイブ（Waldegrave, C.：彼らのアプローチの詳細については「Just Therapy」[30]を参照のこと）が率いるセラピスト・チームによる革新的な研究がある。彼らはクライエントの価値観や信念体系に合わせ、その社会的、経済的境遇という現実に即した方法で、民族的少数派や社会経済的に恵まれない人々のニーズという問題に、前向きに取り組んできた。この国でもう一人、マオリダム（訳注：ニュージーランドの先住民、マオリ民族）の第一人者デューリー（Durie, M.）も、主流となっているカウンセリング・アプローチがいかにマオリの人々の利益に供していないかを、はっきりと述べてきた[31]。彼はまた、カウンセリングを始めようとするのであれば、取り入れる必要があるいくつかの深刻な要因についても述べている。カウンセリングにおける文化的に適切な貢献を目指すこのような地域優先性は、スー（Sue, D. W.）[32]のような、この分野における長年の貢献者の研究と一致している。彼は、統制の所在と責任の所在の多様性に基づいて、人種の異なる世界観についての考え方を特定し、理解と介入の戦略をこれらに関連づけた。

2 ジェンダー（性別）

カウンセリングにおいて長年にわたって大きく無視され続けてきたもうひとつの文化的文脈が、ジェンダーである。歴史的に見ると、確立されたモデルは男性的な考え方と価値観を強調してきた。民族的な問題でも見られたのと同じように、最近の動向は、異なるジェンダーの考え方を認め、それを受け入れるところまでカウンセリングの領域を広げてきた。クライエントとしての女性を扱うことと、万人の生活において健全な発展と、満足の基礎と見なされる価値と質の向上とに関連する重要な特色を伴う、幅は広いが独特なフェミニスト・アプローチが出現してきた。このアプローチの特徴は、*Feminist Counselling in Action*[33]などの記述や、The Challenge of Feminism and the Practice of Counselling と題されたドレウェリー（Drewery, W.）による *New Zealand Association of Counsellors Journal* のローカル記事[34]などに見ることができる。これらの寄稿は、ジェンダーに関する偏見やニーズを取り巻く社会政治学的な問題と、フェミニスト・アプローチ独特の特徴の両方を浮き彫りにしている。

3 文化の本質

カウンセリングにおける文化の重要性がますます認知されるようになってきたものの、カウンセラーが文化を引き合いに出すやり方を見ていると、なかには、その意味が必ずしも適切に理解されていないと思わせるものもある。その本質についての一致した理解は、往々にして不適切に決め込まれている。

クリステンセン（Christensen, C. P.）[35]は、文化を「人々が価値、基準、家族生活の様式、社会的規範や振る舞いを、歴史的、政治的、経済的、社会的現実に即して展開するなかで、その中心にある共通点」からなるものだと説明している。ここで言及されている「共通点」は、クラックホーン（Kluckholn, F. R.）[36]が、人々が何らかの解決策を見つけなければならない人間の条件に起因する共有の問題のなかで、限られた数として見るものと一致する。その解決策は総合すると、ある特定のグループや社会にとっての文化、あるいはその基本的体系を構成する価値志向を意味する。到達した解決策はどう考えても、グループによってさまざまな基礎となる性質や経験を反映する、異なったものとなるだろう。しかし、クラックホーンは、解決策は比較的秩序だった形で異なっているのではないか、と論じている。一連の有効な解決策は、おそらくどのグループにでも当てはまるだろうが、支配的な優先傾向によって、対象となっているグループの文化的アイデンティティが特徴づけられる。

クラックホーンとストロッドベック（Strodtbeck, F. L.）[37]は、取り組むべき共通の問題の範囲と、各ケースに

表1　共通の問題と可能な解決

取り組むべき問題	幅のある解決（強調されるもの）		
1. 時	過去	現在	未来
2. 関係	個人	縁者（対等者）	同族（直系）
3. 活動	活動	本性	生成
4. 人間性	善	悪	中立または混合（善/悪）
5. 超自然	自然の支配	自然への従属	自然との調和

おけるありそうな解決策（価値志向）の範囲を発表した。それを表1に示す。

価値志向の枠組みが、カウンセリングにどのような意味を持つのかを見るために、たとえば、従来のカウンセリング（男性中心）、フェミニスト・アプローチ、マオリダムが、この見地のなかでどのように異なるかを検証することができる。男性志向のカウンセリング・モデルの支配的な価値志向は、次のようなものを重視しているといえるだろう。すなわち、未来（時）、個人（関係）、活動と生成（活動）、基本的には善だがこのためには努力する必要があるという見地（人間性）、何事も可能だという点での自然の克服（超自然）である。一方、フェミニストの価値志向は次のものに重きを置くといえる。現在（時）、縁者（関係）、本性（活動）、善（人間性）、自然との調和（超自然）。最後に、マオリで優勢な価値志向が重視するのは、過去――たとえばwhakapap（訳註：マオリ語で先祖、家系図）（時）、同族――たとえば老人（関係）、本性（活動）、善（人間性）、ある程度の従属性を持った自然との調和（超自然）。この分析は、厳密な意味での正確さはともかく、カウンセラーはこのような違いが存在することを認識する必要があるということ、またカウンセラーは文化的に効果的であるためには、自分自身の価値志向から抜け出すことができなくてはならないし、他の人々の価値志向を認め、受け入れ、そのなかで仕事ができなければならないことを示す。

こういった能力はまた、さまざまな介入戦略をすぐに使えるものとして持っていることも含まなくてはならない。というのも、介入戦略そのものが、特定の価値志向と結びつけられることがあるからである。たとえば、精神力動的なアプローチは、ゲシュタルトがその志向を通して現在の中心性、基本的な人間の善性、自己と環境との調和に結びついているのと同様に、歴史的、世代的、決定論的な志向を通して、特定の解決策（たとえば過去）と結びついている。カウンセリング・アプローチが価値志向にどう結びつくか、そして価値志向がグループによっていかに異なるかを認知することは、カウンセリングにおける折衷的な見地の望ましさにさらに重みを加える。

ここで述べた意見よりも、さらに踏み込みたいと思う人も多いだろう。価値志向という枠組みに基づく違いはあまりにも大まかすぎるとして、個々の独自性を重視しようとするかもしれない。彼らにとっては、私たちの人間としての独特な関係枠のせいで、カウンセリングはすべて本質的なところで異文化的なのである。これは大方の場合、たしかにそのとおりである。しかし、指針として使うためには、違いを絞り込んでいくために集合的な文化的違いを使うことが役に立つのである。個々の違いがこのなかに組み込まれず、カウンセラーが個人的な差異に対して開かれてあり続ける限り、このような大まかな理解の価値は保たれる。

4　ARPIと民族性

カウンセリングの分野では民族的な違いに関して、二つの異なる見解が明らかである。一つは個性記述的あるいは文化相違的な見地で[38]、それは文化的特異性を力説する。この立場は文化的な違いを強調し、使われるカウンセリング・アプローチはいかなるものであっても、関与しているクライエントの本質的な文化的特徴を組み込むべきであると主張する。特定のクライエントの、その文化に特定の価値志向を組み込む関連モデルがいまだ存在していない場合には、それを開発する必要があるし、もしかしたらもっと大切なのは、その文化的文脈のなかで問題となっていることを扱うのに、果たしてカウンセリングは本当に適切な対応なのかどうか、問いかけることである。この見地の延長には、クライエントと同じ文化圏出身の人しか、カウンセラーとして効果的な仕事はできないという主張がある。

そのような文化特有の考え方は、ワルデグレイブとローアーハット・ファミリ・センター[30]の仕事に活かされている。彼らは「Just Therapy」を通して、民族的背景と社会経済学的条件の両方において、文化的に適切な方法で仕事に熱心に取り組んでいる。彼らは、主張と社会的行為を自分たちに可能な範囲での介入に組み込み、クライエントの文化圏出身のカウンセラーを、カウンセリングの過程に積極的に登用している。文化特有の見地の局面は、カウンセラーがカウンセリングの作業のなかで、マオリの人々の独特な文化的特徴に対応することがいかに重要であるかということを強調した、デューリー[31]の議論のなかにはっきりと表れている。異文化間で仕事をすることについてこの考えを支持しているものには、*Counselor Education and Supervision Journal* での対位形式の議論の一部だった、ロック（Locke, D.）の論文、A Not so Provincial View of Multicultural Counseling[39]もある。

もう一つの主要な見地は、法則的あるいは自然相的な見地[38]で、文化的な違いというのは非常に現実的であり、カウンセリングのなかで対応されなければならないが、もっと大切な基本的な人間の核心部というものが存在し、これこそが効果的なカウンセリングにおいて最も決定的な要素であると主張する。この考え方は、異なる意味の体系の重要性を否定はしないが、そういう違いを超越する実存的な性質を組み込むより普遍的な方式を信奉している。

このアプローチは、文化的な理解を、人間的な資質という適正な基礎からの機能なしに持つのは、まったく不適切なことになると主張している。一方、クライエントの文化的特徴を何も知らずにどの文化にも共通の性質に頼ることは、その有害度は少しは低いかもしれないが、これもやはり不適切であろう。最も望ましい見地は、もちろん望ましい人間としての資質というしっかりとした基礎から作用することであり、ただしこれを、文化的違いについての適切な水準の理解と有効性とに調和させることである。

一般に、異文化間アプローチ[40]と呼ばれるこの後者の見地は、フクヤマ（Fukuyama, M.）が、前述の *Coun-*

selor Education and Supervision Journal での対位形式の議論の一部だった、Taking a Universal Approach to Multicultural Counselling[41] という論文に取り入れたものである。この見地はまた、私が何年か前、カーカフ（Carkhuff, R.）のＨＲＤモデルに最初に取り組んだときに、Counselling Polynesian Youth[42] と題した論文の支えにもなっている。その論文中で展開させた議論は、共感、純粋性、敬意というカウンセラーの態度的資質は、異文化間での作業も含むどのようなカウンセリングにも不可欠の重要なものであり、共感は本質的に文化についての適度な知識と理解を必要とするというものだった。

モデルを使って取り組むかどうかの問題と同様、この場合は文化相的か自然相的かのどちらかであるが、本質的なところで両極端のいずれかになるのは望ましくない。人間の感受性という資質と文化的な特徴についての理解は、理論上は切り離しておくことができるが、実際にはきわめて結びつきが強い。感受性が豊かなことと理解をすることは、態度的資質と文化についての認識の両方を裏打ちするものであり、カウンセラーが効果的であるためには、実践のなかに両方の特性を展開させ、組み込まなければならない。ＡＲＰＩモデルの本質と視野は、民族性とジェンダー、そして人々のなかにあるその他の基本的な差異のどれにしても、文化を斟酌し、またそれに対応することを働きかけるものである。

これまで述べてきたように、ＡＲＰＩの中核にあるのは、異文化間アプローチの中心として考えられている人間としての資質である。この資質には、思いやりのある感受性、洞察の深い理解、そして基本的な人間への敬意などがかかわってくる。重点を置く対象は、ＡＲＰＩを統合し効果的に使う際のカウンセラーの個人的な認識から、各自の文化的遺産にまで広がる。自分自身の文化的遺産を認知することは、文化的に異なる文脈のなかで効果的に作業をするために、欠かすことのできない基盤である（ケリー〈Kelly, G.〉[43] とロック[44] を参照）。個人的な認知は、敬意と純粋性の経験、認識、コミュニケーションの水準にも拡大する。これらは、どのような文化的文脈にあるクライエントを相手にする場合にも不可欠のものである。これらが低い水準だと、文化的に異なる人々の価値を批判したり、おとしめたりすることになり、明らかに有害となる。

違いについての知識、理解、受容は、有能なカウンセリングの基本的な要因である。ＡＲＰＩモデルは、効果的なカウンセリングにとって間違いなく最も不可欠な単一の構成要素である共感を持ち、その共感を伝えることに基づくさまざまな関係枠を持って、認識し、受容し、取り組むことに、かなりの重点が置かれる。定義によれば、共感という概念には、文化的な特徴に関する理解を組み込まなくてはならない。共感するためには、クライエントの関係枠に波長を合わせることが要求され、この関係枠は必然的に、文化的な違いを裏打ちする価値志向を含んでいる。マオリのクライエントの思考や経験のなかで、複合家族（whanaungatanga）がいかに重要な役割を果たすかを認識しないとしたら、あるいは感情の経験や表現に違いがありそうだということを理解しないとしたら(31)、その人はクライエントに共感を持つことなどできない。クライエントの関係枠に波長を合わせ、クライエントにこれを気づかせるように伝えるためには、この種の認知が要求される。この議論は、カウンセラーとクライエントとの違いの程度にかかわらず適用できる。まったく異なる関係枠を持っていても、クライエントの関係枠に繊細に合わせようという意志と能力があれば、適切に微調整しようとする意志や能力はないがかなり類似の関係枠を持っているよりも、もっと大事なことであり役に立つだろう。後者の場合は、たとえきわめて似たような意味体系から派生した枠であったとしても、無意識に不適切な仮定や打開策につながることになってしまう。

ＡＲＰＩモデルは共感を必要とし、それゆえに文化的な感受性を必要とする。アイビイは文化についての専門知識に言及し、それを「意図性」の概念に関係づけている(45)。彼は意図的な人というのは、「与えられた状況において他にとりうる振る舞いを生み出すことや、さまざまに異なる視点から問題に『アプローチ』することができる人」と考え、この考えを、いろいろな文化圏のクライエントに適切に取り組むという意味で、カウンセラーにも当てはめている。この能力については、カウンセラーの個人的な認識、文化についての理解、幅のある適切な対応を生み出す技術などが問われる。比較的非論理的なＡＲＰＩモデルは、その記述において発達的な点を強調しているが、適切に当てはめられるべき意図性と文化についての専門知識のための問題枠を提供する。

ＡＲＰＩとフェミニスト・カウンセリング

また、ＡＲＰＩモデルの発展的で描写的な特徴は、カウンセリングにおけるフェミニスト・アプローチの特徴を、ある程度まで適用するのに向いている。

フェミニスト・カウンセリングについてチャップリン（Chaplin, J.）は次のように表現している。

「『フェミニスト』としてレッテルを貼られる技法が、ひとつとしてあるわけではない。しかし、一般的なアプローチ、考え方というのはある。それには反階級主義の立場、循環的およびリズミカルな過程の認知、相対するものとの相互接続、社会が一人ひとりの心理に与える深い影響の認識など、よくある要因が含まれる(46)」

フェミニスト・アプローチに関する過程について説明するなかで、チャップリンはこうも言っている。

「フェミニスト・カウンセリングは人々に力を与え、自信を深め、自分の人生に対する統制をさらに開発するための助けとなることを目標としている。カウンセラーは専門家や医師としては見なされないし、クライエントは患者ではない。むしろ、一方の人の人生を探索するための『手がかり』を使う、二人の別々の人間である。焦点はクライエントに絞られる。カウンセラーは自分の人生を探索するためにそこにいるのではない。その役割は包含する者、支持者、成功因子としてのそれである。ここでの『包含する』というのは、堅固ではあるが容認する形でクライエントと共にいること、そして激しい感情を恐れないことを意味する。クライエントの役割は自己探索である。カウンセラーもクライエントも、どちらが優位ということはない(46)」

この引用文に書かれている重要な特徴は、ARPIモデルの中心にある、応答の基盤、上下関係のない注目、力を与えるという考え方、そしてクライエントの経験やニーズに直接的に基づいた行動の重視である。

何年も前、現在のようなジェンダーに関する意識の高い時代が到来する前のことだが、カーカフは効果的なカウンセリングとの関係で、ジェンダーによる特徴を引き合いに出した。彼の主張は、今では固定観念化しているのではないかと異議を唱えられるかもしれないが、とにかく彼は、HRDのモデルは、女らしさと男らしさの両方について伝統的に受け入れられてきた価値観を包含するものだと主張した。彼は、「効果的な治療の手順には、現実に即した問題解決型の活動によって補完される、気配りや思いやりといったより伝統的な女らしさの特性と、純粋性や対決などのより男らしい特性の、両方が必要である(47)」と述べた。

このような紋切り型のジェンダーの区分には、強く異議を申し立てる人がいるかもしれない。しかし、カウンセリングにおける感性と活動の混合は、現実のことである。ARPIモデルは、そのもとになっているHRDのモデルと同様、有効な生き方とかかわり合いの育成、力を与えること、責任、建設的な能力を、反映しているのである。

個人的な責任に立ち返る

文化的な適切性を正確に理解することを最も必要としているARPIモデルの特性は、民族的背景と性差の両面において個人的な責任に重点を置く意識化の状態と関係がある。ナッシュ（Nash, R.）は、一九七〇年代に出したHRDモデルについての厳しい批評[48]のなかで、この特性は、多数派文化の外にいる人たちにとっては、特に適切でないとしている。彼は、ARPIモデルにある意識化された欠損部分という概念を、クライエントが経験するあらゆる困難や問題は究極的には、ほとんどの場合、明らかにそうであるような環境的な社会構造の欠点ではなく、個人的な欠点として見なされるという意味で定義したのだ。

このような「被害者を責める」という立場は、悩みの主な原因が強圧的な社会構造からきている、少数民族出身の人々のためのカウンセリングの意義について、アワテレ（Awatere, D.）[49]が異論を唱えた理由と似ている。この論争は、女性がよく経験する個人的な問題は一般的に持たれている不適切な社会的構成概念の結果である、という意見を採り入れるフェミニストたちの立場にとって意味がある。

人々が考える規制と責任におけるさまざまな世界観と差異についてのスーの研究[32]は、特に内面的な規制と責任は、困難を経験している人々が抱いている世界観の見方とは合っていないという点で、典型的なカウンセリング・アプローチの適切性を問題にしている。ここからひとつ言えることは、カウンセラーたちは、伝統的なカウンセリングのかかわりは、一部の人たちにとっては不適切だということを認識する必要があるということである。社会的行為や見解を主張する戦略は、状況によっては、あるいは他の援助の源を求めている人たちに対して、補完される必要があるのかもしれない。

しかしながら、ある状況においてはこの見解の正当性を認めながらも、私はARPIモデルにおける意識化は、クライエントの個人的な不適切性という意味で物事を定義するものではないと強調したい。個人と環境との相互作用は重要な問題である。後ほど「第7章　意識化技法」で述べることにするが、行動する責任（この語が持つ最も広い意味で）とは、独立したあるいは相互依存の生き方の重要な構成要素である。ある人の社会的に構築された環境、またはそれをもって特定するグループの環境を理解することは、常にカウンセリングの一部であるが、それはこれらを支持するものであるにせよ反対するものであるにせよ、必然的に行動という問題につながるものである。このことは、カウンセリングから弁護の問題、クライエントの代理としてのカウンセラーによる、あるいはクライエントとその仲間や共同体が直接行う社会的行為（革命とさえいえるかもしれない）への転向に、つながるかもしれない。

しかしそれはまた、どういう行動が必要とされているのか、どのような選択肢が最も良いのか、どのような段階をたどるべきか、などを考えるためのカウンセリングによる支援のごく普通の形も意味する。どのようなカウンセリングにも当てはまるように、これには思考、感情、行動のあらゆる面にも気を配ることが含まれる。たとえば、クライエントに力を貸して、彼らの置かれている状況は自分の責任だと思うことから知的な転向をさせるとか、受け身的で自分ではどうすることもできないと感じているのを、怒ったり決心する気持ちを当然のこととして持つように変えさせたり、グループへの深い関与や、断定的で目標の定まった行動を展開するのに必要な行動を身につけたりさせることを、含んでいるかもしれない。

この点に関しては、ナラティヴ・アプローチが強調する社会的、文化的、政治的な経験のなかに本来備わっている制圧の過程や、個人が変化や自己啓発の可能性に接触できるようにするためにこれらを自己から切り離す必要性は、個人／環境との力動性を建設的に扱うためにきわめて有用な可能性を拡張することとなる。これはそれなりに、意識化の過程であり、そのなかで、効果を上げるためのその人の資源と可能性とに焦点を絞る働きをする。

社会的行為は、それが「クライエント」が直面する状況や経験についての配慮と、自分が置かれている環境には実際に何がかかわっているのかを、はっきりと理解したうえに築かれているという付加的な長所を持つ、ＡＲＰＩの枠組みに収まる合理的な「手ほどき」の戦略と見なされる。この配慮は、反動的あるいは挑発的で、たいていが抑圧を増す結果になりがちな行動よりはむしろ、パワフルだが明敏で洞察力に満ちた行動につながる

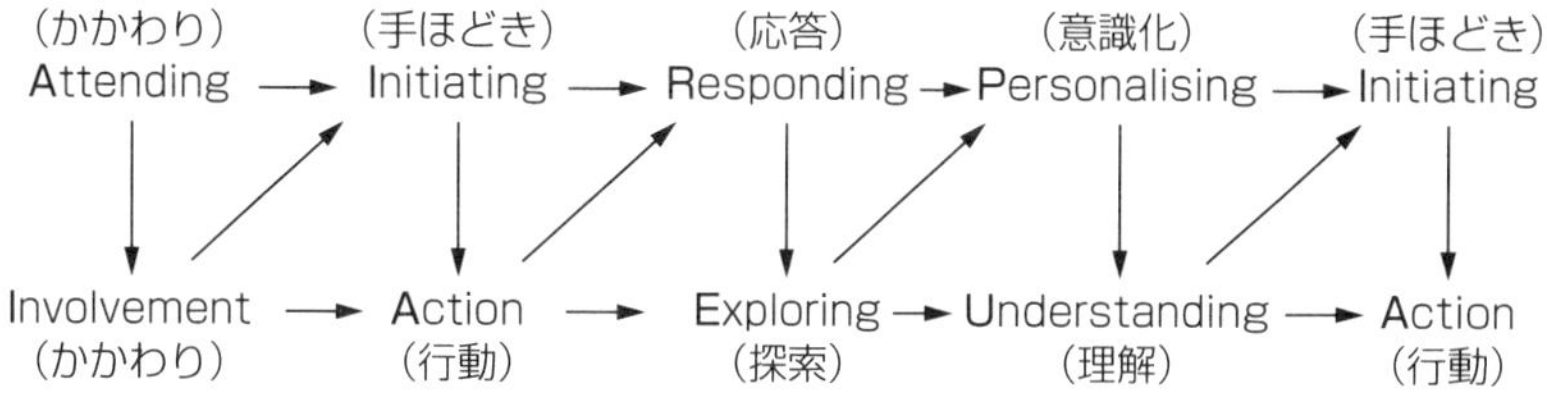

図８　ARPI——修正された配列

場合が多い。

　時には、「行動」（Action）の緊急性は、問題の徹底的な探索や望ましい結果に到達するためには、どのような手順が最適であるかという理解よりも、先に行動が起こされるべきだということを意味することもある。そのような過程はＡＲＰＩの見地では、「行動」（Action）の局面は、「探索」（Exploring）や「理解」（Understanding）に優先することを意味することになるのである（図８参照）。しかしながら、「行動」にかかわっている人たちが、何が問題か、緊急性の理由、またとられる行動が、どう目標に関連しているかを明確に理解し、その結果を評価し、将来適切に振る舞えるようにするためには、ＡＲＰＩモデルのその他の段階も過程のなかに保っておかなくてはならない。

　当然ながら、状況によっては抑圧的で破壊的であるがために、反動的で挑発的な行動が予想されるものもある。しかしながら、これらは、そういった高い危険があり、明らかに軋轢に縛られているがゆえに、標準的なカウンセリングの選択肢の範囲内には収まらない。ＡＲＰＩモデルはこのような環境のなかで、状況や反応、結果を説明するのにもってこいであるが、ＡＲＰＩは基本的に的が絞られたカウンセリング・モデルであるから、実際面でのそのような状況を扱うために使われることはあまりない。

結　論

本章で取り上げた要点は、ＡＲＰＩモデルは、いったんカウンセラーによって統合されてしまえば、カウンセリングに限らず個人的および（または）文化的な差異を取り入れていかなる状況にもうまく当てはまり、それに対処できるような普遍的なモデルとして役に立つ、という意味で読まれるべきではないということである。何もかも網羅できるモデルなど、一つとしてないのである。ただし、カウンセラーの自己認識、クライエントの独自の問題枠（文化的な特性も含め）に上手に波長を合わせた対応、個人的に有意義な目標（人の内面的および〈または〉、外面的な変化もかかわるかもしれない）、そして折衷主義の価値を重視すれば、クライエントの目標達成のために合理的な行動戦略が導入されるところでは、ＡＲＰＩモデルは数多くのさまざまな文脈に適用できる可能性がある。

私は、カウンセラーがこの包括的で大局的で有意義なモデルに取り組み、彼ら自身の個人的なカウンセリングの組み立ての開発に向けてこれを統合することを勧める。推薦するにあたって私に言えることは、長年ＡＲＰＩモデルを形作り使ってきたなかで、このモデルは私に信用できる強固で効果的なカウンセリングの問題枠を与えてくれ、その価値については大勢のクライエントや研修生たちが証言してくれているということである。このモデルが、私自身や大勢の仲間たち、研修生、クライエントに役に立ってきたのと同じように、他の人たちにも役立つことを願っている。

ＡＲＰＩモデルを統合してきた実践家たちは、クライエントが何を必要としているのかを見極めるのを手助けし、そのうえでクライエントが目標を達成するために積極的に協力しながら、彼らの経験に焦点を絞り込む能力に特徴があるといえるだろう。カウンセリング過程についてのこの共通する考え方は、統合されたモデルの価値を認めるところからきているものの、そのモデルそのものは柔軟であり、折衷主義を重視するがゆえに、個々の方式や好みによって変化する余地をたっぷりと残している。

ＡＲＰＩモデルの概観を述べ、重要な文脈にまつわる要素のなかで検討してきたところで、今度はさまざまな構成要素について、さらに詳しく検証していこう。

第Ⅱ部

ＡＲＰＩのプロセスと技法

第5章　かかわり技法

ARPIモデルの最初の部分は、クライエントと直接に関与する前のところである。クライエントが最も接触しやすい機能（場所への「かかわり」）と、そこにいるという目的を満たすために最も動きやすい条件（その場の条件への「かかわり」）を含んでいる。カウンセリングに訪れるクライエントがふつう抱きがちな心配や不安を少しでも減少して、結果への期待効果を最大限にすることができるように、終結までのさまざまな試みを設計する（図9参照）。

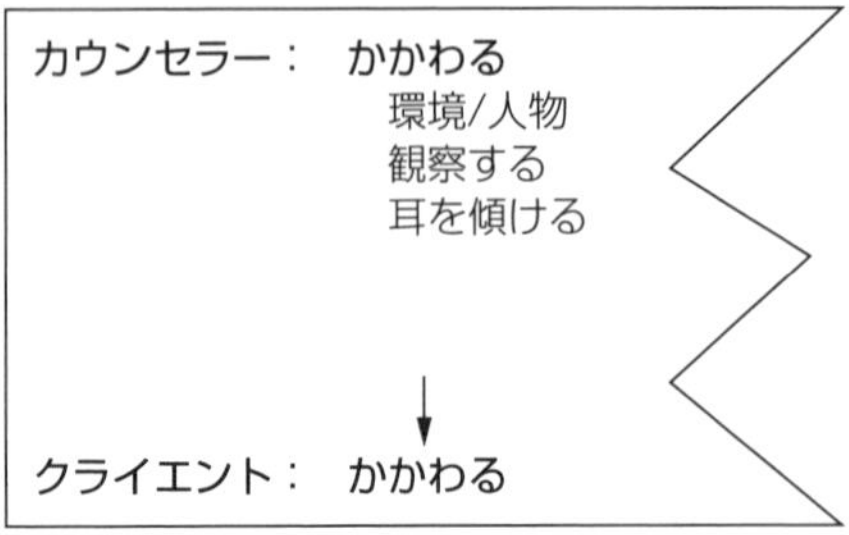

図9　かかわり技法

場所の設定にかかわること

ほとんどのカウンセリングは、カウンセラーの「守備範囲」で行われるだろう。クライエントは、当然ながら傷つきやすく、ある種の不利な立場にある。クライエントとのかかわりを推進するためには、生じるかもしれない抑制要因のすべてを最小限にしなければならない。場面設定の物理的な特徴を考慮することは、クライエントをあまり人目にさらしたり、気分を害させたりしないためにとても役に立つ。

1　場　所

ふつう、カウンセラーがカウンセリングを行う場所について言うことはほとんどない。相談機関は経済的要因から、決められた建物かオフィスにあり、カウンセラーは一部屋をもらっている。これに関して計画したり決定したりする機会を持つこともあるので、基本的な原則をいくつか覚えておく必要がある。

◆場所の特色◆

クライエントの側からすると、「相談機関」は行きやすいところにあって、あまり目立ちすぎないこと、また明らかに否定的な含みがある場所ではないことが重要である。

たとえば学校では、生徒はカウンセリングルームがどこにあるかを知っていなくてはならないし、誰にも尋ねずにそこに行けるようでないといけない。また、生徒がカウンセラーの部屋へ行くときは、誰にも見られたくないだろう。カウンセラーは、生活指導や管理的役割を持つ主任クラスの教師たちの近くにある部屋を、持つべきではない。生徒は（あるいは教職員も）、カウンセラーも管理職の教師と同じ機能を持っているとか、定期的に連絡して強く連携していると連想してしまうだろう。カウンセラーに会いに行くのを見られたら、何か不利になるのではないかと恐れるのである。

カウンセラーの役割がいる場所によって決められてしまう、つまり、単に設置場所から自動的に非生産的な仮定をしてしまうクライエントがいるだろうということは、障害になる。場所に関しては、個人開業であっても同様の懸念があって、出口が公的機関と共有しているような部屋を持つカウンセラーにも当てはまる。

●実行中のARPI——事例●

❖場所と「かかわる」

ジョアンの働いているカウンセリング・サービスは、ジョアンがいたときには教会の敷地内にあった。他の場所に替わることができないという経済的な事情もあったが、いずれにしても、カウンセリングを支援してくれる教会の有力者は、離れた場所を望まなかったのだろう。

ジョアンと他のスタッフは、教会内にあるということについて複雑な心境だった。教会がカウンセリング・サービスを支援してくれるのはわかっているが、現在のクライエントと、これからクライエントになると思われる人たちは、教会の枠には収まらない。彼らは教会と直接的な連絡を作らない方法を探した。というのは、相当数の人々は、ニーズがあってもその連想のために、カウンセリングルームに近づくことを決して考えないだろうとわかっていたからである。しかし、教会の運営管理者と敵対するようなことがあってはならないこともわかっていた。また、教会に所属していることに本当に価値を置いている人も多く、積極的にそういったサービスを探している人がいるということもわかっている。

ジョアンたちは、教会の敷地から離れるという物理的な接触方法を作ることによって、このサービス機関の公共性を広げ、教会的なことと世俗的なイメージを共有することを推し進めるように努めた。接触方法というのは、センターへの通路が道路からと教会の敷地からの両方にあって、道を尋ねることなく迷わずに、また、カウンセリング・センターのクライエントとしてすぐに見分けられることなく、その場所を見つけることができるということである。二つの通路はよく考えられていて、わかりやすくセンターにつながっている。

ケイトがカウンセリング・サービスに連絡したとき、受付係は場所についてわかりやすく説明をしてくれた。面談予約を取って到着したときには、人目についたという感じがなくセンターにたどりつき、ケイトはほっとした。道を聞く必要もなかった。また、センターは教会から少し離れた古い建物の中にあるのがわかって、安心もした。少しは気になったが、教会の出席者のなかに間違って紛れ込んだような不愉快な感じは持たなかった。

2　場面条件

カウンセラーは、通常この設定面については多くのことができるだろう。カウンセリングを経験することになる部屋、すなわち、受付、待合室、そして面接室に存在する条件をここでは考えてみる。以下のものは、心理的、物理的な気持ち良さに焦点を当てるのに必要な項目である。クライエントが「カウンセリング・オフィス」に到着してすぐ向き合うものは何なのか。カウンセラーが一対一で対面したときに、物理的な設定から伝えられるメッセージは何か。そのメッセージは、歓迎している、恐怖感がない、価値がある、気楽な、援助的な、というような感じをもたらしてくれるだろうか。

一般的な原則は以下のようなものである。

◆カウンセリングルームの特色◆

ごたごたと飾り立てられていない、あるいは気の散らない、感じの良い、気持ちの良い環境。「仕事」がここでなされるわけだが、ここでくつろげるという配慮が不可欠である。

照明、換気、温度、室内インテリアや家具の配置といった要素には、注意を払う必要がある。部屋が一人のカウンセラーだけで使われているところでは、その人らしさがどのように設定されているかで表現されるだろう。それは理想的ではあるが、独自性があまり目立ちすぎると、クライエントは注意散漫になって圧倒されることもある。

たとえば、強い色や、目立つ「政治的」な主張のポスターは、問題であるかもしれない。極端な淡い色や、ロマンチックな人間的な詩歌もまたそうである。残念なことに、私たちは慣れてくると第一印象の感覚を失うことがある。私はあるカウンセラー研修受講者を訪問したときのことを思い出す。そこでは絶えずトイレの水音が壁越しに聞こえてきたのを、今も覚えている。その研修受講者は初めて部屋に入ったとき以来、何カ月もその音をずっと気にしていたのだが、もう慣れてしまっていた。初めての訪問のとき、私はその音がすぐ気になったが少し面白くもあった。かなりの時間、会話に集中するのが難しく、私がそこにいる間、完全に「慣れっこになる」ことはできなかった。この私の経験には、カウンセラーの部屋にいるときに、傷つきやすくなっている人が感じていたことと共通するものがあっただろうと思う。

おそらく最も重要な要素のひとつは、防音性が高いということだろう。守秘義務が、カウンセラーの約束する言葉以上に保障されているということが、カウンセリングのなかでは絶対必要である。外からカウンセリングルームへ流れ込んでくる音は何もない、と断言できなければならない。もし、部屋の中で言ったことが簡単に外に聞こえてしまう場合には、クライエントはいつも構えていなければならないだろう。

別の問題としては、中断がある。もしカウンセラーが、ドアのノックの音や電話のベルに定期的に応答しているのであれば、それらはクライエントの関係づくりや仕事をするうえでの妨害になるだろう。一つの中断はまた次の中断を生む素地を作り、いつもそれを気にかけていること自体が妨害になる。かかわりを促進することが、第一義の必須事項であり、切れ目なく焦点を合わせることも、その一部なのである。

●実行中のAPRI——事例●

❖場面状況へ参加すること

ジョアンのセンターには、カウンセリングルームが三つある。小さな部屋が二つと、グループが入るのに十分な大きさの部屋が一つ。ジョアンは他のカウンセラーとそれらの部屋を共用している。カウンセラーたちは、事務的な仕事をするオープンスペースに自分用の机をそれぞれ持っている。カウンセラーは皆、自然に組織のメンバーとしての役割を担い、大規模なオフィスとしての特徴を保っている。意図的というのではなく、彼らは自分の「領域」を設定し、ポスターや観葉植物や家具の配置などを通して、違った独自性を形作っている。

カウンセリングルームの中に、彼らはそれぞれ自分の設定に必要な何かを置いている。これまでそういうものがぶつかり合うことはなかった。カウンセラーの一人は、大部屋の中に「ビーンズクッション」だけを置きたがったが同意がなかった。しかし、ごく普通の安楽椅子の上にはいくつかのビーンズクッションが置かれ、自由な個人的な方式がとれるようになっている。

カウンセリングルームは暖房と内装のおかげで暖かい。感じのいい目立たない壁の塗装で、快適さと仕事をするという両方の目的にかなった良いバランスを保っている。センターの受付係は定期的に花を持ってきて、部屋に自然感を加えてくれる。

防音はずっと問題のひとつだった。しかし、厚いキルティングの壁布をドアにかぶせ、大きな掲示板を設置することで、適切に処理された。カウンセリングルームには電話がなかったので、電話による中断はない。ドアには「使用中」という大きな札が掛けてあり、その使用は不可欠である。また、受付係は予約システムを通してカウンセラーの予定を把握しており、セッション中に中断せざるを得ない事態にならないように、外からの連絡を調整してくれている。

受付係は次第に、待合室の雰囲気と内装への責任を引き受けていくようになり、他のスタッフは受付係が工夫したものに満足していた。家具や部屋の基調、身体的な暖かさ、植物、読み物などを通して快適さが工夫されている。最近ジョアンは、静かな演奏の誰でも気楽に聴ける音楽テープを持ってきた。それは、防音効果を増す静かな音のカーテンにもなる。その音楽はカウンセリングルームには聞こえず、待合室で高まってくる静か過ぎる緊張を防いでくれる。

ケイトがセンターに来たとき、部屋の中の暖かい感じと受付係の微笑みで、すぐに不安がなくなったと感じた。ケイトは受付係から、ジョアンがすぐに来るからと言われ、ソファーに腰掛けるように勧められた。ほかにも待っている人がいてちょっと気になった。しかし、雑誌を取り上げ眺めていると、音楽が静かに流れているのに気がついた。「エンヤ」の曲のようだったが確信はなかった。張り詰めた沈黙と付き合うのに比べたら、音楽を聴いているとくつろげた。

カウンセリングは時々、カウンセリングルームから離れて、クライエントがかかわるところで行われることがある。そのような環境では、上記のような条件を考慮する機会はあまりない。とはいえ、カウンセラーはそういう場でも好ましい条件を作るように主導権をとるべきである。これはかかわりの質を引き上げることにつながる。たとえば、テレビのスイッチを切るとか、別の部屋へ行くとか、いつもとは違う椅子の並べ方をしてみるなどを提案する必要があるかもしれない。無分別にするのではなく、状況に参加するなかで、かかわりの面を引き上げるために必要であることは何でもしてみることに、カウンセラーは主導権をとるべきである。

クライエント個人にかかわること

状況的な条件がいったんできたら、クライエントに関心を向けることができる。そのためには、クライエントの興味を促進し、カウンセラーがいつでも「利用可」であるということを非言語的行動で示すのが一番良い。特別な非言語表現はまた、観察や傾聴の質を引き上げてくれる。

1 非言語的行動

感情や態度、情報は、最も強力に非言語手段で伝達される。また、見つめることや声の調子のような非言語表現は、カウンセリングと同様に、社会的状況での相互交流の流れを整えてくれる。カウンセラーは、控えめに相手に注意していればよいのではなく、相手を尊重する肯定的な態度と温かさを伝える必要がある。この種のメッセージは、少なくともはじめには、次のような非言語表現を通して最もよく伝えられる。

◆DOPLE◆
Distance──距離
Orientation──向き
Posture──姿勢
Levels──高さ
Eye contact──視線

頭文字をとった「DOPLE」の略語は、具体的な行動を思い出す印として役立つ。標準的な状況では、次のような非言語表現をするとき、最も効果的である。

(1) Distance（距離）

はじめに、カウンセラーは自分とクライエントとの間隔を三〜五フィート（八十二〜百三十七センチメートル）に設定する。近すぎると親密すぎることになるし、遠すぎると関心が弱まる。カウンセラーは、居心地の悪さを示すかもしれないクライエントからのどんな応答にも感受性を研ぎ澄まし、次第にその距離を調整していかなくてはならない。

(2) Orientation（向き）

できるだけ物理的に開かれているようにする。クライエントに対して直角に座ると、最も開かれているようになり、今かかわっているという最も明白なメッセージを伝えることができる。もし、カウンセラーが直接的すぎると感じたり、クライエントが迫られすぎているという仕草を見せるときは、クライエントに対して斜めの角度をとるという別の方法もある。

カウンセラーは腕を組んだり、足を組んだりするのを避けたほうがいい。いつもそうしているのなら、カウンセラーはその背後に何があるのかということを、考えてみなければいけない。こういった行為は、心理的な開示性や、どこまでカウンセラーは落ち着いているかの度合いについての、重要なメッセージを持っているかもしれないからである。

(3) Posture（姿勢）

カウンセラーは反り返るような姿勢をとるべきではない。これは普通、カウンセラーとクライエント双方に対して、お互いの受け入れが制限されたというメッセージを伝える。[50] また、少なくともはじめのうちは、クライエントのほうに前かがみにならないのが好ましい。はじめの段階では、より自然なまっすぐな姿勢が適切である。

後のほうの段階では、熱心さを高めたり相手に応答したりするために、前傾姿勢をとることがかかわりを深めるための強力な指標になる。

(4) Levels(高さ)

カウンセラーは全セッションの間、クライエントと同じ高さになっていることを確かめるべきである。椅子は型と高さを合わせるべきである。カウンセリングのなかには公平さとエンパワーメントの哲学があり、これは椅子の配置のような直接的なものとさえ、結びつくことがある。

(5) Eye contact(視線)

視線を合わす度合いは、相手に対する興味と受け入れを示す強力な指標である。視線を合わす程度が低ければ興味を失わせ、多すぎれば威圧する。実際には、ほんのちょっと視線を合わすのが一般的である。「顔の目のあたりを見る」ことが大切である。顔のそのあたりを見つめることはよくすることだが、じっと見つめず、くつろいだやり方でしなければならない。

上記のそれぞれの行動の要素は、全体をくつろいだものにすることである。[50] この「全体」に囲まれた自然な動作であれば、もし度が過ぎるとか頻繁すぎるとかで邪魔されることがなければ、通常は問題にはならない。「DOPLE」の動作で記述された条件は、最初の接触のときにお勧めしたい。もしそのときに修正が必要なら、そうするとよい。たとえば、文化的な差異のために、距離や、座ったときの高さや、視線を合わせるやり方を変えたほうがよいと思われるとき、あるいは、そのときのクライエントの反応で、あまり見つめすぎないほうが最初の段階でより入り込めるという場合がある。文化的な好みや性格型についての一般的な仮説によるのではなく、クライエント個人の反応が修正のための刺激にならなくてはいけない。

カウンセラーは、非言語表現の強さを引き下げるのは自分の心地良さのために「責任回避」をしてしまうことになるということ、いつも注意を払わなくてはいけない。関係づくりに入るまでには活力が必要で、高いストレス水準を持ってしまうので、カウンセラーがその過程をうまく取り扱っていないとその接触が効力のないものになり、クライエントにとって損失になることが多い。修正が必要と思われるところではそうするべきなのである。それは、クライエントとの接触を進展させるために非言語表現での強さを引き上げるという、はっきりした動きなのである。

2 観察

非言語表現は、カウンセラーとクライエントの両者を互いに受け入れていくための意思の疎通であるのと同様に、クライエントをさりげなく観察することで、カウンセリングの進行に役に立つ。自己についての最も重要なメッセージは、非言語の手段を通して伝えられるだろう。そして、話されている内容と合わせて、カウンセラーは非言語表現を完全に「聴く」ことができるようにならないといけない。

観察の技法は、共感を引き上げたり、カウンセラーの応答を系統立ったものにするために、伝えられてきたものを視覚的に「取り入れる」ことを意味している。カウンセラーはクライエントの行動を、それについての独自の推論から区別する必要がある。たとえば、以下の例である。

観察できること――指で金の指輪をいじっている
推定できること――結婚について心配している

指で金の指輪をいじっている（結婚について心配している、彼女は誰か親しい人を思い浮かべていて慰めを感じている、彼女は「自分」の一部分としての指輪に関心を持っていて、ことが「うまく進む」ことを願っている）ような行動の背後にある可能性への直感的な考えは、カウンセラーがクライエントの経験を内から、また時には外から「探索する」のに役立つだろう。しかし、仮説を設けて早まって推論すると、その探索を終わることによって反対の結果になるかもしれない。カウンセラーは、観察を堅い推論とまぜこぜにして、クライエントから見たり聞いたりしたことを解釈に合うように選ぼうとすることがありがちである。

クライエントの非言語表現は、時々誇張され、限定され、あるいは言葉の説明とは逆になるかもしれない。カウンセラーは言葉で話されることを聴きながら、そういった誇張、限定、矛盾を観察して、心に留める。それは適切な共感的な応答のための、クライエントの経験から引き出された最大限の自己表現である。

3　傾聴

観察技術は、効果的な傾聴技術を補う。これら二つは一緒になって感受性を高め、カウンセラーがクライエントの経験をさらに正確に「傾聴」できるようにしていく。

クライエントが表現していることの完全な意味を知るために、カウンセラーは感情とそれに付随した内容を聴かなければいけない。感情は普通、暗示的なことが多いので聴くのがより難しいが、クライエントのメッセージの重要な領域なので、いつも表現されている。たとえクライエントが何も言わないでただ座っているとしても、普通は感情を含んだメッセージがある。たとえば、挑戦的に、あるいは期待を込めて、または落胆して座っている、という具合である。この三つの間には、大きな違いがあるだろう。

内容を傾聴することもまた、難しいことが多い。かなり細かいことが表現されてくるからである。カウンセラーはそれを全部聴かなければならないし、何が一番大切かを見極めなくてはならない。最も重要なのは、クライエントが自分自身についてどう考えているかのメッセージで、それは銘記しておかなければならない問いである。

◆刻み込んでおかなければいけない問い◆
クライエントが自分自身について言っていることは、何なのだろうか。

この問いは、カウンセラーが注意して傾聴するときに、焦点化を続ける手助けとなる。この焦点化は感情を見つける手助けにもなるし、何にも言葉がないときでさえ適用できるだろう。

クライエントが表現することのなかに主題を見つけながら聞くのは、とても大切なことである。クライエントを悩ましている個人的な関心はふつう、形を変えながら、複雑で難しい内容になっても一貫した主題で表現されるだろう。たとえば、具体的な文脈に関して無気力であるという中心的な問題が、別の文脈で表面的なこと（間接的な、かすかなこと）に変わっていることが多くある。観察や傾聴によって主題を認識すれば、カウンセラーの任務の複雑さを減らすことができるのである。

そのほか、傾聴の問題を減らしていくためにカウンセラーが考慮できる点は、以下のことである。

（1） 注意散漫に抵抗する

騒音や職場環境での活動といった外的なもの、あるいはカウンセラー個人の緊張や没頭といった内的なものに、妨害されることがあるかもしれない。外的な妨害に対しては、現在の設定にもっと集中することや、邪魔になるような注意散漫の要素がなくなるように努力することである。内的なものについては、カウンセラーがスーパービジョンか自分自身がカウンセリングを受けて、「自身の問題」をうまく処理することが必要である。そうでないと、カウンセリングに入ることができない。別な考え方としては、カウンセリング関係の受け入れを推進するために、カウンセラーは単純にかかわり行動を強めるという必要性があるのである。

(2) 批判を差し控える

クライエントとその行動について批判をすることは、カウンセラーにとって重大な内的散漫となってしまう。これは、カウンセラー自身に表立って認識できることもあれば、内に潜行して気づかない場合もある。後の場合は、カウンセラーが個人的に受けているカウンセリングのなかで、またスーパービジョンの場であってさえも直接調べるわけにはいかないので、最も危険である。クライエントとその意思の疎通に対しては完全に開かれていることが必須であり、相手への批判を差し控えることによってのみ、それが本当に成し遂げられるのである。

かかわりを作る最後のポイントは、それをカウンセラーの連続した熟練行動にしなければならないということである。初期のかかわりを、カウンセリングで連続的に維持していく必要がある。その連続した熟練行動が進行過程に対して提供するものや、クライエントとカウンセラー個人に伝えてくるものはすごく重要なので、その値打ちを見逃すことはできない。そういう熟練した連続行動は、カウンセリング関係での堅苦しさを和らげてくれる。それは重要な目印であって、効果的な技術に進展する確固とした基盤を作ってくれるものである。

●実行中のARPI――事例●

❖相手にかかわること

ケイトに会うためジョアンは待合室に入り、ケイトと握手してゆっくりと視線を合わせ、温かく微笑んだ。ジョアンはケイトをカウンセリングルームに導き、椅子に座るように勧めた。一・二メートルぐらい離して、ちょっと開いた角度で、椅子が二つ向き合って置かれていた。二つはまったく同じ椅子だったので、ケイトは近いほうの椅子を選び、ジョアンは反対側の椅子に座った。

ジョアンはファイルやノート類をいっさい持っていなかった。ジョアンはケイトの話すことの詳細を記録しようとはしなかった。そういうことは、開始時にするよりもセッションの終わりのほうでするのがよいと考えていた。なにはともあれ、ケイトは事情を話そうとしていたので、関係性をつけることのほうが、冒頭ではより重要だったのである。

ジョアンはくつろいでまっすぐに座り、ケイトがジョアンを見たときに、いい感じで視線を合わせるように努めた。適切な身体的な関与としてジョアンが内面に試みたこの椅子の配置は、ケイトはカウンセラーと今ここにいるという感じを伝えたし、ジョアンにはケイトを穏やかなやり方で観察することができた。ケイトはきちんと服を着て座っており、普段どおりといった感じだった。ケイトの服装は洗練されていて、外見にはたぶん自信を持っているだろうとジョアンは考えた。ケイトが目の周りを引きつらせ、こわばった感じであること、下を向いて時々見上げること、しっかりと手を握りしめていることを、気にかけるというのではなしに読み取ることができた。この明らかな緊張や疲労感は、この人の持っている問題からくるのか、それとも今日ここにやってきたことによるの〝だろうか〟とジョアンは考えた。

ジョアンはケイトに、「今日はどういうことでセンターに来られましたか」と尋ね、ただちに非言語の伝達に続く言葉のメッセージを熱心に聴き始めた。ジョアンはケイトの表現のなかで、特に自分自身について、感情も含めてどう語っているかを拾い上げようとした。

●教育研修のための演習●

❖導入にあたっての解説

この一連の課題は、経験を必要とする課題と、双方向の意思の疎通がある状況（課題5）からの課題を含んでいる。したがって、カウンセリングを行っているという仮定の下での訓練状況で、他人と一緒に動く場面がある。これは、研修プログラムの一部ではあるが、熟練したカウンセラーなら、カウンセリング仲間との演習へと進んでいる設定とすることも可能である。すでに試みた内容であっても、これはその理解や技術を洗練したり鋭敏にしたりするために価値がある。

◉課題1　あなたのカウンセリングルームの立地条件を考えてみましょう。

＊クライエントがカウンセリングを受けに来るという見方からすると、その場所の良い点は何ですか。

＊問題点は何ですか。

＊その否定的な特徴を最小限にするために、何か修正できることはありますか。

◉課題2　あなたが知っている三人のカウンセラーあるいはセンターの、立地条件を考えましょう。

＊クライエントがカウンセリングを受けに来るという見方からすると、その場所の良い点は何ですか。

＊その肯定面と否定面は何ですか。

＊その否定面を修正するのに何ができますか。

◉課題3　あなたがカウンセリングをする部屋を考えましょう。

＊クライエントとの関係を深めるという立場から見て、肯定的な面は何ですか。

＊否定的な面は何ですか。

＊その否定的な面を修正するために何ができるでしょうか。

◉課題4

あなたの知っている三人のカウンセラーのカウンセリングルームを考えましょう。

＊クライエントの受け入れを促進するという立場から見て、肯定的な面は何ですか。

＊否定的な面は何ですか。

＊その否定的な面を修正するために何かできるでしょうか。

◉課題5

二人でペアになりましょう（もしできるなら三人ででも）。

＊一人目には、話し合うテーマを出します。議論できるような個人的な関心事とか、もっと一般的な話題を考えましょう。

＊二人目には、話し合いが続くやり方で応答しましょう（積極的な聴き方か一般的な議論で）。

＊（もしいるようであれば）三人目には、その変わっていく力動性を観察しましょう。その演習が終わったあと、議論をまとめ、その力動性についてのコメントをしてください。もし三人目がいないときにはペアで、そのエクササイズが終わったあと自分たちの反応を話し合いましょう。

＊はじめの二人組の議論の最中に、二番目の人は次の非言語表現を具体的なやり方で変えていきましょう。一回ごとに一人ずつ変えてください。

距離：九十〜三十センチメートルに、それから二メートルへ、また九十センチメートルに戻ります。

向き：少し斜めから横向きに、それから向かい合って、また少し斜めに戻ります。

姿勢：まっすぐな姿勢から前かがみに、それから反り返って、またまっすぐな姿勢に戻ります。

高さ：同じ高さに座ってから、床に座り、椅子の上に立ち、戻ってまた同じ高さに座ります。

アイコンタクト：くつろいだ普通の見つめ方から、視線をそらす、それからじっと見つめ、また普通の目線に。

◉課題6 人間関係とDOPLE行動とのかかわりに関連する別の文化（ジェンダー、民族、社会経済段階）からの人と話して、観察しましょう。違ったグループのなかでは、何が自然だと思えるか見つけましょう。

◉課題7 現実生活かテレビ（消音で）での行動を観察しましょう。特別な非言語表現を見つけ、可能な限りの推側や、明らかな、あるいは大雑把な注釈をしてみましょう。行動と推測との差を覚えておきましょう。

◉課題8 課題5で決めた同じグループの構造を使います。一人がカウンセラーに初めて言う内容のような典型的な言葉を言います。二人目は、それを聴き、できるだけ言葉どおりに繰り返します。そして、言われた言葉とその感情を検証しましょう。観察者（もし一人なら）はその議論をまとめ、その正確さについて知らせましょう。

第6章　応答技法

効果的なかかわりは、クライエントに対して感受性鋭く応えていくための基盤となるものである。共感や尊敬、純粋性というような態度の属性は、クライエントが困難に陥っているところで十二分に自己探求させるために設計された、慎重な応答技法の技術のなかに組み込まれているものだ。その技術を適用することによって、結局のところ、カウンセラーはクライエントの経験を聞き、理解していくという真摯な欲求を伝えるのである。もちろんこの欲求は、実際にクライエント理解といった形にしなければならない。応答技法は、感受性をみがいて適用すると、そういう理解を実現させるものである(図10参照)。

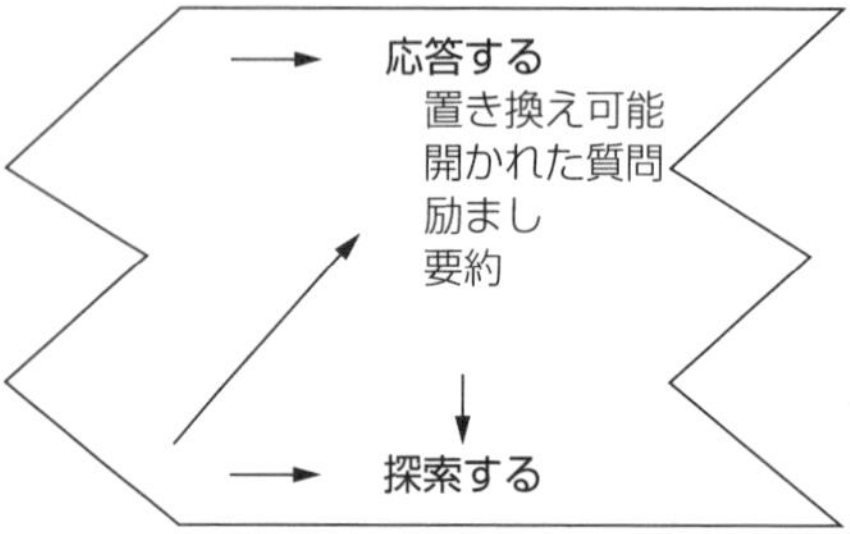

図10　応答技法

置き換え可能の応答

どのような援助関係においても基本的なことは、クライエント独自の現実に「波長を合わせる」ことである。クライエントは、出来事、経験、(現実的ではあっても歪んでいる)認識、(個人的、民族的、階級的、ジェンダー的)価値、希望、夢や願望で構成された個人的な枠組みで接してくる。それは、自分が何者であるのか、現時点で困難だと経験されるものは何か、そして生活のなかでどのように処理していこうかと試みることとかかわっている。

　同時に、カウンセラーはカウンセラー特有の枠組みで接する。必然的に両者の枠組みは相違するであろう。時には、その違いはわずかなものであるかもしれないし、現実的にはほとんど相違がないのかもしれない（たとえば、二人が同性であるとか、年齢が近いとか、社会的階級や民族的に近いなど）。しかし、そういう違いは問題でないどころか、だからこそ大きな重要性を持っているのである（図11参照）。この相違こそが、カウンセラーの仕事をいつもとても難しく、かつ過酷にもする理由である。

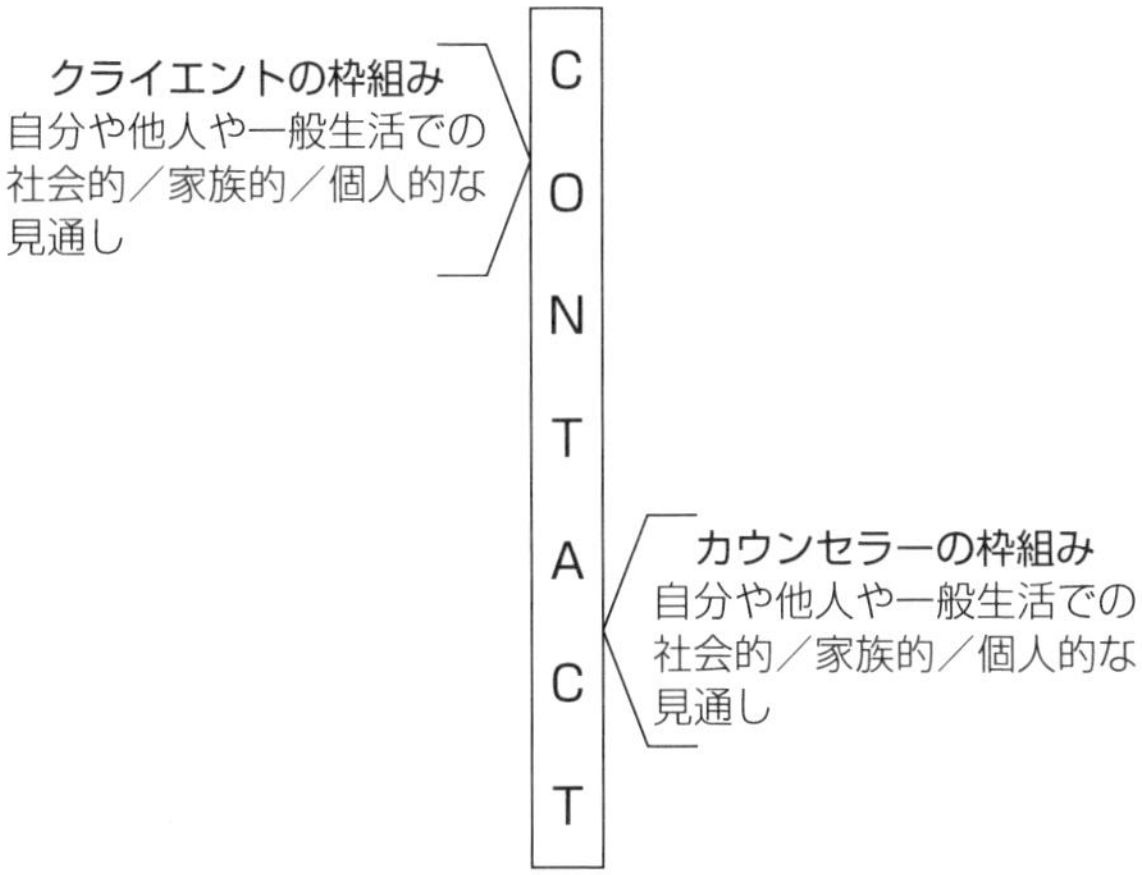

図11　枠組みの違い

　カウンセラーの共感や感受性の本当の尺度は、クライエント独自の枠組みを認識し、理解し、理解したことを探求的に伝え、カウンセリングへ持ち込んだ問題について行動する能力である。効果的なカウンセリングには、その根底にクライエントの経験を受け止める土台となる感受性がある。クライエントの枠組みのなかでの変化が中心目的（それは、すべてのカウンセリングにあるはずの、ある水準としてのものであるが）であっても、はじめに出された枠組みの硬い土台からその変化が起きなければならない。

　クライエントの枠組みに波長を合わせること（図12参照）、そして、その波長合わせと結びついて継続することは、カウンセラーの責任である。この過程に対してさほど大きな関心を払わないカウンセラーもいるが、そういう見地だとクライエントは、物事を解決してもらうため、カウンセラーの見方から物事を見ることだけが必要であるという信念を持ってしまう。助言や指示を与えることは、たいていこの立場に立ってしまっていることの合図である。

それよりも、カウンセラーは波長合わせの仕事をしなくてはいけない。それには、クライエントが表現したものに合わせていく（双方向的に変化していける）ための応答を、捜し求めていくのが一番良い。そのような双方向に変化できる応答（置き換え可能の応答）は、驚きの声というようなものではなく、反射的な質問という性格を持つ。それとなくカウンセラーは以下のように尋ねる。

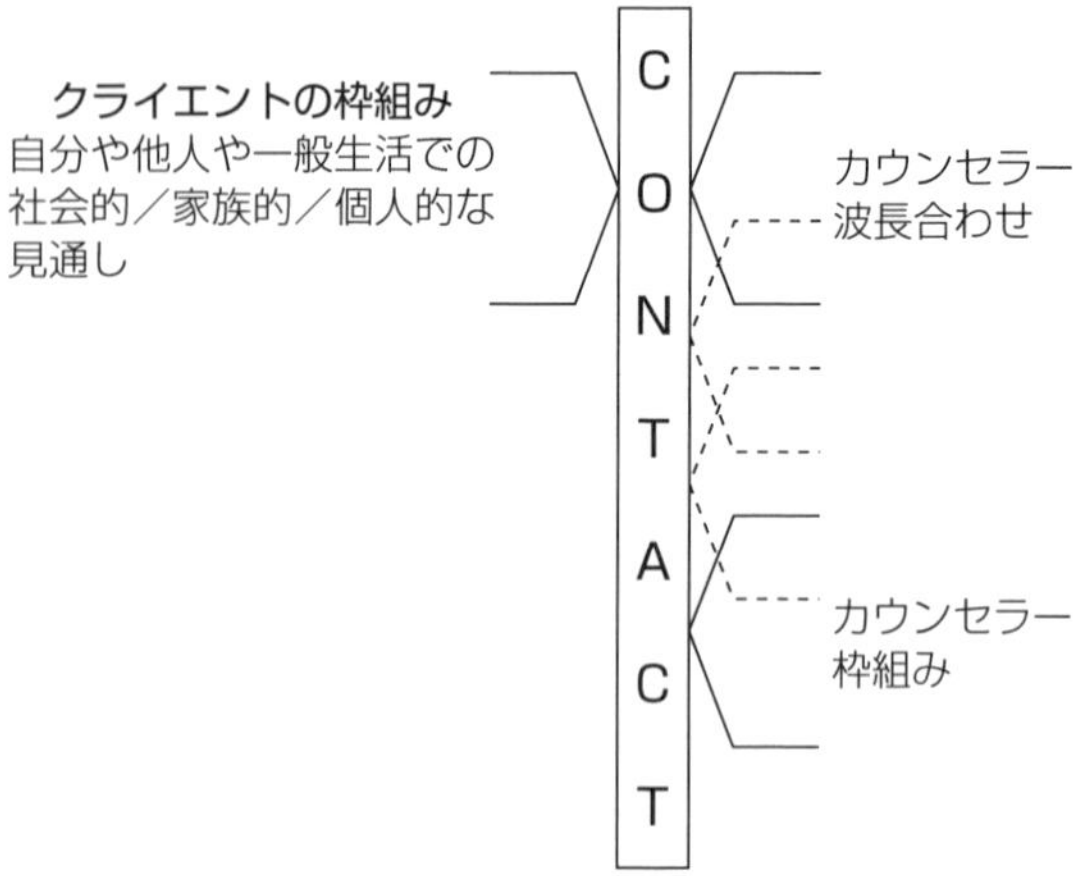

図 12　クライエントの枠組みにつながるためのカウンセラーの責任

◆暗示的な質問◆

「あなたが〜と言ったことの意味は、こういうことですか」

波長合わせの力動性にひそむ有用性に類似のものとして、カウンセリングの相互作用をダンスの形と見なすことができる。応答的な段階のなかでは、クライエントがリードして、カウンセラーはそのステップに合わせることによって、ついて行こうとする。ときどきカウンセラーはよろめくけれども（たぶん倒れたりはしないと思う）、次第にカウンセラーがクライエントのリズムやペースで動くようになる。この要求を難しすぎると感じてリードの役割を引き受けてしまうカウンセラーもいる。しかしながら、ちょうどダンスそのもののように、優しくさりげなく圧力に耐え続けていくと、クライエントがそのことに抵抗するのは難しいという感じを持つようになる。そして、それはすぐに実行されていくカウンセラーのダンスである。置き換え可能の応答では、クライエントのダンスを見守るのがカウンセラーであって、それ以外の人ではない。

反射的な置き換え可能の応答には、いくつかの目的がある。

◆置き換え可能の応答の目的◆

（1）クライエントが話す経験の暗示的または明白な感情を含む重要な要素を、聞き返したり現実の経験を検討することが可能になる。

（2）カウンセラーがクライエントの経験を照合し、生かし、理解を深めていくことが可能になる。

（3）クライエントが聞いてもらっていること、理解してもらっていることを再確認できる。

（4）最も重要なことは、クライエントがより深く、より多く自己探求するのをうながせる。

置き換え可能の応答はまさにこうでなければいけない。クライエントによって表されているもの以上を伝えるべきではないし、それ以下であってもいけない。正確で有益な置き換え可能の応答をするためには、以下のことが大事である。

◆置き換え可能の応答――過程◆

カウンセラーはクライエントの伝えている（言語的、また非言語的）ものの細部まで取り入れなければならない。その意味（重要な内容と感情）を内的に処理して、意味を完全にとらえる応答を練って、クライエントに応えるための実際的な質問として出すべきである。

カウンセラーがクライエントのメッセージにもう少し付け加えるときには、意味を与えるために自身の枠組みを使わざるを得ない。すなわち、クライエントからの情報が少ないときは、何を無視するかを決めるのに、カウンセラー自身の枠組みからの選択を取り入れることになり、同じことが起こる。

置き換え可能の応答は絶対に必要なものであるが、優れたカウンセラーの持ち駒の基礎でもある。これは、カウンセラーの共感を示す最高の尺度のひとつである。[51] この技術はその内在的な態度とともに、ＡＲＰＩモデルのなかで最も重要なものであると私には思われる。これなしでは、カウンセラーは実践的であることはできない。特にコンタクトの初期段階では必須である。後の段階でもまた必要であり、ことが複雑になって混乱が起きて、次に何をしたらいいかカウンセラーが迷ってしまったときには、元の軌道に乗せるためにこの技術を使わなければならない。的確な置き換え可能の応答の例は、以下のとおりである。

◆的確な置き換え可能の応答――例◆

クライエント：あいつはあんなふうにぼくに話す権利なんかないんだ……結局、何年もの間、ぼくの時間とエネルギーはずっと使われてきたんだ。ぼくはもう我慢するつもりなんかない！　頭に来ているのはぼくだけじゃない。ぼくはそのことで何かしようと思っているんだ。今までのことはいいとして、今後はやめさせるつもりだ！
カウンセラー：あなたは今までずっと努力を続けてきたけれど、彼があなたを扱ってきたやり方に対して怒っているんですね。そしてほかの人のように、それをやめさせるために何かをする気になった、のでしょうか。

置き換え可能の応答は、定義によれば、感情と内容を協調させなくてはならない。クライエントの言うことが個人的な適切さを持つ（たとえば自分についてのメッセージを伝える）ときは、その表現は、時に明白に、そして多くの場合は暗示的に、情緒的な領域も形作る。的確に共感的であるためには、そのメッセージの内容とともに、その感情を受け止めて反射させなくてはならない。そういう技術を獲得するのは簡単ではないが、この技術は状況の細部にではなく、話された体験のうえに焦点を当て続けるという重大なものである。カウンセラーによって統合され、うまく適用されたときには、この応答はクライエントの仕事が発展するための強力な武器になる。研修でこの技術を身につけるためには、訓練と集中練習が必要である。ほかの複雑な技術と統合することで、面接の各段階を一番良い状態に持っていけるのである。研修に不可欠な要素について、その技術が何と関連するのか調べてみるべきであるが、その前に研修のなかでひとつの技術を獲得する過程を、実践のなかで自然に獲得する過程との対比のなかで、その違いを見てみよう。私は今そのことに焦点を当てたいと思っている。なぜなら、それは最初に学習過程で持つ葛藤であって、現実と本当に対決するという特別な技術を獲得していく主眼点になるからである。

研修という鍛錬

カウンセリング研修の主たる目標は、複雑な行動と態度の個人的な統合にある。それができれば、カウンセラーはそれらを自然にきめ細かく実践のなかで活用することができる。しかし、反語的になるが、内的な自立性と自然で自由な感受性という特徴は、主に統制され訓練された学習から形成されてくるものである。それは、技術のそれぞれの要素へ筋道を立てて自分を表現していくこと（それを補う態度もともに）と、各段階でそれらを自分のものにする課題を含んでいる。これは必然的に自分を意識する経験なのであり、初期の段階において、少なくとも訓練を受ける人には、おのずと自分自身であることから離れていくように思われることがある。

しかしながら、この過程の人為的なところは、統合が起きるように橋渡しをするところにある。あるのは不可欠な技術の要素であり、適切な態度とともにあって、カウンセラー個人のなかに位置づけられる。この過程を通して、実践モデルの持っている徹底した親密さとその原理の経験理解に基づきながら、その技術を適用するかそうでないかの選択の自由を獲得する。こうした統合は、何か特別な場合にその技術を使わないでいるということも、また使うのが必要だと判断される場合にそれを使用するということも、できるようにするのである。

アイビイ（Ivey, A.）とアイビイ（Ivey, M.）とシメック-ダウニング（Simek-Downing, L.）は、ここに述べた要素をうまく表現している逸話を紹介している。[52] 私はこの話を日本人の同僚ラネット（Lanette Chizuru）から聞いた。

◆技術の統合の要点◆

日本の侍は、剣道での難解かつ複雑な教えを受け、必然的に技を身につけていった。技は一つずつ教えられ、身につくまで徹底的に練習させられる。

侍は、技を身につけると山にこもって沈思し、習い終えた技を忘却のかなたに置く。山から戻ってきたとき、彼らは自然にその技を自分の中に統合している。

剣道と同じことはカウンセリングにもあり、こういう超越が起こる可能性を認識し確認することにより、置き換え可能の応答のさまざまな要素が訓練の特徴となることを、詳細に検討してみることができる。それらの要素は、重要要素の見極め、重大感情の見極め、そして正確な応答を形作ることである。

(1) 重要な内容の発見

重要な内容の発見は、「クライエントがここで自分自身についてどう言っているのか」という疑問に集中して焦点を合わせることによって、たいていできるようになる。クライエントは自分の心配事を表現しようとするとき、たくさんの情報を伝えてくることが多い。そのため、何に注意を払ったらいいのか難しく、カウンセラーは圧倒され、当惑させられることがよくある。しかしながら、述べられることの核心は、自分についての一つか二つの重要なメッセージに集中している。述べられる内容の残りのほとんどは、ふつうそういったメッセージがいくらか膨らんだものである。つまり、典型的にはその実例であったり、その展開だったりする。

◆自己指示のメッセージ◆

クライエントが話すように、カウンセラーはその自己指示のメッセージを聞く必要がある。

自分についてのメッセージは、中心となるものである。それは一つの主題か複数の主題を形成することが多く、探求課題の過程のなかで反復される。たとえば、権威ある人に直面すると引いてしまうというようなことを間接的であれ直接的であれ言っているクライエントは、そのクライエントに何が起こっているかを探索している間、別の形でこの主題を表していることが多い（もしクライエントが権威を持った誰かとしてカウンセラーを見たなら、おそらくカウンセラーと一緒にいるその最中であってさえも）。カウンセラーがこの個人的な主題に正確に応答したのなら、集中的に探索がそれに関連して起こる。カウンセラーがその主題を認識しないか、応答しなかったら、クライエントは「聞いてもらっていない」と感じるので、カウンセラーとの共同作業をあきらめないために、頻繁にさまざまな偽装をしてそこに戻るだろう。

特にコンタクトの初期段階では、クライエントの表現の重要な要素のすべてを、応答のなかに組み入れなければならない。それは「置き換え可能」な応答が本来持っているものである。もしカウンセラーが、クライエントのメッセージの一部分のみにしか応答しないのであれば、これはカウンセラー側の選択の問題となる。コンタクトの初期にこれは危険である。焦点を当てるものについての選択は、クライエントの手中になければならない。

この点を説明するため、以下の例のなかで鍵となる自己指示のメッセージを見つけてみよう。もし置き換え可能にするなら、それをクライエントへの応答に入れる必要がある。

◆自己指示のメッセージ――例◆

「私があなたに会いに来たのは、あなたが青少年の問題に詳しいと聞いたからです」（私が援助できることを期待している）。

「息子のせいで私も夫もひどく苦しんでいます」（十代の息子と同様に二人とも落ち込んでいる）。

「今、私たちはどうしたらいいかわからないのです」（無力感を感じている）。

「息子は反抗的で暴力を振るいます。それがだんだんひどくなっているようなのです」（反抗／暴力／悪化をクライエントは理解している)。

「たとえば、ゆうべ息子は外出して、どこへ行くのか、いつ戻ってくるのかも言いませんでした。夜中に家に戻ってきましたが、何をしていたのか言おうとしないのです。夫が言わせようとすると、息子は〝気でも触れた〟ように物を投げ始めました。口汚くののしり、父親に〝つかみかかる〟のです。こんなことはしょっちゅうです。私たちは困り果てています!」(絶望している)。

上記の例への置き換え可能の応答には、以下のことを含んでいなくてはならない。

感情		内容
望みを抱いている	―	援助できる
理解している	―	息子の暴力/悪化
絶望している	―	より頻繁に起こっている

(2) 重要な感情の発見

これは、以下の三段階の過程を通して最もうまく成し遂げられる。

カウンセラーが尋ねる必要があるのは、以下のものである。

◆感情に応える段階◆

(1) ここで表現されている感情は何か。
(2) 強さの度合いはどうか。
(3) どんな特別な感情語(気分や強さと合体して)が、そのクライエントに最も意味があるのか。

実際の場面に直面すると、この段階は大変複雑なように見える。気分や強さの組み合わせの可能性や言葉の選択は、無限のように思える。しかしながらその枠組みは非常に単純化できる。そのような枠組み、主な気分の部類と強さの異なる水準のマトリックスは、感情語の包括的な範囲を構築するのに有益であるに違いない。また、その瞬間の気分の強さのなかで課題に直面しているとき、クライエントの経験をとらえる感情語の正確な選択をするためにも有益である。研修にマトリックスを利用した取り組みは、現場実践の手助けとしても特に有益だろう。適切なマトリックスの概要(カーカフ〈Carkhuff, R.〉のワークに基づいて)は、表2に示されている。違った言語表現が強さの変動を伝えるが、修飾語を通してもその強さが表現される。

◆修飾語句◆

大変、ひどく、少し、ぜったいに、いくらか

表2のマトリックスを実践的な資源にしなくてはいけない。このような感情語の幅を広げる方法として、カウンセラーはそれらをうまく話の細部にはめ込むことができるだろう。厳密な正確さはここでは問題ではない。も

表2　感情語のマトリックス

強　さ	さまざまな気分						
	喜　び	悲しみ	恐　怖	怒　り	困　惑	強　さ	弱　さ
高　い	最高	落ち込む	恐ろしい	怒って	当惑して	強力な	無力無能で
中ぐらい	うれしい	みじめ	心配して	腹を立てて	混乱して	自信がある	力尽きて
低　い	いい感じ	気分がふさいで	不安な	いらいらして	困って	しっかりした	もたついて

し、あるカウンセラーが、「いらいらする」が中程度の強さの語だと信じ、別の人が同じ語を低いと見なしたとしても、それほど問題ではない。カウンセリング過程のなかで、どのようにクライエントがその言葉を考えているかということは、何が重要かということである。もしクライエントが、その言葉をカウンセラーとは違ったふうに考えているのであれば、正確に応答するためにそれを覚えて、のちにその強さに合わせて表現を修正する必要がある。

年齢や文化（階級、民族）、そして内観する水準の見地が違えば、クライエントの経験を反射するために使われる言葉の表現もおのずと変わってくるだろう。たとえば、「あなたは当惑しています（?）」というのは、小さい子どもの場合には不適切だろう。一方で、「あなたは本当に自分がばかだと感じている（?）」とか、攻撃的な少年に対して「すごく怒っている」「怒り狂っている」という言い方は、「あなたは本当に彼を殴りたい（?）」という表現と同様に、その経験を表現したとはいえないかもしれない。カウンセラーは、そのクライエントの経験に関連した表現を選ぶ必要がある。

しかし、そうはいっても、カウンセラーは特有の下位文化の範囲まで気にかける必要がある。たとえば、非行歴のある少年とかかわるのなら、彼らの下位文化の枠内の言葉を使うことは、かかわりを促進するというよりも、むしろより疎遠にしてしまう傾向がある。性質的にそういう言葉は関係を疎遠にさせ、その下位文化の一部であろうとする大人のカウンセラーが、あまりにも侵入的に見える傾向がある。少なくとも、受け入れと信頼の大切なコンタクトの初期段階では、問題であろう。

(3) 正確な応答を作ること

カウンセラーはクライエントが伝えるものを見たり聞いたりするので、必然的にその材料を内的に処理することにかかわることになる。この処理は、クライエントの経験の意味を最も正確に把握するための応答を形作るほうへ向かっていく。置き換え可能であるためには、そういう応答に感情と内容の両方の反射が必要である。意味は、感情から連想した内容で作り上げられる。

それに備える能力を発展させるために、研修では両方の要素を強調した標準化された応答形式を活用するのが一番である。この形式を使うとき、はじめは気が引けるほどに強引であるなどと感じるだろう、しかし、その訓練を通してこそ技術の熟達が可能となるのである。技術が統合されたとき、この形式を使うことがより内的な処理になる。どのように感情と内容が実際に話される応答に変化していくのかは、カウンセラーがそのことから自由になることによって達成されていく。

訓練のために標準化された形式は、カウンセラーがクライエントの感情と重要な内容とを協調させて、強制的に応答していくためのものである。

> **◆訓練形式――置き換え可能の応答◆**
>
> 「あなたは～を感じています(感情)。……なぜなら～(内容)～です(?)」

形式を使って連続的な練習をしていくと、カウンセラーはこの基本的な意図を確実に内的なものにさせていくことが可能となる。一度この意図が内的なものになると、自動的に感情と内容がひとつになっていく、また一方、カウンセラーはその応答を制限された形式から離して変化させていくことも自由である。

たとえば、カウンセラーはクライエントの会話を、以下のように内的に記憶するかもしれない。「彼女はひどく怒っている、なぜなら、三度も彼女の昇任はうまくいかなかったから」。しかしながら、実際にはそのカウンセラーはそのことを反映させながら、代わりのことを言うかもしれない。「あなたはまたも昇任がうまくいかなかったことで、とても腹を立てている（?）」。

標準化された形式は、傾聴したことを置き換え可能の応答へと処理するのに、大変有益な構造を持っている。少なくとも研修の初期段階では、そのような応答の表現に使われるべきである。そして、一度達成されたら、それから離れてみる機会も持つべきである。

(4) 応答の精錬

置き換え可能の応答について追加したいポイントは、以下のものである。

A　複合感情

含まれる感情が一つ以上あるとき、その感情と内容は対にしておく必要がある。そう、一つの応答ではなく、「あなたは〜で〜と感じている。なぜなら〜で、〜で（?）」のように。それは次のように公式化される。

◆**複合感情**◆

「あなたは〜なので、〜と感じている。また〜なので、〜と感じている（?）」

B　あいまいな感情語

技術発達の初期段階では、カウンセラーは「心配している」「案じている」「悩んでいる」といったような、あいまいな感情語を選ぶ傾向がある。こういった多目的の感情語は安全ではあるが、あまり意味がない。

そういうもの以上へ踏み出すことが、クライエントが「何を本当に経験しているのか」ということに「迫る」役に立つ。実際そういう感情を発見することは、クライエントが経験したことの意味を豊かにするだろう。また、感情の知覚は居心地悪さの源泉であることが多く、それを探求するのにいろいろな感情の細部を寄せ集める必要のあることが多い。したがって、カウンセラーは感情を的確に見極めることだけを目的とするのではなく、むしろ、その個人が実際に感じている感覚とそのための努力という適切な探求を、後押しするべきである。

「心配している」とか「動転している」などというようなあいまいな感情語を使うカウンセラーは、クライエントの経験するカウンセリング過程が潜在的な力として持っている強さを、知らないうちに中和させてしまうやり方にはまってしまっていることがある。本来の応答とは、痛みの感情でつながっているクライエントを守りながら、もっと重要なこととして、カウンセラーがそういう感情に応えていかなくてはならない。そして、そのような応答は、「腹を立てている」「ひどく怒っている」「無力無能な」といった強い感情を取り除いてしまうのに十分な役割を持っている。

カウンセラーは体験という「最先端」で、クライエントと協働しなければならない。仕事は、このイメージを持ちつつ、「外科用メス」の熟練した使い方でうまく成し遂げられる。一方では、「吸収」という言い方が好きなカウンセラーがおり、どんな犠牲を払ってでも「最先端」から適当な距離を保とうとする。

C　状況は感情ではない

同様に、感情語の「拒絶された」「見捨てられた」「無視された」「冷たくあしらわれた」「しいたげられた」といった言葉を使うことは、十分正確だとはいえない。そのような表現は、個人に起きている何かの出来事を指摘するものである。感情というより状況である。「拒絶された」といった状況にある人々が実際どのように感じるかは、かなり違ったものかもしれない。ある人はとても悲しいと感じ、別の人は同じことに怒りを感じるかもしれない。「拒絶された」という言葉は内容であって、応答は以下のようになるべきである。そこに含まれる実際の感情によってこのように言うことができる。「あなたは怒りを感じています、なぜなら、ずっと拒絶され続けてきたから（？）」。

この問題に関しての有益な確認方法は、カウンセラーが内的な質問に答えることである。「もし自分が拒絶されたら、どう感じるだろうか」と。もしいろいろな応答が出てきたら、つまり怒りや悲しみ、痛み、混乱などの基本的な「感情語」が、より正確な内容を見つけるための材料となる。それに関連する特別な感情が見つかるだろう。

D　内容に偽装された応答

カウンセラーが標準的な形式を使うことがよくあるが（内的な組織者として、あるいは実際の応答として）、そのなかに「～ということ」を挿入するのは不適切である。たとえば、以下のようなものである。

> ◆内容に偽装された応答◆
> 「あなたは～ということを感じています（？）」

このような応答は実際には感情語を含んでいない。たとえば、「あなたは、ひどい扱いを受けてきたと感じています（？）」という応答には、感情の領域をまったく含んでいない。これが内容に偽装された応答である。何が問題かというと、ひどく扱われてきたということについてクライエントがどのように感じているか（腹が立って、傷ついて、悲しくて、気持ちをくじかれて）、という感情が問題なのである。標準的な応答では、「感じる」（feel）という言葉が、感情語にすぐ続くようにする。

E　言葉の抑揚

抑揚はこの技術に不可欠の部分である。置き換え可能の応答は実際、主に言葉の音の高さを通して伝えられる質問要素を持つ、反射的な質問（?）なのである。応答の最後に、問いになるような高さに音を上げる必要がある。これがないときには、応答は感嘆文（!）のようになるだろう。

声の抑揚の違いで、「あなたは彼があなたを操るので腹を立てている（?）」と「あなたは彼があなたを操るので腹を立てている（!）」の間には、大きな違いがある。質問の核心は、カウンセラーが自分の経験から見出してきたものや、どのように話してきたかということを土台にして、断言したり、広げたり、認めたり、さらに吟味したり、否定したり、構築したりできるように、何がクライエントをもっと大きな探求へと持っていくかということである。

F　正確さの度合い

カウンセラーの正確さというものは重要な目的であるが、一方で、その一連のかかわりに到達するためにはある範囲、つまりひと続きの「継続的な接近」ができる範囲がある。もし、カウンセラーが正確に理解するために明確な意図を伝え、返した応答が意味のある正確さの枠内にあるのなら、クライエントはカウンセラーの応答に基づく探求が継続できて、両者にとってさらに理解を深めることになるだろう。しかし、正確さから少しはずれていたとしても、そこまで接近したというだけでも有益である。結局のところ、正確さの欠如は感受性が不十分であるということを心に留めておく必要はある。

以下の例で、正確さの要点が精錬されていくことがわかる。

◆正確さを精錬する――例◆

カウンセラー：「あなたは自分がベストを尽くしていないということで、後ろめたいと感じています（?）」

クライエント：「いいえ、後ろめたさはありません。彼らが私に期待をかけすぎるので、本当にうんざりしているんです」
カウンセラー：「それでは、腹がたつ以上のものを感じているのですね。彼らの期待が邪魔をする（?）」
クライエント：「ええ、彼らが邪魔しているんだと思います。でも、間違いなく私がそうさせたのです」
カウンセラー：「あなたは自分自身に怒りを感じています。それは、あなたが彼らにそんなにも期待させるようにし向けたから（?）」

開かれた質問

置き換え可能の応答は、自己探求と相互理解を進めるのに最も効果的な道具である。これによってカウンセラーによる波長合わせができ、カウンセリングのなかでクライエントが経験して表現してきた状況を、クライエントに合わせて返していくことができるからである。開かれた質問もまた、クライエントの探求を後押しするための有益な道具である。これは、カウンセラーからの要求が少ないので、置き換え可能の応答ほどの衝撃はない。

開かれた質問は、クライエントにとっては、自分のやりたいように自分の経験を広げるための刺激になる。どのように取り扱うかについての制限はあまりない。たとえば、「どのようにそれをやりくりしたの」といった開かれた質問は、そのあと探求していくことをクライエントに任せるのである。クライエントが行ってきたかもしれないことに焦点を当てるが、その可能性を限定するものではない。

一方で、閉ざされた質問は限定的で、普通は「はい」「いいえ」の答えを伴う。質問をする人によって構成されているという限定がある。たとえ、「そのことで何をするか彼に聞きましたか」といった閉ざされた質問でも、応答のための焦点化と選択がある。選択肢（この場合では怒っているのかどうか）は、質問をしている人の枠組みから出てきて、それにより、質問者が重要だと見なしていることに基づいた探求を後押しする。開かれた質問が、クライエントの特別な枠組みでその意図に対して働き、その経験を探求するように後押しする、という基本的な目的を持っているのと対比される。

開かれた質問はたいてい以下の言葉で始められる。

「どのように」「どんな」「どこで」

あるいは、以下のような言い方でリードする。

「～について、もう少し話してくれますか」
「それについて、もう少し説明してくれますか」
「あなたが～と言ったのは、どういう意味なのでしょうか」

カウンセラーが情報を集めるのではなく、クライエントの自己探求は、開かれた質問の目的になる必要がある。したがって質問は、カウンセラーにとって重要だとか関心があるなどといった新しい材料ではなく、クライエントから表現された材料に基づいたものであるべきである。そうでないと、カウンセラー主導の過程という方向づけへ移行していくだろう。

開かれた質問は、有益ではあるが使いすぎてはいけない。カウンセラーが一連の質問（開かれた、あるいは閉ざされた質問）を使うときには、力動性を持って進んでいく過程がある。そのときの仮説は、カウンセラーはクライエントが持つ情報を知る必要があるということ、そして、それを知ったらカウンセラーは「健全な解決」を行う必要がある、というものである。カウンセラーとクライエントの両者にとって、この方向で期待が大きくなっていくと、この出来上がった循環を壊すことは難しくなる。実際には、クライエントが（明らかな事実の材料以外は）情報を持っていることはめったにない。したがって、必要な理解は質問と答えからではなく、相互に明確化し合うという円環的な過程が、反射的な質問を通して最もよく達成されることで生じるのである。

機能的な約束事として、私は、カウンセラーは続けて二つ以上の質問はするべきでないと思っている。有益な適用方法は、開かれた質問が自動的に置き換え可能の応答に続けられるように、望むことならそれを繰り返していくことである。

励まし

時にクライエントの探求を援助するために、カウンセラーから要求されることの全部を、単純に励ますということがある。そのような励ましの典型的な形としては、言葉によるもの、あるいはクライエントとのかかわりを促進し、興味を深め、今の過程を援助する非言語的な表現である。これはどんな方法でも注意の焦点が外れないように、適切な時点で単に最小の投入を行うことで可能になる。

以下は、励ましの典型的な例である。

◆励まし──例◆

＊あいづち。たとえば「ほう」「ええ」など。
＊キーワードの繰り返し。たとえば「満足していませんでした？」など。
＊広げる質問。たとえば「例を挙げてもらえます？」など。
＊非言語表現。たとえば、うなずきなど。
＊強いかかわりでの沈黙。クライエントが話し続けるための励ましとして、時には何も言わないことが役に立つ。

要約

応答が続くと、カウンセラーはクライエントによって話された中心主題、特にクライエント自身についての主題を見つけることができるだろう。過程のなかのいろいろな機会に話されてきたことを再生し、凝縮し、明確化して、主題をひとつのものにまとめ上げることができる。まとめは、要約という手続きを通すことで、最もよく成し遂げられる。それは、クライエントのコミュニケーションのより大きな部分をカバーしているという違いがあるが、置き換え可能の応答を作るのと似ている。

コンタクトの初期段階では、要約（感情と内容を含んでいるのが望ましい）は、クライエントによって表現されたこと以上をするべきではない。のちほど徹底的な相互理解が確立されたとき、全体像を形作るために繰り返される主題がどんなものになるかを憶測しながらそれをひとつにするなかで、要約が付け加えられることになろう。それは、断定的な言葉で表現しないのが望ましいが、クライエントがより深く探求できるための刺激として役立つ、反射的な調子で言うのがよい。
要約の主な機能は、以下のとおりである。

◆要約の機能◆

*クライエントの経験を具体化すること、特に主題の発見と統合。
*カウンセラーが形作ってきた全体像の知覚をチェックできる。
*何が表現されているかという相互理解の足場を作る。
*継続的な自己探求をするためのプラットフォーム（出発点）となる。

要約は、かかわりの間ずっと、現実的な出発点の構築として有益であるだけでなく、クライエントからの冗長な、まとまりのない、たどたどしい、矛盾に満ちた情報をうまく活用するための良い技術でもある。次にどうするかという選択をすることなく、どこまで来たかの単なる要約を提供して新しいセッションを始めるのは、良い方法である。要約でセッションを終わらせるというのも、また有効な方略である。

●実行中のARPI――事例●

❖応答技法

話の中身はケイトに任せるようにして、ジョアンは間口の広い開かれた質問「どのようにお役に立てますか」でセッションを始めた。

ケイトは、ためらいがちに、助けを求めようと決めるまでの自分の身に起こったことを、詳しく話し始めた。具体的には言わなかったが、家で彼女と夫の間がどのように難しくなってきているかを話しながら、ケイトは、ここにいることがいまだに不確かな感じでいたが、安全であると感じていた。ジョアンは、ケイトの話に置き換え可能の応答で応えた。「あなたは幸せではないと思っています。なぜなら、ご主人との関係が望んでいたやり方とは違うから（？）」。

これにケイトは同意するようにうなずき、二人の言い争いがますます頻繁になってきてマルコムがどんなに理不尽になってきたかを、いらいらするように語り始めた。ケイトは、夫とは距離ができ、話し合えなくなってきて、ますます攻撃的になり、一緒に住むのが難しいと思うようになったと話した。ジョアンは再び、置き換え可能の応答を返した。「あなたとご主人は言い争いばかりするようになり、どんなに彼を嫌になってきたかということでうんざりしています（？）」。

それに応えて、ケイトは彼のやり方が家族みんなに対してどんなに敵意に満ちたものであるかを強調し、またそれについての彼女自身の心配をほのめかした。それを聞くためにカウンセラーがいるというふうに聴きながら、ケイトが自分自身について話したことを取り上げてジョアンはすぐに言った。「あなたは本当に怖がっています。彼があなたと子どもたちに対してどんなにひどいかということで（？）」。そしてこれがきっかけとなり、ケイトはどんな悪いことが起きているかの実例を語り始めた。マルコムがいつも手を上げることを語らずにはいられなかった。が、そのことはその方向づけのなかでゆっくりと行われた。

ケイトは、ジョアンが一緒にそのことにかかわっているということを、感覚で感じた。ジョアンがケイトの話したことを「繰り返す」、そのことが安心できるとわかった。ジョアンはケイトの話したいように話させてくれ、しっかりと聞き、理解しているようだった。しばらくたって、ジョアンは正確な把握ができなくなった。ジョアンははっきりと理解したいと思い、ケイトにとっても、不正確なメッセージを聞き返されたことで、本当に何が問題なのかをそのときお互いに明確化することができたので役に立つことがわかった。ジョアンがすばやく正確なメッセージを伝えるという明確化は、有益だった。このちょっとした不正確さは、マルコムの虐待に関してであった。というのは、ジョアンはこの深刻さを、ケイトがあまり深くは話さなかったのであまり理解できなかったのである。ケイトは、反射されたメッセージでそれを聞いたとき、刺激されて問題の「最先端」により近づけたのであった。そしてケイトはためらいがちに、マルコムが手を上げたことを語った。

ジョアンはこの開示の重大性を理解し、ケイトとマルコムの間に何が起こったのかをもう少しケイトに話してもらうよう、開かれた質問で尋ねた。ケイトはこのことに関係した出来事を少し語り、静かにすすり泣き始めた。ジョアンは恐怖と怒りの混じったケイトの感情を認め、その過程の間、ケイトは語った細事について内省していた。ケイトの絶望に気づき、ジョアンは励ましでもって支えていることを表現した。ケイトの感情や経験につながりながらも、ケイトを痛みから引き離そうとか、あるいは、いま問題にしていることとは別の方向に導こうとはしなかった。ケイトの速度で物事が進んでいくのに任せた。

ケイトとジョアンは一緒に、マルコムとの関係がどのように破壊的になってきたかという事柄を幅広く探求した。マルコムがケイトの絶望やニーズに気づこうとしないこと、どんなにケイトががんばってきたか、子どもに及ぼす影響はどうか、ケイトの実家の家族のパターンの写しだし、どのようにケイトが援助のための資源やその活用能力と引き離されてきたかとか、近い将来そして遠い未来にどのようになるかを振り返った。ジョアンは、自分の応答技法を最大限引き出しながら、できるだけケイトの経験に近づくように努めた。置き換え可能的に、この問題に関連するケイトの絶望感、悲しみ、理解や怒りに応え、ジョアンはケイトの探求が続くよう、そのなかで何が最も強烈な感情であるかを表面化するように励まし、ケイトの感情や体験をより完全に検証するように、ケイトの表現した言葉に基づいて開かれた質問を使った。時には、ケイトが次に行きたいところについて考えるとともに、これまでに一緒に話し聞いたことについて要約した。

ケイトは、マルコムの身体的虐待についてどれだけ怒っているか、また彼が自分たちの問題を認識する心がないということについて、ずっとこだわり続けているようだった。物理的にというだけではなく、次第に心理的な親密さを深くしてもらいながら、ケイトは怖いというよりも怒りを伴った気力と活力を経験するのを望んでいた。そういうケイトに応答して同調しながら、ジョアンはある時点で、その輪郭像を拡大する役割として、ケイトにその怒りを反射した。ケイトは自分自身のなかにそれを認め、今こだわっていることは自分自身にとって最も重要な部分なのだと言った。ジョアンがケイトに返した言葉は、「あなたは前よりも強いと感じています。というのは、マルコムについてどんなに怒りを感じているか、そして今それにこだわるのが、自分にはとても大切だとわかっているから（?）」。ケイトはそれに同意し、実存、つまり自分自身が次第に無感覚の気持ちになっていき、今あるがままに身を任せて実存していなかったのだと認めるようになった。ジョアンはこのことは重要であると認めて、しばらくこの状況に留まった。

しばらくしてジョアンは、ケイトが言ったさまざまなことを「まとめて整理」（要約する）してみたいと言った。ジョアンは、ケイトは今日ここに来たことや、今いることについての困難さ、いろいろなことがケイトとマルコムの間にあって彼女がどんなに惨めだったかということ、また、彼女が自分の感情を閉じ込めるほどの心理的・物理的なマルコムの虐待がひどくなってきたこと、彼がしてきたことや何かを変えようとする気がまったくないことに、どんなにケイトは怒りを感じているかということ、最後に、その怒りにつながったままでいることがケイトにとって大切だと思えること、について話した。

ケイトは振り返りをした内容にうなずき、もう少し先の怒りについての必要性について考えた。ジョアンはケイトの発言を置き換え可能的に考察し、そうするなかで（自分自身についてのメッセージを通して）ケイトが感じたものは、マルコムが虐待と暴力を増大させる可能性があるかどうかという心配だけではなく、怒りという感情をケイトが持ち続けられるかについての考え方であるということを指摘した。これに関してのいくつかの選択肢を考えるなかで話し合ったことは、ケイトが今自分の怒りを外に表現していくことが必要かどうか、挑発的になることなくそれができるか、あるいは、生きるエネルギーの源泉であり物事を変えていくための見込みとして、内的に体験できるかどうかについてであった。ケイトはそれについては少し危険だ感じたが、どんな形であれマルコムとの争いに盲目的に突入するのではなく、また感情を閉じ込めることでもないと感じた。彼女はただ、援助してもらっているということに感謝の気持ちは持っていた。穏やかではなく「危険な」感情を持っていたことに気づき、建設的な方向づけで前に進め、ジョアンとの次のセッションを続ける期待に留まっていられることが、いま本当に重要であるということをうれしく感じていた。

セッションを終えるにあたってジョアンは、ケイトが今日ここに来たことをマルコムが知っているので、マルコムが心配のあまり防衛的になって、ある種の挑発とかあおる行動に出るかもしれないことを指摘した。ジョアンはただ、ケイトがその予測に気づいていて、それに備えておくことのみを希望した。女性の保護（虐待されている女性を支援する団体）についても簡単に話し、もしマルコムがもう一度彼女に手を上げたら、警察に通報する権利についても話した。ケイトがもし必要と感じたのなら活用できるように、この情報を知ってもらいたいと望んで示唆したのである。それは、これからのセッションにおいて、もし適切なら今後のことをさらにもっと探求していきたい、しかし今は、危機を感じたときに自分に何が利用できるかわかっていてもらいたいという、確認の問題でもあったのである。

ジョアンはいつも、そういった材料を十分に使うことについては、あまり心地良くないものを感じている。というのは、たとえどんな形であれ、強い身体的虐待を感じていたとしても、あたかもクライエントにどんな行動を起こすべきかについて、従うべき固定した立場を方向づけしているような気がしていたからである。しかしながら、ジョアンは、二人で話し合ってきたことの重大性、そして必要なときに行動できるための情報を持っていることの重要性を認識していた。それはしかし、今後のセッションでは、その必要性についての完全な認識が必要なのだが、まだ完全に探求して理解していない今の段階で、こういう問題ではどのように行動してジョアンが主導権を取るかにかかわる事柄であった。

ケイトは、聞いて理解してくれる誰かと分かち合っていることに、ほっとした感じを持ち続けることができた。いまだに二人（と子どもたち）の間に起こったことについては悲しみや心配を感じてはいたが、今までと同じようにはならないだろうということはわかっていた。ケイトは自分の強い感情や物事を変えたいという活力への気づきを感じ、実際に奮い立つものがあったのである。

●教育研修のための演習●

❖導入にあたっての解説

ここでの演習と続く章では、技術の進捗と統合に集中している。当然ながら訓練体験については、誰かと共同で行う必要がある。最も生産的なグループの単位は、三人のグループである。それによって参加者は、過程を進行する人と、より客観的な立場から評価をしてくれる観察者を持つことができる。しかし、二人のペアでおこなってみるのも可能である。研修の意味は、研修者二人が生の体験から少し離れて、その過程をできるだけ客観的に検証してみる必要があるということである。ＶＴＲやオーディオ設備のあるところでは、より客観的な見方ができるだろう。

◉課題1　（クライエントの役割で、できれば実際の生活経験を話せる）誰かとペアになりましょう。次のような具体的なやり方で、置き換え可能の反射的な質問をしてください。そのやり方で焦点化された置き換え可能の応答を繰り返したあと、その応答とその効果の正確さを話し合いましょう。第三者を観察者としているのであれば、したことをお互いに評価するのと同様に、活発に話し合ってください。全員が技術を発達させる機会を作るために、役割（カウンセラー、クライエント、観察者）を交代しましょう。

＊「内容」に焦点を当てて応答をしましょう。たとえば、クライエントが話した中心となる「内容」に留意して応答してみてください。（応答5～7回）

＊「感情」だけの応答をしましょう。クライエントから伝わる中心感情を応答で使ってください。（応答3～5回）

＊形式の「あなたは～なので～を感じています（?）」を使いましょう。少なくとも3～5回はその応答の形式を行います。自分についてのメッセージを聞くことや音の抑揚など、この章のはじめに述べた原則と合わせてやってみてください。

◉課題2　表2に一覧にして示したマトリックスを使って、感情語を拡げてその目録を増やしましょう。そのマトリックスを手に持って何度となく使ってみると、それが感情語の持ち駒を増やすための有益な実践道具となります。

◉課題3　自分の応答で、開かれた質問のみを使って練習しましょう。それから、閉じられた質問に集中すること。その相違を理解してください。それによって、その違いを使い分けるように準備でき、応答作業に開かれた質問をより強調して使うことができるようになります。過程のなかで、開かれた、または閉じられた質問をする効果を話し合いましょう。

◉課題4　一般的な意思の疎通や、クライエントとの面接での応答訓練のなかで、ふつう使われる励ましに注意を払ってください。必要なら、使いすぎることなしに自然に話されるところまで調整しましょう。

◉課題5　カウンセリング的なかかわりのなかで、過程のどの段階でも要約を示すことができるように、期間を区切って要約する練習をしましょう。

◉課題6　応答技法について、あなたがその行動やそれに関連した意図を統合できる範囲まで練習しましょう。訓練状況を応答的にしてください。正確な置き換え可能の応答、開かれた質問、励ましや要約など、すべてこれらは効果的で、適切なかかわり行動によって補強された技術一式（感情と内容）を通して、自然な応答能力を持てるようになるためです。

第7章　意識化技法

かかわりが進展するにつれてクライエントの探索が深まり、探索の結果現れてきたものにカウンセラーが絶え間なく応答することによって、クライエントの経験したことに共通理解ができるようになる。これは、カウンセリングを求める動機になった葛藤に関係するクライエントの枠組みから、必然的に構成されてくる。

はじめの応答段階の間、カウンセラーは表現されていることすべてに対して、開かれた立場をとる。しかし変化が起きるためには、徐々にクライエントができる側面に、つまり自分自身の内面で個人的責任をとることができる要素とか、自分の操作できる状況に、焦点を絞っていく必要がある（図13）。

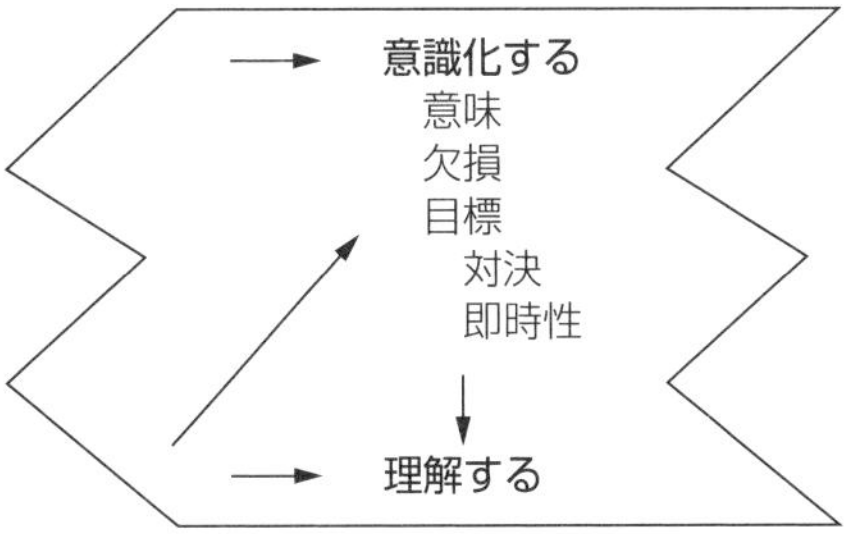

図13　意識化の技法

意識化する面に問題の焦点を絞り込むことは、ＡＲＰＩモデルの非常に重要な移行段階である。意識化の部分は途切れることのない全過程のなかでも際立っている。意識化は探索に基づいているが、特別な特徴を持っている。エリオット（Eliot, T. S.）の以下の四行詩が、そのエッセンスをとらえていると私には思われる。

われわれは探索をやめないだろう
そして探索がすべて終わったとき
歩き始めた地点に戻る
そこではじめて、その場所がどこかわかるのだ

意識化は、ＡＲＰＩモデルの鍵となる要素であり、訓練を受けたか受けていないかにかかわらず、このモデルを使う人のカウンセリング・ワークと別の多くのカウンセラーのものとを区別するものだと、私は信じている。一般的にはカウンセラーの標準パターンは、感受性豊かにクライエントに応えていくことであるが、提供するものがそれだけになってしまうことが多い。したがって、実践的な方向づけを強調するところに移行するとき、いくらか非連続的で突発的な動きになってしまうということがよく起きる。

私の経験では、カウンセラーがＡＲＰＩモデルの意識化の段階を理解して使えるかの指標は、以下の重要な三つの能力を持っているかどうかである。

（１）カウンセリングは、ただ傾聴すること以上のものだと認識している能力。
（２）感受性と知覚性をますます研ぎ澄ます必要と、その重要さを理解している能力。
（３）理解したことを共有するプラットフォーム（出発点）に立たない行動化は、カウンセラーの見通しや言葉の言い回しから、必然的に起きてくるものであると認識している能力。

意識化の段階がないと、カウンセリングのかかわりで次の二つのいずれかが起きる。一つは、クライエントが直面している状況について、欲求不満と不満足という結果にいつも終わってしまう果てしなく続く探索、もう

表３　意識化された特徴

	非意識化	意識化
問　題	両親は私に自由をくれない	私は両親に自由をもらえない
焦　点	両親の無理解（環境）	両親に影響されるクライエントの無能力（自分）
解　決	説得されて理解してくれた両親（環境的変化）	両親の立場に関してエンパワーされたクライエント（自分の方向づけによる変化）

一つは、カウンセラーの直感や「英知」に基づいて決定された目標へ続く行動への、突然の飛躍である。それらとは違い、一緒に徹底的な探索をしたところからは、クライエントの行動を焦点化する、個人的な目標の発見へと漸進的に移行するための必要性が生まれてくる。

意識化されたものと意識化されていないものとの特徴を、表３の例で見てみよう。

もちろん、環境が、クライエントがどんな努力をもってしても変えることのできないような硬くて苛酷で圧制的なものであれば、時間がいるだろう。人種差別社会では、個人の受け入れと平等社会について、個人にできることは何もないかもしれない。表３の例では、両親が完全に無理解であったとしたら、クライエントは両親の立場に影響を与えるどんな見通しも持つことができないかもしれない。このような環境下では、カウンセラーがそのとき両親と直接かかわってみるか（可能でないかもしれないし、適切ですらないかもしれないが）、意識化されたニーズと目標への焦点化を続けることで、クライエントが行動するための別の選択肢を検討できるようにする。これは家を離れるとか、機が熟すまで待つとか、もし望むならそれでも両親の監督下でなんとかやるというような、責任のとり方である。

意識化の責任領域には二つの要素がある。一つは、カウンセリングの必要な人が変化の発端になるべきだ（当人が起こっていることに責任をとる）、という事実を認識すること。もう一つは、たとえ環境条件がそれを強制したということがあっても、当人が自分の人生を変えていくために何かできる（「能力」に応えていける：責任）、という事実を認めることである。

意識化の技法を使うには、カウンセラーがカウンセリング行動をより専門的にして、セラピーのなかで少しずつ主導権を取り始める。前に述べた「ダンス」のたとえでいうと、意識化の段階での過程は、基本的なダンスを変えていく役割のカウンセラーを必要とするのではなく、むしろカウンセラーは、クライエントが作る主導的で限定された幅のステップに焦点を合わせるのを後押しするのである。

意識化への移行

カウンセラーの応答は、見つけられるはずの個人的な到達点に達するため、クライエントが望むかあるいは必要とする方向へ次第に動いていく。この移行は、以下に述べる意識化の幅広い方向づけのなかの、さまざまな精錬を通して起きる。

意味の意識化

この技術を使えるカウンセラーは、クライエントが責任のとれる、したがって影響を及ぼすことのできる問題側面へ、方向づけていく人である。この動きは内容と感情経験の両方に関係しながら、応答段階のなかから次第に一つかそれ以上の主題を見出して巻き込んでいく。

クライエントに個人的に関係する内容の側面が絞り込まれる。それは環境からクライエント自身への移行を意味するため、わずかであっても重要な移行になることが普通で、このやり方で明白な再方向づけのできることがある。この技術は、カウンセラーがその場で共有するもの以上、すなわち、多くは置き換え可能の応答から突っ込んだ付加的な応答を必要とするが、そういう応答は、やはりクライエントとの相互理解から出てこなければならない。

付加的な応答というのはこうである。すなわち、提示された問題に関してのクライエントの体験を明らかにし、そのなかから意味を見出す可能性を考慮するため、すでに共有したはずの材料一式（特にクライエントが責任をとることができるもの）を重要な中身として、試しにもう一度置いてみる。そのような応答は、カウンセラーの見通しと重なってしまうことがあるので、適切であるかどうか応答の範囲を注意深く見ていく必要がある。端的にいって、あまりにも多くのカウンセラーが、カウンセラー自身の枠組みからの説明を行いがちである。付加的な応答の目的は、いまだクライエントの枠組みにつなぎ止められていながらも（基本ダンスの状態で）、自己理解に奮闘しているクライエントが試行し納得できるやり方で、さまざまな要素をひとつにまとめるようにもっていくことである。

意識化された意味に変えていくのを推進する応答形式は（少なくとも訓練目的のためには）、置き換え可能の応答に使われたものからの、ちょっとした変化型である。それは単に、「なぜなら」という語の後に、「あなたは」という言葉を挿入するだけである。

◆訓練形式――意識化された意味◆

「あなたは～と感じています。なぜなら、あなたは～（?）」

この付加形は、クライエントの経験の個人領域と、感情と内容の両方のうえに、注意を集中させる効果がある。時にはこの方向づけでは、理解を深めるためにクライエントの経験した感情をいくらか精錬する必要もある。その場合のカウンセラーの応答は、感情語を変化させていくことが多い。たとえば、以下のようなものである。

◆変えられた感情語◆

「あなたは怒りを感じています。なぜなら彼があなたをばかにしたから（?）」は、「あなたはがっかりしています。なぜならあなたは彼に期待するものが大きかった（?）」に、変えられるかもしれない。

経験した欠損の発見

問題の関心を個人的な要素に移行させることは、変化させなくてはならない何かがあるために、必然的に経験した欠損の領域に踏み込むことになる。クライエントは欠損（不足）というある形を経験して、カウンセリングにやってくる。それは、彼らがすることのできなかった何か、理解できなかった何か、うまく処理できなかった感情のような何かである。経験した欠損があるものは、応答の「意識化された意味」に隠れているので、それを明確なものにする必要がある。そのクライエントがどういう欠損を体感しているかという、今現在いるところを理解する必要がある。そのことによりクライエントは、自分に何が必要で、何を望んでいて、何を始める必要があるかを知ることができる。

ここでの個人的欠損の概念では、どのような方法であれ、また多少でもクライエントが必ずしも責められるような欠陥があるという意味ではないということを、再度強調したい。欠損は、機能不全の原因が何であっても、社会的要因や個人的な力動性、あるいはその両方であっても、その個人が応えていける問題を持っているかという、単なる認識である。また、カウンセリング的な援助を探しているのだから、クライエントは変わるために必要な資源が自分に欠けていると認識している。たとえば、性差別のような制圧的な社会的圧迫に対して行動を起こすためには、個人的決意、支援のネットワーク、集団としてのアイデンティティ、主張する技術、政治的な知恵、また、葛藤感情に肯定的に応えていったり、怒りや絶望や家族からの命令に打ち勝ったりできるような資源を、必要とすることが多い。

人のなかにある要素それ自体が、問題を作ったのではないかもしれない。しかしカウンセリングは、(集合的な社会的行動に対するように) その人のなかかその圏内に、資源を開拓させることを求めていく。したがって、それが何であろうと、クライエントは最も建設的な方法で応答することができるのである。このことは内的には、個人的な妨害物、あるいは技術の発達と関係しているのかもしれないし、外的には、ある集合的な反応を求めて力を集めていくことを意味しているのかもしれない。カウンセリングは、状況のなかの個人に力を与えるのを目的としている。それに対して社会的行動は、そのなかで個人が利益を得る個人に力を与えるのを目的とする。社会的行動は、はじめ個人的な応答を作ることで、だが集合的な力に向かって個人を巻き込んでいく。個人の行動、集合的な行動、ともに多くの課題を解決することが要求される。

前述した意識化された意味の応答は、置き換え可能の応答とうまく混ぜて使うことができる。そして、クライエントとカウンセラー双方の利益のために、より大きな青写真 (付加的な応答) を描くことができる。経験した欠損の概念は、探索しているもののなかに徐々に明らかになり、より明白になると、「置き換え可能の応答」や「意識化された意味」の形式の延長線上にある応答を通して、カウンセラーがうまく発見できるようになる。この展開の形は、応答のなかに「できない」という言葉を含むものである。

◆訓練形式――意識化された欠損◆

「あなたは～を感じています。なぜならあなたは～ができないから（?）」

クライエントの経験した（現在の課題に関係した）欠損は普通、意味のある応答を一回すれば見つけることができる。もっとも、それに対しての応答がいくつか必要なこともあるが。この経験した欠損は、ＡＲＰＩモデルの重要な要点である。クライエントがカウンセリングを受けたいと思う問題で、何を望んで何を必要としているかを簡明に反射する正確な意識化された応答が、過程のなかの切り替え点である。信号を出す、それはカウンセラーが受動性という圧倒的なスタイルを主導性へと変化させて、関心を広げていく瞬間である。

この展開に必要な信号としての価値を持たせるために、私は各カウンセリング中に、少なくとも一回は上記の訓練「応答」形式の使用を勧めたい。私はそれが非常に値打ちのある焦点化の道具であり、チェック・ポイントであると見なしている。もし、使った「応答」形式があまり正確でなかったなら、そのときはクライエントの経験を置き換え可能の応答でさらに深めなくてはならない。そしてカウンセラーは、クライエントの経験をきちんととらえているか、行動のための段階が設けられているかを調べるために、もっと正確な意識化された欠損応答（形式を使って）を修正しながら使うというやり方に戻るべきである。

クライエントが、その応答は自分の願いやニーズ、理解したことを正確にとらえていると認めたなら、その時こそ、クライエントとカウンセラーはその目標と達成に関心を向けることができる。もしクライエントの同意がないなら、クライエントとカウンセラーはその意識化された意味と、経験しているはずのあいまいな欠損をさらに精錬するよう、クライエントを援助する必要がある。たとえカウンセラーとクライエントがその欠損の同じ材料に戻ったとしても、クライエントが引き続いてその応答に同意しないときは（脆弱性を配慮して、押しつけを避けること）、変化に対しての動きに抵抗していることが多い。それが起こったとき、カウンセラーは対決するか、即時性の技法を使う必要があるかもしれない。この点に関しては後述したい。

経験した欠損の意識化は、カウンセラーが内的に問う質問に転換すると、うまくできるようになる。

◆カウンセラーのための内的な質問◆
「クライエントは自分自身について、なんと言っているのだろう」から、
「クライエントは自分が欠損として経験したことを、なんと言っているのだろう」へ。

目標の確認

一度経験した欠損を正確に突き止めたら、意識化された目標を見つけるのはすぐにできる。それは欠損の裏返し、その反対である。

◆欠損から目標の過程へ◆

経験した欠損		目　標
私はほかの人とはくつろげない	↓	ほかの人とくつろぎたい
私はその喪失感と付き合えない	↓	私はその喪失感をうまく処理したい
私がなぜ選ばれなかったのかわからない	↓	なぜ選ばれなかったのかを理解したい
怒りを統制できない	↓	怒りを統制したい

私は集団に対して影響力がない　→　集団へ影響を与えられるようにしたい

意識化された目標を訓練用応答形式に合わせていくためには、以下のように、その経験した欠損応答を展開させるとよい。

◆訓練形式——意識化された欠損／目標◆

「あなたは〜と感じています。なぜなら、あなたは〜ができなくて、〜したいと思っています（?）」

実際の場面では、目標は経験した欠損を見つけたところからすぐに出てくるので、経験した欠損が明らかになったときには、その応答のなかにすでに準備されていることがわかる。言い換えると、意識化された欠損応答についてなされた具体的な特徴が、個人的な目標要素のなかに含まれていることが、大事なチェック・ポイントである。

置き換え可能の応答から、意識化された意味、経験した欠損、目標／見通しへの動きへの努力は、以下のような連続した応答のなかに見ることができる。

◆応答の意識化◆

置き換え可能：「あなたは、彼があなたをばかにしたので怒っています（?）」

意識化された意味：「あなたはがっかりしています。なぜなら彼にそれ以上を期待していた（?）」

意識化された欠損：「あなたは悲しいです。なぜならあなたは彼を信頼できない（?）」
意識化された欠損／目標：「あなたは悲しいです。なぜならあなたは彼を信頼できないが、彼を信頼できるようになりたい（?）」

この例には、「ある時点から」の動きが、どのようにクライエントの経験のなかへ、そして欠損として何を経験したか、何を望んでいるかを明確化するように移行していくのが反映されている。この例のなかに述べられた手続きは、必ずしも全部必要ではないことを覚えておいてほしい。クライエントの多くは、明らかに意識化された意味とか、経験した欠損または部分的かもしれないがはっきりと形作られた目標にさえ、葛藤を見せる。それは前にも指摘したように、クライエントの観点（第2章参照）からは、探索が困難という点で問題があるかもしれないし、意識化されたものが理解できないこと、また行動化に移ることへの無能力という点からも、問題があるのかもしれない。

対決技法

意識化のかかわりをしている段階の間ずっと、クライエントは時に、責任をとることや、意識化から生まれてきた目標を見つけることへの動きに、抵抗することがある。明確で意識化された意味への理解が、まだ潜在能力のまま手中にあるような時がそうであって、クライエントは物事を微妙に一般化されたあいまいな状態に保とうとする。その状況下では、カウンセラーは置き換え可能の応答へ戻ることで推進力を維持するのがふつうであるが、結局それが正確な意識化をうながすやり方であるとわかるだろう。

しかしながら、どんな努力をしても進展しない事例がある。クライエントが責任をとれそうなものに問題を絞っていくどのような努力も、クライエントからの抵抗で活性化することができないときがある。何度も試みた後にこのパターンを認識すると、カウンセラーはその力動性とうまく付き合う値打ちのある技術、つまり対決技法を使うことができる。

対人関係の文脈のなかで対決の概念は、挑戦を示唆している。実際これには大変意味がある。しかしその挑戦は、人としての個人に対してではなく、カウンセリングの過程に関するある行動面に対してである。挑戦する必要性の原因となるものは、かかわり過程で表現されるある種の不一致性であることが多い。その最も一般的な形は、クライエントは変わりたいのにまるでそうしたくないかのように行動しているのを、(はっきりか、ぼんやりにか)示しているところである。たとえば、クライエントは、圧制的な関係を変えるのに自分が主導権を取る必要性について語るかもしれないが、相手が気持ちを変えたという印を探す以外は何もしない場合である。別の場合には、その矛盾は、クライエントが確固とした価値観や信念を持っているのに、違ったように行動するというところにあるだろう(たとえば、ジェンダーの価値平等性を明言する人が、絶えず性差別発言を繰り返す場合)。また、特別な感情を持たないという人が、非言語表現ではそうではないと表現している場合(たとえば、そのことについてはあまり気にしないと言っている人が、ひどく傷ついている場合)である。

先に述べたように、対決はその人に対してではない。しかし、上記のような不一致性を見つけたら、焦点化するべきである。「変えなければならないものを前にして、あなたはなぜいつも後ずさりするのか」というのが、この明白なメッセージである。

以下の言い方で不一致性を焦点化できる。

◆不一致性に対決する――例◆

「物事を違ったようにしたいとあなたは言われますが、その一方で変える必要のあることに近づくたびに、別のことに移ってしまわれますね。ここで何が起こっているかを見てみませんか」

この言い方をすると、さらに理解を深め、探索を推進していけることが多い。はじめは防衛的になりがちであるが、次第に正当化の試みとなる。

不一致性は、意識化への過程の単なる一部分ではない。実際にはカウンセリングの過程の全段階において明らかになるその不一致は、はじめに置き換え可能応答を通じて追求するべきであるが、もしクライエントが反射的な応答を無視してその不一致を維持するとか、あるいはその不一致が規則的に現れるというのであれば、対決技法がそれを乗り越える最適な戦略となる。

直接的技法

クライエントとカウンセラーは、重大な相互的人間関係のなかにある。クライエントがカウンセリングに持ってくる課題はさまざまな人間関係のなかにあるが、クライエントの抱える葛藤の側面は必然的にカウンセラーとの関係で、つまり援助過程のなかに反映される。特にクライエントの人生主題である欠損経験に関心が向けられる意識化段階で、たびたび反映されるだろう。

たとえば、もしクライエントが無力で何かに不適格であると感じているのであれば、ある段階ではカウンセラーと関係するやり方にそれが出てくるだろう。カウンセラーは、その人自身の葛藤の側面が援助関係にも持ち込まれるだろうと認識して、これに気づかなくてはならない。

カウンセリング的かかわりのなかの、カウンセラーとクライエントとの即時性経験を述べることで、理解と探索を大きく助けられることがある。たとえば、カウンセラーは以下のような方法で直接的技法を使うかもしれない。

◆直接的技法——例◆

「あなたは自分が今までしてきたことについて、本当に恥ずかしいと感じています。それは、今あなたが話しているときに私を見るのが難しいほどに（?）」

「あなたは、他人といるときくつろぐのがどんなに難しいものであるかと言っていました。あなたが今ここで私に対して感じていることを、一緒に見てみます（?）」

「あなたは怖いなと感じています。なぜなら、私がほかの人みたいにただあなたを拒絶するかもしれない（?）」

対決技法と直接的技法の両方とも、クライエントの経験したことの意味を意識化するのを手助けできる技術である。この二つの技術には今この瞬間の活力が必要であり、課題が抽象的になりすぎるとか、論点が実際とかけ離れすぎるなどの妨げをなくすように手助けができる。もし、効果的に使われれば、カウンセリング過程を援助し、目標を見つける動きへの抵抗勢力に打ち勝つことができる、力強い技法になる。

●実行中のARPⅠ――事例●

❖理解のために意識化すること

ジョアンとケイトが共同作業をする初めてのセッションで、意識化された領域への動きがあった。たとえ、マルコムがどんなに否定的で破壊的であるかについて焦点化したことが多かったとしても、ケイトは自分が責任をとれる事柄についてもまた、表現してきた。

ケイトは、たとえマルコムが態度や行動でどんなに怒らせようとしても、表面上自分の感情を閉ざし、麻痺させて、怒りを断ち切っていた。ケイトがどんなに怒りを感じていたかに触れて思い出させることが、重要な意識化の段階であった。ジョアンは、時には意識化の表現を使ってそのことに触れた。「あなたは自分が前よりも強いと感じています。なぜなら、マルコムに対してどんなに怒りを感じるか、そして今ここであなたがそう感じることはとても重要だということがわかっています（?）」というように。

この表現は、ケイトに直接関係がある部分の意味しているものを、「あなたは～を感じている。なぜなら～（?）」と意識化している。またそのなかには明らかに、経験した欠損／目標領域が含まれている（これはもっと直接的に、「あなたは怖いと思っています。なぜならあなたは今起こっていることについて怒りを感じることができないし、自分が存在するという必要性のため、また変わるための一歩を踏み出せるために、怒りを感じなくてはならない（?）」という形で表現できる）。つまり、この応答は、怒りを感じるということに関して、ケイトが「できなかった」（ずっとできていなかった）ということ、そして怒りを感じられるというあり方が非常に重要であることを示唆している。初めのセッションの時点でケイトが自分のために選んだ目標は、怒りにとどまっていること、またジョアンがそれを止めさせようとするのでも離れるように導くのでもなく、その怒りの感情に力を貸すことであった。ジョアンはこの領域でケイトを援助するために、故意的なものは何もしなかった。しかし、必要なら、ケイトが受け入れられそうな戦略がいくつかあることは認識していた（たとえば、NLPアンカリング、ゲシュタルト的怒りとの対話、あるいは、ケイトが怒りを感じてはいけなかったということについての非論理的ビリーフ〈論理療法〉を述べるなど。第II部の戦略に触れている部分を参照）。

初めてのセッションでは、たとえこの意識化の領域が現れたとしても、ほとんどの時間はもっと広い周辺的な課題の探索に費やされ、特別な目標がそのセッションの特徴になっていたわけではない。しかしながら、その後続くセッションでは、セッションの力動性がよりいっそう働くことにより、ジョアンとケイトは意識化に動き始める。その形は、ケイトが最後のセッション以来何が起こっているかを語り始めたことだった。ジョアンは応答的な技術として、置き換え可能の応答を使っただけだった。たとえば、「あなたは怒っています。なぜならマルコムが娘たちと一緒に時間を過ごさないし、そのことが父娘との関係にどのように影響しているかを彼が理解していないってことに驚いています（？）」。また、「まったく望みがないみたいに聞こえますね。マルコムはカウンセリングを一緒に受けるという二人のニーズを理解しようとしない（？）」。それは両方明らかになった。しかし、セッションでは、マルコムのいないところで、ほんの少しにしろ彼に焦点を当てて、どんなに彼が非協力的であるかについて時間を使ったことも事実だった。ケイトに何が起きているか、ケイトが何にもがいているか、ケイトが望んでいることにどのように物事を進めていくか、ということに注目することが必要だった。ジョアンは標準的な応答技法で、意識化の応答を活用し続けた。

ケイトが今どこにいて、どこに行くことを望んでいるかについて、ケイトが探索し理解できるようになってきたところから、いくつかの欠損／目標経験が生まれてきた。この領域での中心課題は、「マルコムが一緒にカウンセリングに行くことを同意をしないので、ケイトが無力感を感じていたこと、彼らが共に乗り切るには起きたことがあまりにも重大だということ」であった。この課題の底流にあったものは、「物事がどんなに絶望的であるか」ということ、何かを変えるために彼とケイトが気持ちを通じさせうまくやっていくことに、「ケイトが行き詰まりを感じていたこと」であった。

ケイトの理解を深めるための探索過程で、ジョアンからの意識化された欠損／目標応答は、ほかにも以下のようなものがあった。

*困惑している。なぜなら、マルコムと別れるかどうか決めることができないから。
*不満を感じている。なぜなら、怒りをもっと建設的な応答に変えることができないから。またマルコムがそれほど行き詰まりを感じていないのであれば、そうすることが必要である。
*悲しみを感じている。なぜなら、自分の能力や自尊感情を持ち続けることができないから。そしてまた、そうすることは自分にとって非常に大切なことである。
*どうしても自分の母親のように行動せざるを得ない、マルコムとの間にあったことを思い出さざるを得ない、そしてこの関係のせいでどうしてもそうしなければならなかったことに、わびしいものを感じている。

この意識化された欠損／目標は、いろいろなときにそのかかわりから生まれてきた。そういうものは、ジョアンが以下の標準形式を使うところから見出されてきたものであった。「あなたは〜と感じています。なぜならあなたは〜ができないから、そして〜したいと思っています（?）」。欠損／目標は全体的に見ると正確で、ケイトが何を達成できるようになりたいかをより焦点化してきた。

このような焦点化をする各瞬間には、マルコムや子どもたちとのケイトの生活、彼女が願い彼女が愛したものについての課題を抱えた、さらに幅広い検証が必要だった。自分たちは二人とも「自由な車輪」であるとジョアンが感じたときもあり、かかわるどんな事柄でも実際に動くのをためらってしまうとケイトが感じたときもあった。ケイトにとってそれはまるで、自分がただ聞いてもらえることだけを望んでいるようなときであった。マルコムとのことがどんなに葛藤的であるかのシナリオを反芻しているかのように思える長い期間のあと、ジョアンは、変えたいと望んだものを見つけたのに変えようとはしていないという、ケイトの不一致性と対決することになった。特にそれは、ケイト自身のなかにあることで、マルコムの身体的虐待が二度と起こらないようにするのは、決して期待できないものだった。「私は、あなたがここで力強くそのことを話してくれたのを聞きました。マルコムが脅迫的な態度を見せたこと、またそれを止めるために何か決定的なことをする必要があること、その両方があなたにとってどんなに破壊的であるかというようなことをね。しかし、あなたがここで表現されたことを解決するために、彼を動かそうとしているようには思えないことも。何が邪魔してそうできないか、一緒に考えてみましょうか」。

この不一致性との対決により、現実のまたは潜在している力に向き合うことになって、ケイトは自分の母親から行動パターンを学んできたのだと認めることになった。また、ジョアンの支援と、男性と並ぶジョアン（女性として）の職業的能力を信頼しようとケイトが努力していることを理解しながら、ケイトとジョアンは、今現在の彼らの関係性をどう扱ったらいいかを考えてみることにもなった。この探索は、意識化の別の側面、ケイトが自分についてどう言っているかを考えてみることにもなった。それは次のようなやり方でなされる。「あなたは葛藤を感じています。なぜなら、あなたは彼に尽くさずにはいられない。その一方で、本当に独立した能力ある人としての働きをするためには、それを止めなくてはいけないとわかっている（?）」。このことは、ケイトが自分の力を「所有」しているが、ケイト自身の統合した力としてその力を再構成するという分野のゲシュタルト・ワークを、ジョアンが始めることにも道を開いたのである。

ジョアンは、同じような舞台上で自分の経験を再循環しているかのような気がした。しかし、ケイトが自分自身とジョアンの両方に信頼感を育ててきたこと、部分的にはケイトの持つ主題と一緒になっているように思えることも感じた。そうした主題とは、以下のことである。自信や自らの感情をなくしていたケイトは、今行動する力がなくなっていること、自分の母親の応え方と似たやり方で、ずっと脅しを受けながらも、マルコムとは馴れ合ってきたこと、ケイトとマルコムが巻き込まれている破壊的な循環を止める必要があること、であった。

ジョアンは仕事の速度に複雑な感情を持っていた。全体としては良かったが、ケイトにとって困難かもしれない領域に入っていくこと（試験的なひと押しであるが）について、少しためらいがあった。この悩みはスーパービジョンに持ち込むことにした。それは、クライエントとパートナーとの関係性のなかで、強くあることの困難さや、暴力を振るわれるかもしれない可能性に立ち向かっていくという能力に関連するものであるように思えた。このことでジョアンは、ケイトの何が関係しているのか、それに必要なものは何であるかを明確化するためのワークをすることになった。

いまケイトに関しての困難は何もなかった。彼女は問題を探索するための努力に意欲があり、行動的だった。ケイトとジョアンの関係性は強くなり、ケイトはジョアンに、人としてまたプロのカウンセラーとしての信頼も、厚く持つようになった。ジョアンは感受性鋭く物事を整理しようとしていたし、ケイトは熱心であると同時に怖がってもいた。ケイトはときには、ジョアンが推し進めないことにほっとしたり、あるところでは押しが必要であるかもしれないと感じると、少し不満に思ったりもした。

❖導入にあたっての解説

もう一度繰り返すが、このワークは研修仲間と一緒にやるものである。したがって研修相手は、クライエントが持ってくるような適切な個人課題を提示し、あなたはそれにかかわるカウンセラーとして行動する。もちろんのちほど状況が許すなら、同僚や別の研修仲間とお互いの役割を交代してもよい。意識化は応答ベースから生まれるので、前章で提示され発展してきた技術を使って、探索段階からともに始めることが必要である。

意識化の技法を獲得したり強化したりする努力に移るときには、胃が痛くなると同時に頭を撫でられているような感覚を経験するだろう。置き換え可能の応答への感受性が十分必要な部分もあれば、一方で、経験した欠損（必然的に、クライエントがカウンセリングに持ち込んでくるもの）を探す部分も必要である。

この過程は、無理やり意識させるとか、押し付けるようなものではなく、現れてきた意識化の構成要素に自然と心を開いていくというようなものである。意識化の性質を理解したり識別したりすることが、変化を起こしていく。私は鱒釣り漁の初心者として、鱒を見つけることができる自分を「作り上げる」ために、田舎の川で時間を費やしたことがある。たくさんの鱒を見逃しながら、私はいつも頭が痛かった。鱒のいるところをかき回してあわてて取り逃がしたときにも、実際にその姿を見ることしかできなかった。現実に私が規則的に魚を見つけはじめて、今それが比較的たやすくわくわくするものになったのは、影や対比、かすかな動き、好みの場所のなかで、何を探すべきかを理解させてくれた友達のおかげであった。魚を見つけるたとえが有益な比喩でないなら、まぜこぜに見える絵から立体が浮き出してくるのを見つけようとする「マジックアイ」に、同じような特徴を想像してもらってもよい。それに挑戦しようとする者は皆、立体の図柄を無理やり探すのではなく、力を抜いて楽にしているときに浮かび上がってくることに気がつくだろう。同じ力動性が意識化にも起きるのである。しかし、今の段階ではその技術を身につけるやり方として、規則的にそれを試み、下地を築いていく必要がある。

◉課題1

カウンセリング研修の状況で、応答技法を強調し、探索を推進するカウンセリング・セッションを設定しましょう。お互いを理解し合っているという確固とした基礎ができたときにセッションを中断し、これまで話されてきたのはどんなことか、これまでの欠損として何が考えられるかについて、少しの間考えて話し合う時間を作りましょう。それは、すでに話されてきたか、ただ認識する必要があるだけなのか、あるいは、いまだに明らかにならず話し合いを深める必要があるのかどうか検討してください。

この種の活動では、応答過程（胃が痛むようなものではなく頭を撫でるほうの）を続ける必要性から離れ、課題と取り組む機会を持つことができます。意識化の力動性を理解し、必要な技術を適用する有益な段階なのです。

◉課題2

課題1のどちらかの役割をとり（すなわち、応答の時間に続く話し合いの時間として）、応答練習のための研修として、「あなたは〜を感じています。なぜならあなたは〜できない」という意識化の欠損／目標形式の応答を試みましょう。もしそれが話し合いモードなら、そのような応答を入れてみると違いが出てくるのがわかります。もしそれがやりとりの過程内なら、その過程は少し「ぎくしゃくするもの」になるかもしれませんが、研修仲間での研修状況ならこれは普通耐えられますし、受け入れられるものでもあります。

◉課題3　可能性として、あるいは実際に経験した欠損を決定しながら、目標ひっくり返しへの応答「そしてあなたは～したい（?）」に展開しましょう。もしこれが話し合い段階の部分としてなされるなら、その正確さとその意味を検討しましょう。もしそれが実際にやりとりの部分としてなされるのなら、その過程を続けてその先がどこに行くのか見届け、あなたの研修仲間との話し合いで処理しましょう。

◉課題4　意識化に関連した技術を、定期的に練習する機会を持ちましょう。特に、経験した欠損／目標応答を組み入れながらやってください。

第8章　手ほどき技法

意識化の段階は、クライエントが変わるために何を望んで何を必要としているかについて、カウンセラーとクライエントが相互理解をし合ったときに完成してくる。意識化は目標が見つかって、クライエントが自分がその目標からどのあたりにいるかを知ったときに起こってくる。普通これは過程のなかで、際立って目立つ特徴である。それは、目標を達成するために、クライエントからの行動開始の段階へ準備ができているという合図となる（図14）。

前章で示したように、標準形式応答の枠内で、経験した欠損／目標条件の要素を心に留め表現もしているカウンセラーにとっては、価値がある。その応答は重要な移行の標識として役立つ。たとえば、カウンセラーは以下のような応答をするかもしれない。

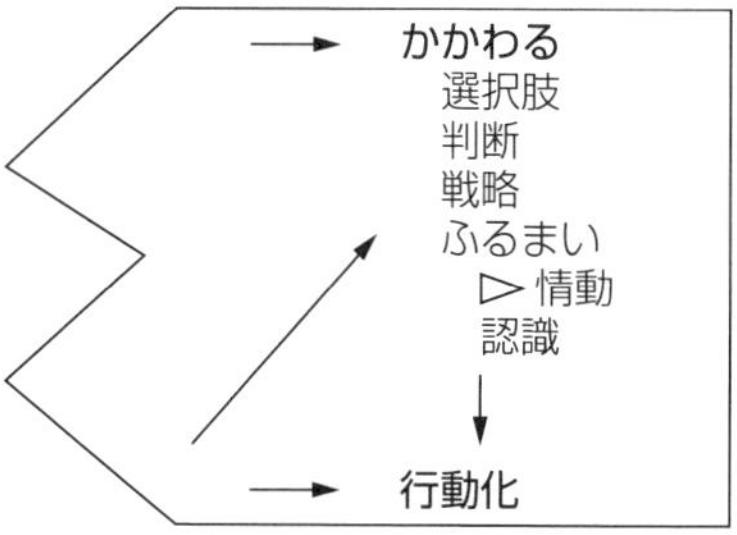

図14　手ほどき技法

◆手ほどき技法への準備◆

「あなたは悲しみを感じています。なぜなら、自分の仕事の出来具合いが標準に達しないと思っているから。そしてそれができるようになりたい（?）」

「あなたはどちらを選んだらよいのか思い悩んでいます。というのは、仕事にとどまるか、危険を負って独力でやり遂げるかを決めることができず、しかもすぐにそれを決めなくてはいけない（?）」

「あなたは欲求不満を感じています。なぜなら、現実の物事をありのまま彼に見てもらうことができないし、そうすることは二人の関係にとって大切なのです（?）」

「あなたは怖れを感じています。なぜなら、彼を失ってうまくやっていけそうには思えないから。そして彼はいなくなってしまったので、本当になんとかしなければいけないとわかっています（?）」

「あなたは無力感を感じています。なぜなら、あなたはその仕事を決められたようにすることができないから。でも、本当にその立場を維持できるようになりたいと思っています（?）」

このような応答のなかから、その場でさらに探索を必要とする質問が出てくることがある。たとえば、最初の応答では、たぶんクライエントの標準的な行動がどのように現実的かを吟味しなければならないだろう。クライエントが到底達成できない水準に合わせようとするのを援助することは、無益な試みになる。したがって置き換え可能の応答に続けて、開かれた質問（たとえば、「あなたの標準がどういうものか、ちょっと見てみませんか」）などを通して、さらに探求する必要性が生じるかもしれない。そして、その標準を探索することになり、最後にはより明白な意識化の応答に戻ることができる（たとえば、「あなたは悲しいと思っています。なぜなら、できるとわかっている仕事の出来が自分の標準に達しないから、またそうすることができるようでありたいと思っている（?）」。

だから、探索のための付加的な循環が欠損／目標の周辺で必要とされるが、これは前述したカウンセラーの応答技法を使って、後押ししなければならない。しかしながら、クライエントの同意できる明白な目標が見出されたときには、それは行動化への動き、つまり目標達成の合図になる。

意識化からの移行

本章では、カウンセラーによる手ほどき技法の性質を検証して、特に選択肢を決定する課題に入ってみることにする。また思考、感情、行動の個人的な領域の見地から、どのように戦略が考慮できるか、またそれらがどのように進め方や行動化に関係するかについても検討したい。実際の介入戦略そのものは、すでにＡＲＰＩモデルの意識化のところから始まっているが、詳細は本書第Ⅲ部で検討する。

選択肢の見極めと探索

行動化への動きの過程のなかでは、クライエントの目標に最も合いそうな多様な選択肢を検証することが必要である。明らかに目標の追求にはいく通りものやり方があり、最も適切な選択肢を決定するためには、幅のある利用可能な選択肢を検証する必要がある。この方向づけのなかのカウンセラーの最初の仕事は、クライエントが現在の自分の領域のなかで、彼らがすでに試みてきたものも含めて、できそうな選択肢のすべてを見つけるように後押しすることである。私が信じていることは、この過程を始める最適の方法は、開かれた質問である。

カウンセラーには、意識化された正確な欠損／目標応答をした後に、直接そのような質問を行うことを勧めたい。私自身のカウンセリングでは、この時点で行動開始へ移行する合図のように、ほとんど自動的に開かれた質問を行ってきた。前記の欠損／目標の質問例から続く、開かれた質問の例は以下のようなものである。

◆選択肢探索のための開かれた質問◆

カウンセラー：「あなたは怖がっています。なぜなら彼女を失ってはうまくやっていけるとは思えないから。そしてまた、本当に今そうすることが必要なこともわかっている。なぜなら彼女は去ってしまって二度と戻ってこない（?）」

クライエント：「はい、とても難しいです。ぼくは本当にそれに耐えられないんです！」

カウンセラー：「どんなことだったら、今より少しうまくやれると思われますか」

この時点で、選択肢を見つけるのに使う最適な開かれた質問の典型例は、以下のようなものである。

◆選択肢についての開かれた質問の典型例◆

「これをどうやったら達成できると思われますか」

「あなたにどんな方法ができると思われますか」

「今までどんなことをおやりになられましたか。ほかにはどんなことができるでしょう」

当初の目的は、クライエントがカウンセリングにやってきた問題を取り扱うために、クライエントができる範囲を見つけることである。これは相当広範囲の戦略に火をつけることになるかもしれないし、戦略が少ししかないとか、まったくないこともある。クライエントとカウンセラーの両方で認識できて、実行には自由さがある明白で望ましい選択肢（たとえば、「私はただ、彼女がいなくなった痛みを受け入れなければならない」）が、たぶんあるはずである。

独自の枠組みと励ましの哲学、そしてカウンセリング過程での均等を保ちながら、少なくとも初めの段階では、クライエントがその課題を個人的に処理できるものに焦点を絞り込んでいくことが大事である。その人自身の資源を認識する努力は、そのことだけで励ます力があるのである。ここでのカウンセラーの仕事は、その資源の性質、またどのようにそれを使うかを十分吟味すること、そしてそういう変化を起こす努力をするクライエントを励まし、動機づけをし、肯定する役割を担うことである。

上記の例では、クライエントの目標は、亡くなってしまった人の「聖遺物のごとく」、大事にしていたものを形見分けしていくような水準になるかもしれない。あるいはまた、自分をもっと大切にして、面倒を見ていく努力を意味するかもしれない。それらは次の選択肢を含んでいる。自分の興味あるものにもっと時間を費やす、彼が一人でできる活動を見つける、定期的に外出する、あるいはその喪失感とうまくやりくりできるものならどんなことでも選択肢になる。また、その移行の途上で、新しい人間関係を作り始めることを意味することもあるだろう。

しかしながら、クライエントの資源が展開していると思われるときでも、たしかに限界があると思えば、カウンセラーがいくつかの選択肢を示すのが可能なこともよくある。その選択肢のほうが課題をもっと直接的に扱えることがあるし、クライエントが自分の経験に必要な根本的な変化を、どうやって作り上げるかという考えを持っていないかもしれないからである。カウンセラーによって示された選択肢は、クライエントが話したことの延長であったり、すでに発見した部分の外側にあったりすることもある。失くしたものの痛みに向かい合うという上記の例では、カウンセラーはゲシュタルト・ワークのような実存的な過程を提案するかもしれない。あるいは、その苦しみのもとになる不合理な信念への挑戦（論理療法のワークのような）とか、その人を強く連想するものやその状況に関連するリラクゼーション・ワーク（系統的脱感作のような）を提案することもできる。

選択肢を提示する場合、カウンセラーは甲乙をつけずに同等のものとして提案する必要がある。この選択肢の取り込みは、クライエントが自分の資源から自分を特定するものを全体的にまとめることができたあとが望ましい。たとえば、以下のようにである。

◆考えられる選択肢に導くための要約◆

「ここのところで、あなたのできそうな～と～がありますね。私の頭に浮かんできた別の考えでは～もあります。これらをそれぞれ順番に見て、その意味するものを見ていきましょうか」

クライエントが表現した選択肢には、考えの間違っていると思われるものもある（たとえば、「ぼくは彼女を忘れることを学んだようだ」）。これでは曖昧すぎる。こういう場合には、以下のように重要な開かれた質問をいくつかして、探索する必要がある。「あなたにとってこれが本当に意味しているものは何でしょうか」「実際にはどのようになさるおつもりですか」「それが望ましい効果をもたらすような適切な資源／態度／技術を持っておられますか」

逆に、その選択肢がより具体的で、直接的な行動を提示するような形の場合（たとえば、「ぼくが心の痛みから逃げ出すのを止めなくては」）もあるかもしれない。クライエントがその方向で動く資源を持っているかどうか、あるいは引き起こす抵抗の度合いはどうかに左右される場合でも、そのような目標を達成しようとするカウンセラーとクライエントによって、すぐその場で焦点を絞り込むことができる。

普通は、たとえその選択肢の目標が非常に適切であったとしても、行動に移す瀬戸際でバランスを取っていくところでは、クライエント探索のための必要性がまだ残っている。あまり良い選択肢でない場合や、それらを全体のなかで見ていく必要がある場合、一つずつ吟味しなければならない場合、またクライエントの持ち駒のなかに選択肢がほとんどない場合が、特にそうである。

1 探索

コンタクトの初期段階で中心だった応答技法、すなわち置き換え可能の応答、開かれた質問、要約、に基づいてカウンセラーは選択肢の周辺の課題について探索を始める。選択肢の意味や、暗示するもの、受け入れの可能性について明確化する。この探索は、モデル全体の過程をもう一度復習することから始まる。今その目的は、選択肢の自由な検討、最適の選択（あるいはたくさんある選択肢から複合したもの）に焦点を絞ること、そしてその選択肢の行動化にある。それは、より大きなIEUAサイクル（かかわる〈Involved〉／探索する〈Explore〉／理解する〈Understand〉／行動する〈Act〉）のなかにある、IEUAサイクルである。

この探索過程を通してこそ、目標を精錬することができ、あるいは、欠損の中心部分である感情を焦点化することができる。また抵抗勢力の大波（脆弱性による回避現象）、つまり行動化への動きからの引き戻しを調整することもできる。カウンセラーはクライエントが自分を伝えるメッセージに開かれていなくてはならないし、変化から距離を置いて現状維持をしようとする、内的な主題を認識しなくてはいけない。行動化への移行はしばしば、カウンセラーとクライエント双方の闘いのようなものになることがある。

カウンセラーの抵抗（実行可能なひと押しをしている状態）が最も顕著になりがちなのは、カウンセリング過程のこの部分である。応答的であること（一般的には意識化のやり方で）は、たとえそれがきつい仕事を意味したとしても比較的安全なのであるが、カウンセラー主導が要求されるところでは、専門性（またそうでなくても）を発揮することや、自分のしていることの信念を主張する（そうしなくても）ことによって、クライエントと自分自身を同一視する感覚がある。そこでの危惧としては、カウンセラーがクライエントを通常は不必要なよけいな探索で脱線させたり、クライエント主導の動きをあいまいにしたりする原因になることがある。

選択肢を発見探索する過程（抵抗を処理して、またカウンセラーがクライエント主導を保ち、希望的観測からの飛躍がなければ）は、目標追求のなかで最も建設的になれる可能性があるものと認識され、一般的には最も望ましい選択へと導くことができる。それが明白なものであることもあれば、カウンセラーとクライエント両者からはっきりとは認識されていないものもある。

今まで述べたように、その過程は直線的な場合もあれば、不明確というよりも暗示的であるために多少はっきりしない場合もある。過程が不明確なときには、さらに深い探索が必要である。カウンセラーは何が最も適切で、何が混乱の裏にあるのかということを明確に理解するため、行動と探索の段階として標準的な応答技法か、手ほどき技法の戦略（たとえば、第III部のゲシュタルト対話を参照）を引き出してくることもあろう。

2 決定

適切な選択肢がひとつ見出されると、行動するための決定が必要になる。これは通常、各選択肢の可能性を検討したあとでそれが実行可能と感じられるように、カウンセラーやクライエントが何を最も受け入れる準備があるか、そうすることが心地良いか、自信があると感じているかの「決定」で、直感的になされる。個々の選択肢を試すのは、それぞれの持っている可能性を見極めたあとでなされたほうがよいだろう。しかしながら、ときにはもっと論理的で明確で体系だった意思決定の過程が必要なこともある。

カウンセラーは技術の持ち駒のなかに、必要ならその時点で使うことのできる意思決定モデルを持つべきである。それは、クライエントが発見した目標を追及するために何が最適の選択であるか、分別のある決断ができるようにするモデルである。クライエントの経験した欠損／目標モデルから、現実にひとつの選択（たとえば、その関係に留まるとか、別れるとか）が行われるため、意思決定のモデルもまた、そのなかに手ほどき技法の戦略としての価値を持っている。

第Ⅲ部では、手ほどき技法の戦略を説明しながら、好きな選択肢を選択するか、クライエントの「意思決定」の目標を直接達成するか、このどちらかの有益な手段として効果のある意思決定のモデルを検討していきたい。

行動化への始動

カウンセラーは技術の持ち駒として、現在いる地点から行きたいと願う地点へ、またそうする必要のある人々を援助するための、一連の専門的な手ほどき技法の戦略や技術を持つ必要がある。

ときには目標発見の過程だけで、クライエントには十分なことがある。クライエントは、すでに持っているが課題や必要性が明確でなかったため、引き出すことができなかった資源を使えるだろう。たとえば、不快感や苦しみの底にある問題についてそれが何なのかを話し合うときには、誰かとその課題で対決するために持っているコミュニケーション能力を使うことができる。

しかしながら、普通は目標がより明確になっていても、どのように到達したらいいのかについての現実的な考えや、到達しようとするのに使う過去経験などが、クライエントにはほとんどないときがある。こういった場合や、クライエントの抵抗があったり、複雑な課題で必要なものがクライエントの現在の経験外にあったりする場合には、カウンセラーはクライエントに動いてもらうために、カウンセラー自身の専門的な資源を引き出さなくてはならない。

第Ⅲ部では、包括的で一貫性のある折衷派モデルの一部を形作っている、たぶん最大のカウンセラーの持ち駒である、手ほどき技法戦略を検討する。ここでは、手ほどき技法段階よりもひと回り広い領域を考慮するつもりである。決定の過程や、それを最も適切な戦略に適用することも考慮したい。

実践では、決定することと、その決定を最も適切な戦略に適用することは、一般的に直感的になされる事柄である。クライエントは、何をしたらいいかわからない現実、あるいは必要な何かを変化させるための資源を持っていない現実に、いつも遭遇している。過程を始めるとき、カウンセラーは何が最も適切な戦略であるかを見極めるために、職業的な判断と技法を使うだろう。これはクライエントが発見した目標達成を真正面から焦点化する専門的な戦略を使った、卓越しているが自然に取り込める独特な介入を意味する。

適切な戦略だろうと考えるカウンセラーからの説明（たとえば、ゲシュタルト対話の作業を説明したり、「試しにやってみましょうか」といったクライエントの準備性をうながすような努力）がどんなものであっても、手ほどきの過程を妨げる障害になることがしばしばある。こういった持っていき方が、カウンセラーの役割（実行できそうなひと押し）への抵抗や曖昧さを思い起こさせるからである。そして、クライエントが自意識過剰になったり、躊躇（傷つきそうなひと押しを回避すること）しがちになったりする。そのとき、もし適切だと判断した介入がクライエントの目標に基づいたものなら、クライエントが払った努力に対して率直であり続け、クライエントからのフィードバックに基づいて戦略を修正する用意がある限りにおいて、カウンセラーは安心してその戦略を取り入れてもよい。一人のカウンセラーが引き出しうる実行可能な手ほどき技法の戦略を概観してみる前に、関連する二つの事柄を考えてみたい。その二つとは、認識力（思考）、情動（感情）、振る舞い（行動）に焦点を合わせるカウンセラーとクライエントそれぞれの見地からの戦略の違いと、クライエントの探索、理解、行動化という見地からの戦略の広がりである。

1　認識力／情動／行動化

すでに述べたように、クライエントが持つ目標は、思考、感情、行動の三領域のどれか、またはその全部に強調点がある。クライエントは自分の持っている考えや信念（たとえば、人としての価値観）を認識し、挑戦し、変化させるのを望んだり必要としたりするかもしれない。別の場合には、ある感情を経験したり、うまく折り合いをつけたり、あるいは感情を引き出したりする（たとえば、怒りを経験すること）を望み、必要とする。あるいは、行動を習得したり変化させたりするのを望み、必要とするかもしれない（たとえば、主張的なコミュニケーションがうまくできるような）。これらの目標は、クライエントが認識していること（望んでいること）から生まれてきたり、それらが機能しているやり方（必要性）に基づいて何が適切に見えるかというところから生まれてきたりするのかもしれない。

ヴァージニア州立大学とヴァージニア工科大学で働いているカウンセラー教育の、ハッチンス（Hutchins, D.）は、われわれすべては、思考、感情、行動に関してどれかに支配的な方向づけを持ち、それがカウンセリングやカウンセリングの人間関係に密接な関係を持っている、と提案している[53]。ハッチンスは、認知調整行動によって特徴づけられる圧倒的に「思考優位」の人々を見出した。そういう人々は論理的で、理性的で、思慮深く、組織的である。主に「感情優位」の人々は、一般に情緒優位のやり方で行動し、いつも課題のうえに感情を「同伴する」人々である。主に「行動優位」の人は、一般に強い目標志向やかかわりを持つことで特徴づけられ、何かが動き出すのを望んでいる。

こういう特徴は確かに明白である。少なくとも広い意味で、クライエントのなかに明らかである。このことは、かかわり方、問題の性質、問題の述べ方やそれを解決しようとするクライエントの好みのやり方にまで、影響するのである。また同様に広い意味で、カウンセラーにも明らかにそれがいえる。考え、感じ、行動するという違いは通例、カウンセラーが好みのカウンセリング理論、問題の進展や問題解決の説明を適用する見地のなかに反映されていく。

たとえば、以下のとおりである。

＊思考優位のカウンセラー――この人たちはおそらく、クライエントの問題の主な原因として、非論理的な、非理性的な思考、あるいは洞察の欠如を考えるだろう。そして、力動性理論、論理療法、認知セラピーや交流分析の枠組みを通して、そのような洞察を推進するか、そのような思考を変えることを求めるだろう。

＊感情優位のカウンセラー――この人たちはおそらく、クライエントの問題の主な源として、もつれ絡み合った、そして痛ましい感情を考えるだろう。そして、来談者中心療法、実存分析、プライマル・スクリーム療法、ゲシュタルト療法などの枠組みで、そのような感情を活性化したり解明したり、経験したりすることで変化を探すだろう。

＊行動優位のカウンセラー――この人たちはおそらく、クライエントの困難の主な源として、不適切な行動、あるいは行動化ができないことを考えるだろう。彼らは、リアリティ・セラピー、系統的脱感作、オペラント学習のような、行動的カウンセリング・アプローチを使いながら、クライエントに新しい行動を教えたり、修正したり、止めたりするように作られたプログラムに参加するよう、後押しするだろう。

このような違いによって影響することは、次の二点である。①クライエントをカウンセラーの主導的な方向づけのなかの構造を通して援助したほうがいいかどうか、疑問が持ち上がること。そして、②この違いがカウンセリングの折衷主義の考えと価値に、付加的な重みを与えること。

A　方向づけの焦点

ひとつの立場は、クライエントの初期の方向づけを強調するように援助すべきかどうかで、それが最も望ましいとする立場である。なぜなら、初期の方向づけは、クライエントの世界と自分自身を経験する、主導的なやり方を代表しているからである。違った方向づけを通しての仕事は、クライエントがかかわりにくい傾向にあるため、調子が出ないかもしれない。このような方向づけでの混乱は、カウンセラーがセラピーの初期段階から限定されてがっちりと固まった方向づけを適用するとき、たとえば「行動優位」のクライエントが、論理療法の理論と戦略を適用する「思考優位」のカウンセラーに直面したときなどに起こりがちである。

この点についての別の立場は、主導的なものよりも、別の方向づけを通してクライエントと協働するのがより望ましいというものである。クライエントの抵抗と防衛は必然的に、彼らの好みの方向づけを通してはっきり示されるだろう。たとえば、思考優位の人は知的理解や分析行動を通して最も多く抵抗を示すだろうし、感情優位の人はカタルシスや鬱屈した感情を通じて、行動優位の人は受動的になるか過剰行動を通して、というようにである。したがって、カウンセリングという仕事の焦点として代替的な方向づけを適用することは、適用しないときには起こらない変化を起こすことができる可能性がある。

ARPIモデルは、これらの両方の立場に関係する利点を持っている。たとえ、ARPIモデルが土台として(応答ベースで)来談者中心療法に強い結びつきを持っていたとしても、他のさまざまなアプローチよりも無理なく、クライエントが表現するままに(感情、思考、行動を通じて)、クライエントの経験を強く集結させる。ARPIモデルもまた、認知、アセスメント、クライエントの好みの方向づけについての選択に関して、最大限の広がりを提供していく。そして、カウンセラーの歪みが反映されるような独断的な選択ではなく、クライエントが経験したことを基盤にして決定がなされている。

B　折衷主義

今まで述べてきたように、折衷派のアプローチをするカウンセラーにとって、方向づけの概念はより多様であることが好ましい。カウンセラーは最大幅の方向づけのなかで働くことができなくてはならない。クライエントの好みの方向づけでいくか、別の方向づけの枠組みでいくか、その選択は(直感的なものであれ、論理的なものであれ)、カウンセラーが各方向づけの間で自由に動くことができるときにのみ、可能である。

ここで私の述べていることは、単なる技法の使用を超えたものである。手ほどき技法の戦略を実行すること

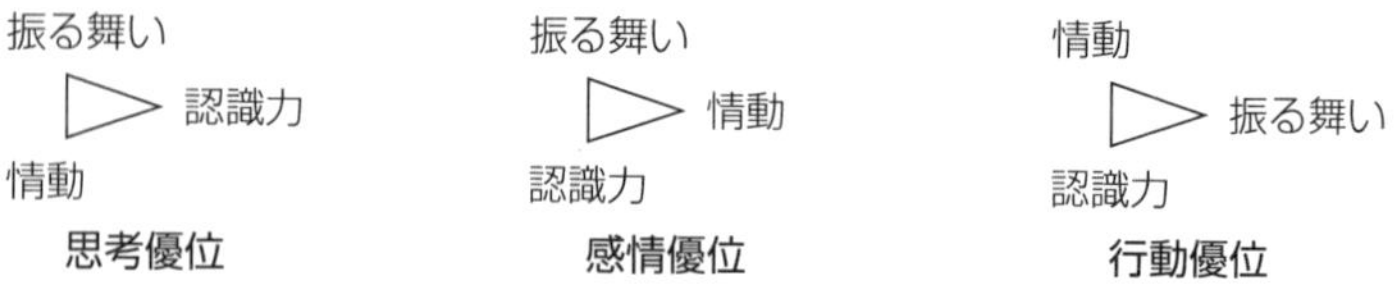

図 15　相互活性効果

は、適用した（合致あるいは違った）方向づけを通じてクライエントの経験をすべて処理することであり、その戦略がすでに確立された主要理論として認められている一貫した枠組みのなかにあるのを認識することである。

この二点の影響は、ハッチンス[53]も述べたように、思考、感情、行動の領域はすべて個人のなかで働いているという信念、またそれぞれは受け入れ可能な領域にあり、さらに大きなバランスをとって個人のなかに育っていくという信念に、直接関連している。これは、主導的な領域外での焦点化でも建設的でいることができ、カウンセラーが自分とクライエントのために、より良いバランスを創造するために協働することができるということでもある。実際このことは、カウンセリング場面での接点と、カウンセラー研修プログラムにとっての広範囲な暗黙の目標であるかもしれない。

この三者関係のバランスと原理は、クルンボルツ（Krumboltz, J.）によって支持されている。行動主義の理論家でありカウンセラーでもあるクルンボルツは、私が出席したスイスの学会で研修会を開いていた[54]。研修会では、認知、情動、行動領域の相互関係を強調していたが、クルンボルツは、ある領域での介入が別の領域に影響すると強く主張していた。たとえば、行動での変化は、必然的に認知と情動への変化を意味するのである。私自身は、違った各領域を、過程の部分として慎重に関心を払って焦点化する必要があるということに信念を持っているが、基本的にはクルンボルツらが推進する相互関連性の原理を支持したい（図15参照）。

もし事例を取り上げて、実現見込みのありそうなクライエントの目標を想定するなら、それぞれの領域がどのように関連しているかを見ることができる。あるクライエントの目標が、もっと自己主張ができるようになることだと想像してみよう。これは経験の三領域の各々から接近できる。自己主張ができるということは、以下のことを意味している。技術を学ぶこと（振る舞い）、そのように行動することを邪魔している自分についての信念を修正すること（認識力）、怖いというような感情を表現すること（情動）。こういうことが、お互いに関連し合い、自己主張や、それを引き上げることもできる推進力という感情に関連している。最もできそうな前向きの変化を起こすためには、たとえその一領域だけが最大の変化を作るということがあったとしても、全部の領域でも少しずつは焦点化することが望ましい。しかしながら、一領域を通してのかかわりであったとしても、他の領域にも大きく影響を及ぼすことができるのである（特に、それがクライエントに最高に適合する領域であるならば）。

2　ARPIモデルの枠組みでの戦略の守備範囲

個人的目標を達成するのに最も適切なモデルとして、現段階ではARPIモデルの多様な戦略を述べてきた。手ほどき技法／実行段階のなかには、大きな潜在的な無視できない効果がある。しかしながら、ある状況下では、以上の戦略のいくつかは、ARPIモデルのより早い段階で活用できるものもある。

すでに述べたように、カウンセリングでのARPI／IEUA過程は、クライエントとのコンタクト全般と同じように、セッション内での力動性を持っている。クライエント-カウンセラー間のコンタクト全般にあるIEUAのより大きな過程内には、提示された問題のさまざまな水準を含む、セッション内IEUAの繰り返しがあるかもしれない。関係が樹立され、クライエントの経験が共有され、より複雑な探索が行われるようになるにしたがって、探索と理解を引き上げられるための専門的な戦略が必要になるときがある。たとえば、ゲシュタルト・ファンタジー・エクササイズは（第III部で概観するように）、クライエントが自分の経験（たとえば、体の緊張）の性質をもっと完全に探索できるようにする。カウンセラーはエクササイズを準備して、それを後押しすることができる。

このような戦略の活用はまさに、クライエントとのセラピーを通してずっとゲシュタルト・アプローチを使用する場合のように、折衷派モデルのなかではよく見られる方法である。ＡＲＰＩモデルのなかでも、カウンセラーは探索するとか理解する（あるいは行動）という見地から最大のものを引き出すため、応答段階や意識化段階の技術の完全な使い方で戦略演習を設定できる。単一の理論を持つゲシュタルト・カウンセラーは、その演習で完全だと見ることもあれば、ゲシュタルト理論の枠組みでクライエントの気づき経験と取り組むだけと理解するかもしれない。

ＡＲＰＩモデルのより早い段階（理解段階）での戦略使用の別の例として、カウンセラーは、自分が何になりたいか、自分がどこにいるかというクライエントの理解を促進する方法として、交流分析の概念と過程を導入することができる（たとえば、「あなたは自分の周りの多くの人に批判的な親〈ＣＰ〉の見地を適用しているようですね。ＣＰが意味するものは〜」）。この戦略では、はじめから正しく交流分析アプローチを適用してクライエントの経験と向き合っているカウンセラーというのではなく、探索段階ですでに表現されてきたことに、この戦略を重ね合わせることになる。もしそのような交流分析概念と過程が、クライエントの経験に意味をなすなら、物事がより直接的に変化に向かっていくとき、ＡＰＲＩモデルは行動化遂行のなかで、交流分析アプローチと同じ条件設定を持つことになるだろう。

第Ⅲ部へのオリエンテーション

本書の第Ⅲ部は、強力な手ほどき技法の戦略を詳しく述べる。第Ⅲ部は、手ほどき技法を説明した本章の延長と見ることができる。各々の戦略を適用するのに必要となる不可欠の行動を、三番目の部として詳細に述べる。

戦略をうまく使用するためには、その理論的・哲学的な基盤を完全に理解しなければならない。そして、その基盤から行動を活性化し、観察することもまたできる。

各戦略は、認識力、情動、振る舞いの諸領域のなかに幅広く配列されている。だが正確な分類は、それぞれ重なり合っているし、どのように適用するかによるところが大きいので、重要なものではない。

●実行中のＡＲＰＩ――事例●

❖行動化のための手ほどき技法

すでにカウンセリング・セッションのなかで一緒に探索して見つけてきた目標を達成するため、ジョアンはケイトに動いてもらうための行動化を少し始めていた。初めの段階では、ケイトが怒りの感情に留まっているように援助することだった。また別のときには、事態の変わることを望むジョアンが特別な戦略を使うことだった。たとえばジョアンが、「あなたは悲しいと思っていますね。なぜなら自分のすでに持っている能力や自尊感情を持ち続けることはできそうもないし、そのようにできることが自分にとって重要なことです（？）」といった意識化された欠損／目標の応答を試みたとき、ケイトは本当にそれが自分にとってどのようであったかを明らかにした。ジョアンはこれを「どのようにそれができると考えますか」と、開かれた質問で続けた。しかしケイトはほとんど思いつかなかった。ケイトは、子どもたちのためにそこそこ何かができたときのように、ただやってみて自分の持っている能力が引き出せたときに、それに気づくことができるだけだと言った。ジョアンは、その選択を考慮するようにケイトとしっかりと向き合って、ケイトが表現したものを内観した。自己に関するメッセージはその表現のなかに明らかだった。ジョアンは言った。「あなたはむしろ自分が依存的だと感じています。なぜなら、まわりの物事がどのように変わっていくのかさえわかっていない。だから、自分自身についてはさほど悪くないと感じています（？）」

二人はこのことについてもう少し探索したあと、ジョアンはケイトから出された選択についてもう少し取り組んでみようとした。しかし、それ以上進むことはできなかった（ジョアンはこれを問題自体の働きとして見た。つまり、ケイトは多くの可能性を見ていくほど自分に十分自信があったわけではなかった）。この時点で、そのことに直接かかわるためのケイトの心構えについて確認したあと、ジョアンは主導性を取った。

ジョアンはふさわしい選択として、イメージ療法を考えた。一般的にいえば、ケイトには才能があり、過去に良い自尊感情を持っていた経験があるからだった。また、イメージ療法の戦略は比較的直線的で、カウンセリング・セッション外でもケイトが自分で使うことができる。ジョアンはまたNLPのアンカリングや、ゲシュタルト対話（勝利者-敗者）、交流分析の構造分析（CP-AC-Aの力動性）、肯定的な提案をめぐっての催眠導入、肯定的な認知関係への正の強化（第Ⅲ部の戦略を参照）のような戦略も持っていた。しかし、どのように過去を経験したかという隠喩に対してケイトのイメージは豊かであり、自分自身でそのやり方ができるということもあって、イメージ療法に落ち着いた。

ジョアンは、ケイトが現在の生活で自信を持って考え、感じ、行動しているときに、どのように自分自身を見ているかを探索してもらった。すると、そういうものがひとつになって、ケイトにとって力強い意味を持つ、肯定的な感情豊かな自己主張のメッセージが見つかった。ジョアンはケイトにどのようにくつろぐかを教え、マルコムや子どもたちや広い社会的設定を含めたさまざまな文脈で、彼女が考え、感じ、自信を持って行動することを視覚化できるように後押しした。これでケイトは自己主張のメッセージが言えるようになった。ケイトがそれを経験したあと、ジョアンはケイトがその戦略に含まれる中心となる原理や手続きを発見し、きわめて高い重要な目標に向かって動くため、どのように日々の生活で目標を構築できるかを認識するのを援助した。

切実な意識化のための別の目標は、もっと直接的にマルコムに関係していた。マルコムが何をしているか、どのように二人の関係が成り立っているかということに関して、ケイトが今とは違った場所にいることを望み、必要としているのは明らかだった。自分にもっと自信を持つことは大切だったが、この破壊的な関係のなかで自分自身だけが変わるのを見るのは適切ではないと、彼女は強く示していた。ケイトは、マルコムとうまくやっていくために主要である経験した欠損／目標ワークの段階に移っていった（「あなたは完全に欲求不満に陥っています。なぜなら、二人の間にあることがどんなに重大か、そして変わるためには彼も何かをする必要があるのだとマルコムにわかってもらえるとは思えないから。そして、もし一緒に何かをする機会を持つなら、それは急を要するのだと（？）」。これはおそらく、ケイトがマルコムと共にそれをやってみようと望んでいるかどうか、または、ある種の別れのようなことをすべきかを決定することが必要なのに違いなかった。

明らかにケイトの変化は、彼女が臆病でもなく被害者のように振る舞っていたのでもないので、彼女にかかわる部分では進んだ。しかしこれは、マルコムがあまり怖くなくなってきただけの結果にすぎなかった。ケイトの変化は、二人の間の決定的な利益を導いたわけではなかった。毎回ケイトは、二人の間にどんなに悪いことがあるかを明らかにするような破壊的な口喧嘩にすぐにいってしまう、悪化した話し合いについて述べるのだった。ケイトの目標、つまりマルコムとうまくやるか、出て行くことを決意するかは、ますます果てしないものになっていた。

ARPIモデルのパターンを維持するなかで、感情に寄り添って経験した欠損／目標のメッセージをケイトに見つけてもらいながら、ジョアンはケイトがすでに試みたことやほかにありそうな選択を考えてもらった。ジョアンはケイトが彼女の選択肢を探索するのを援助しようとした。それは、マルコムが過度に防衛的で揺るがないと思われる以上に、その時点では、彼女が努力することで得られるのか不確かであるとして、以前はうまく形作られなかったものである。

複数の選択肢と、マルコムと共に留まることを望むならケイトに行動してもらう戦略を、二人は一緒に考えた。これらや意識化された他の目標追求のためには、二人の協働関係のなかでジョアンが大きな主導権を取らざるを得ないだろう。ケイトが取り組もうとしていることは、単なる洞察によっては、あるいは毎日の行動化だけでは達成されないだろう。そこには複雑な認知や感情行動が含まれていた。そして、ジョアンの専門化された技術の持ち駒が必要とされるところに、事態を動かすことを要請されているのは、明らかだった。

ジョアンは自分のなかで、難しい分野へ移っていくであろうことについての内的緊張を認めている。同時に、自分のための主題、スーパーバイザーがずっと指摘してきた主題を思い出す。すなわち、手ほどき技法の活動（実行可能なひと押しであること）に動いていく瀬戸際で、自分自身の心が乱されてしまう傾向である。彼女は、それを心に留め、注意する必要があることをわかっている。彼女はまた、ケイトはおそらく今いるところからいくらか引き戻されていくかもしれない（無神経なひと押しを避けること）、ひとつ冒険するにはいくらかの圧力が必要だろうということもわかっていた。ジョアンは、特に主導権を取る前には、ケイトに接触して熱心にかかわること、そして、明らかに必要であるが難しいことから逃げるためにケイトと結託したりはしないことも確かめて、その問題を解決した。

●教育研修のための演習●

❖導入にあたっての解説

学習し、発展していくためのここでの大切な処理技術は、意識化技法から手ほどき技法への移り変わりを作ることである。本書第Ⅲ部にある各戦略を使うためには、一定の水準の理解や技術の獲得、研修での演習を必要とする。したがって、カウンセラーは、自然で目的的に使うことができるまで、以上の演習を通してのかかわりについての統合された経験から、その基盤となる理論を身につけることを正しく理解することが求められる。理解や技術を発達させるのには、研修会の代わりになるものはない。カウンセラーの方々には、本書第III部にある介入戦略を焦点化している研修会を探して、参加するようお勧めしたい。しかしながら、戦略使用を意味ある首尾一貫したものにする重要な処理技術がある。それが、ここで焦点化されるものである。

意識化技法から移行するための技術は、意識化技法段階のなかで、まず第一に正確で精密であることを中心に構築される。それがないときには、置き換え可能の応答を再活用しなければならない。これにより、ますます正確な移行が意識化に向かって起きる。正確な応答、自分の欠損の発見、それに関連した目標を持つことを相互に理解し合えるとき、過程は手ほどき技法のほうに重心を傾け、動き始める。思考、感情、行動の各方向づけのなかで手ほどき技法を考慮するのと同様に、開かれた質問や置き換え可能の応答を使ってのさまざまな選択肢を検討することが、要求されるのである。

◉課題1　クライエントがすでに試みたことに関して、開かれた質問を練習しましょう。そのためには、組になった研修者との今までの過程で、課題解決するために確実にできると思っていることの探索を通じて、あるいは研修の三人組での話し合いを通じて、意識化された欠損/目標の応答を含んだ正確な移行のチェック・ポイントにたどり着きましょう。その可能性を探索するのに、応答技法を活用しましょう。また、クライエントに利用できそうな選択は何か、今までのポイントではっきりとした選択には思えなかった違った可能性も含めて、要約の応答を使って振り返ってみましょう。

◉課題2　課題1の演習かその続きとして、何が発見された選択肢への可能な介入戦略であるか考えましょう。目標を考え、思考、感情、行動の各領域から、少なくとも一つの戦略を発見できなくてはいけません。内的に考慮することは、一方で現在進行中のクライエントの経験の最先端（同時に頭をこすったり胃をさすったりする別の経験）に留まりつつ、同時にカウンセラーの皆さんに複数の可能性を考えてもらうのに重要です。その目的は、相互交流の過程の気楽な自然な部分でありながらも、計画的に、また時には誇張したやり方で、今あるところから動けるようになるためです。

第III部

戦略を始めること

戦略を始める——序論

第III部では、クライエントに個人的な目標を達成させるのに役立つ、有益で強力な戦略を検証し、展開したい。この戦略の範囲は、主に私が実践や研修で最も役立つと思われたものに基づく幅広いものであるが、選択的である。各戦略を適用するカウンセラーの言動が主な焦点になるが、それらはより大きな枠組み、つまりARPIモデルと各戦略から描き出される理論のなかで考慮していく必要がある。

戦略それぞれは、独自の理論的「ふるさと」を持っている。しかしここでは、クライエントが決定した目標への行動化を始める時点で戦略を導入したとき、その戦略はそのまま系統だった折衷的ARPIモデルの部品になる。ARPIモデルのかかわり技法、応答技法、意識化技法の各段階は、手ほどき技法の戦略を効果的に実行するために重要であり、それらの段階に関連する技術（たとえば、置き換え可能の応答）もまた、目標達成の動きが起きたら不要になるわけではない。そういう技術は引き続きカウンセラーの技術の持ち駒として必要であり、手ほどき技法の行動段階を通しても必要である。

技法の背後にあるもの

さまざまな戦略のためのカウンセラーの言動（技法）は、十分に成熟した各カウンセリング理論のなかにはめ込まれている。それぞれの基本理論は、卓越した哲学的基盤と、関連する技法に特別な意味と有用性を与える理論的な構成を持っている。このような目標焦点化の行動を、カウンセリング技術の持ち駒に取り込んでいくカウンセラーは、その技法の理論的・哲学的基盤を知らねばならない。このことがわかっていないと、介入は「浅い」ものになるだろう。それは通常、あやふやな援助へ向かってクライエントよりただ一歩先を行く行動として反映される。そういう努力は、生産的な結果を生み出す可能性を衰えさせるものである。

材料の背景

第III部の各戦略は、以下に示す小見出しの順に説明していく。

各戦略の小見出し

＊紹介
＊主要な信念
＊重要な概念
＊カウンセラーの仕事

それぞれのアプローチの哲学的な仮説（主要な信念）と、理論的な概念（重要な概念）を具体的に述べるが、その詳細については省略する。詳細で完全な知識は、各アプローチに関する他の書籍で手に入れてもらう必要がある。本書には、その手助けになるよう各戦略についての適切な書籍や論文を選んで、巻末の「注釈」に掲載した。理論的原理の紹介やその実用の利になるように選ばれたこれらの参考文献は、ここで使えるとか適切であるなどという以上により詳細な理論を提供するもので、私が述べるカウンセラーの仕事の多くは、こういった文献から得たものである。もちろん、本書の材料を提供するだけではなく、知識、技能、個人的な過程の統合を推進するための研修会や、スーパービジョン下での実践体験を通して、多様なアプローチを学習するのに有益なものである。

ここでの最大の関心は、以上の戦略を効果的に適用することが要求される、不可欠なカウンセラーの言動に充てられる。それは、引き出された理論からの矛盾のない具体的な目的を持っている。しかしながらその理論的な目的は、ARPIモデルの枠組みで活用されたときに、特別な意味を獲得するのである。その文脈のなかで進行中のカウンセラーの応答と組み合わされれば、正確に見極められたクライエントの目標にたどり着き、望ましい変化をもたらす。

おおまかな分類

すでに指摘したように、各カウンセリングの戦略が強調するものは、思考（Thinking：認識力）、感情（Feeling：情動）、行動化（Acting：振る舞い）のなかで、それぞれ大きく異なっているが、人のなかではこのTFAは相互関連し合っている。クライエント、そしてカウンセラーも、自分たちが人生で経験し獲得してきたやり方によって、これらの領域の占める優先順位が違う。したがって、カウンセラーは自分の持っている介入方法のなかに、TFAの力動性に異なる強さで焦点を合わせた戦略を身につけることが重要である。

諸領域が相互関連しているために各領域は重なっており、強調する戦略がどの程度どのように適用されるかにかかっている。TFAの視点からは、各戦略を厳密に分類することはできないし、その分類が不可欠なものでもない。提示された戦略は、その強調する段階で大雑把にグループ化ができるが、ここでは図16に示した広い分類以上のものを行う試みはしない。もう一度強調するが、戦略の分類は、その影響力や活用性、TFA領域の応用範囲の可能性で選ばれた、選択的な範囲の戦略なのである。戦略の分類は理論的な潮流に関係してはいるが、本書では主に焦点を合わせるものをどのように考慮するかということを示している。

したがって、本書の第Ⅲ部では、哲学的な仮説、理論的概念、そしてカウンセラーの仕事という見地から、

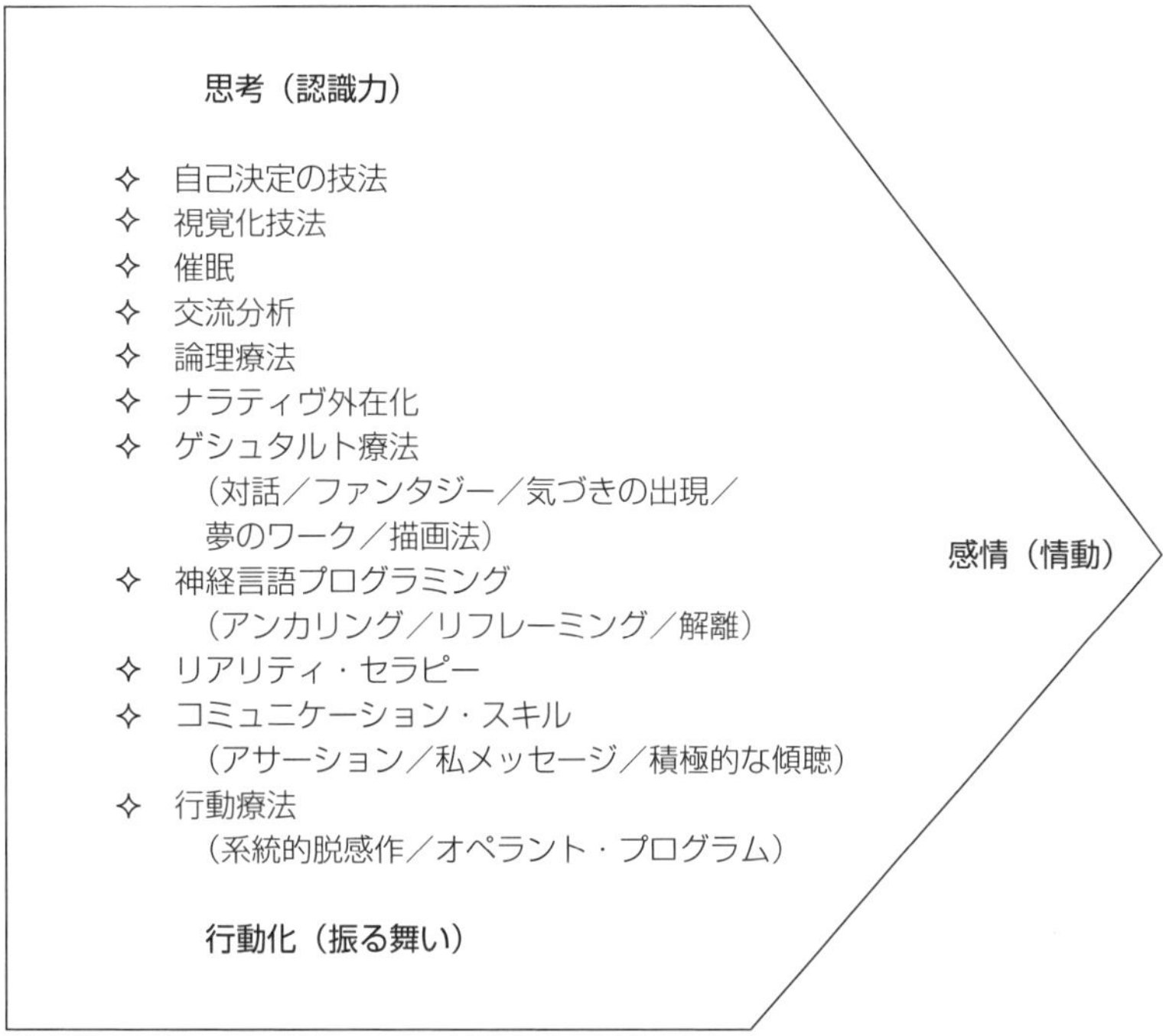

図 16　主に焦点化するものを取り扱う戦略

図16で示した戦略を考える。そして、各戦略はクライエントが個人的な目標を達成するのを援助するために、ARPIモデルに混ぜられていくものである。

事例についての書きとめ

ケイトとカウンセラーのジョアンの事例は、第III部でも継続する。クライエントが意識化の目標に向かって動くのを援助するために、可能な手ほどき技法の方法として、主要な戦略が使われる。そして、そのアプローチに関連して起こりそうな力動性とその結果を描写したい。ここでは、過程の詳しい描写はできない。適用する戦略の傾向によっては詳細な描写になる場合もあるが、多くは要約形式で詳述する。

ジョアンが各戦略でケイトに必要なものを述べるといううまくいかない小細工は、あたかも「むやみやたらなやり方」が使われているかのようである。ジョアンは、何かが効くのではないかという望みから、あらゆるものを試みているかのように見える。実際にはより的を絞ったアプローチが好ましい。たとえばジョアンは、ケイトに自尊感情や自身の力により関心を持たせるためには、イメージ療法やゲシュタルト・ワークを通じて、またマルコムと対峙するためには、態度の変化をうながすコミュニケーション・スキルを通して、援助できるかもしれない。二人の関係を変えるために、あるいは自分と子どもたちのために新たな生活を作るべく、以前よりは自信を持って決意している妻に直面して、現状に耐える準備ができていないように思えるマルコムは、カップル・カウンセリングに参加しながら夫婦関係の限界を述べることに多くの時間を取るかもしれない。

ケイトとマルコムはより満足した共同関係を形作るために、時間と労力をかけたカウンセリングをいくども受ける。この脚本では彼らがそれを行う可能性を含んでいる。その結果、二人は外面的には困難に見える時期もあるが、問題点を処理しようとするし、お互いがその関係から一番良いものを得ようとする。二人の関係性が改善したので、二人は子どもたちとより楽しみ、未来についての目標を分かち合う。ケイトは継続的にはカウンセリングを受けなくなるが、ジョアンにいつでも会えるということ、生じた困難を処理するためにカウンセリングはいつでも利用できる手段であるということを理解して、ずっと気楽に感じるようになる。

以上が特別な手ほどき技法の戦略に基づいた、起こりうる結果の脚本だが、ケイトが自分の求めるものを見極めるのを、戦略の全段階でジョアンが援助し続けるという方法を考慮することも適切である。そつのないやり方で導かれた意識化技法の結果として、この時点でケイトとジョアンは明確に目標を理解し合い、出発点に共に立つ。ケイトの重要な人生の問題について行動できるよう、準備を整えている。では、ＡＲＰＩモデルでの手ほどき技法として展開できるさまざまなやり方を、見てみることにしよう。

教育研修のための演習についての書きとめ

前述したように、それぞれのアプローチには特別な研修が必要である。現在参加できる、あるいは利用できうるさまざまなアプローチの研修機会を、捜し求めてほしい。もし読者が、本書を使う研修プログラムに参加しているのならば、具体的な戦略技術を学ぶことは、ＡＲＰＩモデルの作業技術とつながっているということを確認しておくことが大事だ。それによって手ほどき技法のワークが、クライエントの個人的なニーズや、目標の理解や、相互探求から発展していく。

すでに述べたＡＲＰＩの作業技術は、より指示的になる次の段階でのかかわりでも放棄してしまうことなく、その段階でのかかわりや技術の統合の部品として、使い続けることが大切である。もしこれらの作業技術が統合されることなく、したがって無意識に使われると、カウンセラーはクライエントと分かち合ってきた中心的なかかわりでの焦点になる理念や行動的な要素を、失う危険がある。

あなたがすでにＡＲＰＩの作業技術を徹底的に自分のものにしているか、またそれらを確固たるものとしてきちんと使っているかを確認することをお勧めする。これは、専門化された開始技法よりもいっそう確実に、手ほどき技法段階で行う仕事の価値を大きく決定する道具になる。これらの作業技術の持つ哲学と技能の組み合わせなしには、あなたの専門的な技術は「空虚」で危険なものになってしまいがちである。

手ほどき技法の戦略にはそれぞれの広がりがあるので、第Ⅲ部の章末には、教育研修の演習はない。しかし一般的には、各戦略に関連する技術学習は経験しながら学ぶことが必要で、ＡＲＰＩの過程や技術に関連してすでに備わってきた研修経験から、展開しなければならない。

第9章　思考志向の戦略

この章では、認識力に焦点を当てる手ほどき技法の戦略を扱う。ここで取り上げるものは、自己決定の技法、視覚化技法、催眠、交流分析、論理療法、ナラティヴ外在化である。

自己決定の技法

1　紹　介

ARPIモデルを使っているカウンセラーがクライエントと自己決定の戦略を使うには、さまざまな方法がある。なかでも明らかな方法が二種類ある。一つは、クライエントが目標達成（たとえば、心的外傷的な体験を直接たどり直すか、もう少し浅いかかわりで少し力を抜いて付き合うかどうか）のための最適の選択肢を探索し、選択するのを援助することであり、もう一つは、実際的な目標自体（たとえば、大学へ行くか仕事を探すか、学校に残るかどうか）の決定へと持ってくることである。

われわれはいつも人生の選択に直面している。二人目の子どもを作るかどうか、今の関係に留まるかどうか、就職するか進学するか、個人的にふさわしい目標を遂行する最適の方法はどれか、あるいは、カウンセリングを続けるかどうかさえも。そのような課題における決定が、自然にカウンセリング過程の一部分として進展する場合がある。探索することが、そこに含まれた力動性をより完全に理解することにつながり、実行へと続く「決定」が容易に起こる。また別の場合では、表面上同じような選択肢がいくつかありそうなところで、特に「決定」することが、より明白で計画的に行われる過程として必要なことがある。

そのような機会のために、カウンセラーは自分の持ち駒のなかに、しっかりとした自己決定の戦略が必要になる。利用できる戦略としては多種があるが、クライストチャーチのカンタベリー工科大学の、マンセイ(Manthei, M.) の著書 *Decisively Me*[55] のなかに、最も頻繁に使われるやり方についてうまく説明したものがある。一番直接的で、おそらく日常の文脈でも最もよく使われるものは、「賛否両様 (Pro and Con) 方式」であろう。この方式は、ひとつの選択肢の好きな理由全部と、それに反対する理由を全部書き出すものである。これだけでも決定に導くのに十分であることが多いが、マンセイのいうように、肯定と否定の理由それぞれに一から一〇 (弱いから強い) のスコアを配分するという重みの程度を量って、より目的的な指標になる数字的な結果を得るため、そのスコアを計算する段階を入れることができる。

このアプローチの限界は、クライエントの「全人性」が、直接その手続きのなかに作られないということである。クライエントの重要性が手続きのなかで不明確なので、そつのないカウンセラーは、クライエントがいつもその過程の中心にいることを確認するだろう。しかし、ほとんどのやり方では、こういうことは自動的にできるわけではない。

全人性を過程のなかに構築する自己決定戦略のひとつとしては、カーカフ (Carkhuff, R.) が *The Art of Problem-Solving*[56] で概観した問題解決アプローチがある。このモデルは、いくつかの選択肢や、賛否両様方式での数量測定システムを精錬するための段階を取り込みながら、生活の知的・身体的・情緒的・精神的な領域について、クライエントの基本的な価値を判断するものである。これらの価値や好みは数字的に測られ、決定した選択肢がまた、それぞれ強調する違った見地から考慮される。決定は主として、人から切り離された結論ではなく、その人の持っている価値観から現れてくる。

自己決定戦略を理解し適用するための価値ある参考文献、およびこの項の出典は、マンセイ[57]、カーカフ[58]、ジョンソン（Johnson, R.）[59]、ジャニス（Janis, I.）とマン（Mann, L.）[60]、アイビイ（Ivey, A.）と同僚[61]によるものである。

2　主要な信念

自己決定モデルは、通常、以下のような考えに基づいている。


*私たちは人生において、個人的に重大な選択をすることはおおむね自由である。

*人には選択の能力がある。そして情報が体系的に処理されるとき、その能力を役立てることができる。

*決定は、典型的にはその人に適切な領域が広く含まれている。

3　重要な概念

カウンセラーは自己決定方式を使う前に、以下の概念や原則、そして実践とクライエントが経験したことの影響とを、徹底的に理解すべきである。


*実際にできそうな選択肢（たとえば、具体的で理解できるものにする）が、自己決定の過程には重要である。

*本人の自我（思考、感情、行動）が過程のなかで重要な役割を演じ、またそれを体系的な方法で焦点化することができる。

*実際にできそうな選択肢に本人が関係していることが、重要な段階である。

＊たとえ最も気に入った選択をした場合でも、ひとつのモデルによって決めた決定が絶対的なのではない。はっきりしない理由のためでも、個人がそれを遂行するのは自由である。

＊使用するモデルに含まれる個人的な過程が、そのモデルそのものよりも、もっと重要である。

＊個人的な過程を強調するためにどのようなモデルを使おうとも、基本的な応答スキルを中心に据えておく必要がある。

4 カウンセラーの仕事

カウンセラーの行動を考えるにあたって、私は賛否両様方式に焦点を当てたい。カーカフのモデルは他のものより広くて深く、自己決定がクライエントの中心的な目標になる点で、私が使うような手続きになるだろう。とはいえ、その広がりのために簡潔に説明するのはいっそう難しい。しかしながら、カウンセラーにはカーカフのモデルを学んでもらいたいので、問題解決に関するカーカフの著書を強く推薦したい。またマンセイの著書も良い参考書として推薦する。さまざまなモデルを概観しているので、幅広いクライエントに有益であろう。

賛否両様方式には、マンセイが要点化した六段階がある。カウンセリングの文脈のなかで、カウンセラーはこの手続きをしている間、置き換え可能の応答、開かれた質問、要約技術を駆使して、高い水準の応答性を維持しなければならない。それは、いま検討している問題にかかわっている、人間としてのクライエントを尊重するためである。

◆賛否両様方式の手順◆

(1) 特別な選択を望む理由を全部書き出しましょう（賛成）。

(2) それに反対する理由を全部書き出しましょう（反対）。

(3) それぞれの賛成理由に一から一〇(弱から強)の点数を割り当ててください。
(4) 反対理由にも点数を割り当ててください。
(5) 各点数を合計し、結果を比較しましょう。
(6) その結果をもとに行動するか、別の選択肢、あるいは妥協案を考えるかどうかを評価しましょう。

●実行中のARPI――事例●

❖自己決定の戦略

ケイトの心配事の取り組みには、ケイトが直面する多くの選択場面、選択する必要のある多くの決定場面がある。決定の多くは、ジョアンとのかかわりの力動的な過程のなかで「実行」される。それは、探索が確実な道筋へと動くかどうか、マルコムの行動や態度について彼と直接対決するかどうか、ケイトの友人関係をもっと外に求めていくかどうか、悲嘆にくれている彼女の実家を巻き込んでいくかどうか、ジョアンと何か他の特別な戦略を使って行動的に取り組んでいくか、というようなことである。

ジョアンとの取り組みのなかで直面するケイトの大きな決定というのは、マルコムと別れるか、今の関係に留まるかどうかである。これにかかわる時点で、ケイトが課題のすべてを考慮して、より構造的で体系的な方法で可能な決定に到達できるように、ジョアンは自分がよく知っている自己決定の戦略を計画的に引き出し始めた。ジョアンは、賛否両様方式を使うのが有益だと判断した。ジョアンはこの方法で、ケイトが経験している苦悩を計画的に対比することで、自分が何をするべきかをより見通せるようになるだろうと感じている。

この問題を考慮するにあたって、マルコムと別れるかどうかという次の賛否両様要素がケイトによって見出され、十段階で測られた。

別居に賛成（計59）

＊マルコムが何か行動してくれるかもしれない（10）
＊虐待から逃れて私の安全が守られるだろう（7）
＊私の自尊感情が向上するだろう（10）
＊子どもたちは毎日の緊張から解放されるだろう（6）
＊この問題の解決が最優先の課題になるだろう（8）
＊断固としたやり方をとることで、自分がより強く感じられるだろう（10）
＊友達からもっと自由に支えてもらうことができるようになるだろう（8）

別居に反対（計78）

＊このことがマルコムを「破壊する」かもしれない（7）
＊マルコムの脅しがエスカレートするかもしれない（8）
＊父親がいなくなって子どもたちが寂しがるだろう（10）
＊財政的に逼迫するかもしれない（8）
＊家族みんなが巻き込まれるかもしれない（4）
＊自分たちの関係に取り返しのつかない危害が及ぶかもしれない（10）
＊家を出て行くための決まった場所がない。（6）
＊子どもたちの毎日がめちゃくちゃなものになるかもしれない（4）

＊元の生活に戻るのがあまりにも難しくなるかもしれない　(6)
＊マルコムにはとてもきついだろう　(3)
＊生活が変化することへの緊張がなくなるだろう　(5)
＊別居生活は寂しく困難にちがいない　(7)

反対する項目の数と全体の計算との両方で、この時点では、ケイトはマルコムと別れることが一番良い行動ではないと理解した。しかしながら、ケイトのなかには別れることへの継続的な高い数値があり、そのことからも別居は遅からず出てくる問題だということもわかった。

ジョアンとの探求のなかで、彼女が問題の要素を識別し数値化したことで、ケイトはもし望めば別れることもできるという方法で物事を考え始めた。たとえば、彼女は家を出たら行ける場所（緊急避難所、友人宅、実家、安い借家）を考え始めた。そして、もしそうするのがいいという時期になったら、あるいは必要性が生じたら、実行可能な選択肢としてそれを考えられるようになった。

自己決定の手続きを構造化する局面というのは、賛否両様の項目がクライエントにとって何を意味するかを、カウンセラーとクライエントが探求できるようにするものである。予想された結果（孤独で困難な事態になるのだろうか、とか）の可能性が本当にあるかどうか、これを和らげるためにすることが何かあるかどうか（たぶんケイトは、友人関係からの支援や親交をいっそう深めるように努めるだろう）を検証できる。考慮する過程は、決定それ自体の可能性と同じぐらい有益であることが多い。一つか二つの方向が、決定的であるときでさえもそうである。しかし、人はそれをやらないという決定をすることもある。さまざまな課題をより詳しく知ることや、課題それぞれがどう関連づけられるかを知ることは、ほとんどの場合それ自体が重要な成果である。

視覚化技法

1　紹　介

視覚化は、「自己を変えていく目的のため、精神的な感覚表現を、意識的に、意思的に創造すること」と定義される。[62] つまり、クライエントが自分自身のなかに、あるいは自分が影響を及ぼせる世界に変化させたいものを見極めるとき、適用するのに値打ちのある戦略である。

この戦略は、強い明確なイメージが創造できる人には、特に大きな効果をもたらす。認識力に焦点を合わせるが、感情を含んださまざまな感覚的な体験を引き出すものでもある。

このアプローチには二つの戦略がある。

（1）　受動的な視覚化――体験から発展させるイメージ。
（2）　視覚化の変化――体験を変えるためのイメージの創造。

上記二つの探索や実行にも、ＡＲＰＩモデルの枠組みが有効である。

たとえば、クライエントは自分のなかに感じる感覚を表すイメージ（たとえば、押しつぶされたゴムボール）を発展させるように励まされる。これは、イメージ（たとえば、中は空洞ですか、詰まっていますか、色はどうですか）の意味を、次に言葉で表現するときの土台になるかもしれない。あるいは、それが直接的に変化を作りだしていくこともあるかもしれない（たとえば、そのボールを粉々につぶす、ボールを気球に膨らませていく、色を変えていくなど）。

視覚化それ自体を変化の戦略にすることができる。または、コミュニケーション・スキルを学ぶ、力強い感情を表現する、基本的な信念を変えるというような、ほかの変化させる取り組みの補足的な方法として使うこともできる。

このアプローチを理解し適用するための価値ある参考文献、そしてこの項の出典は、ファニング(Fanning, P.)[62]、ガーウェイン(Gawain, S.)[63]、オードレ(Odle, C.)[64]によるものである。

2 主要な信念

このアプローチは、人は自我を制御でき、自分のために行動を起こすことができるという考えを奨励する、前向きな方向づけを持つものである。それは、個人的な創造性や自己肯定的でいることの価値を認識し、促進させる。このアプローチの支持者たちはその肯定性を強く信じているので、このやり方を通して創造できる人生の機会(たとえば、利益になる材料を手に入れること)が広範囲にあると思っている。彼らは、宇宙のなかに自然な調和があり、視覚化は、肯定的に意識的にその調和と連合できるようになるひとつの手段であると考えている。

3 重要な概念

この戦略を理解するための重要な理論的概念は、以下のものである。

＊左脳(論理的、理性的、分析的)と右脳(視覚的、直感的、統合的)の違いと、その操作。
＊アルファ波(より大きなリラクゼーションに関連する)。
＊イメージと、認知・言葉・経験との間の相関。

このアプローチの当面の目標地点は、個人的、社会的経験に変化を持ってくることである。これを規則的に使う人々のための究極的な目標は、その人の最高の自己（創造的な活力、力、存在や知恵の源泉）に継続的に接触しつつ生きることである。

4 カウンセラーの仕事

(1) リラクゼーションを推進すること

視覚化は、効果的なリラクゼーション・ワークの基礎となるものである。リラクゼーションと視覚化の二つの要素は、お互いに依存し増強し合う相乗関係にあると見なされている。

カウンセラーははじめに、以下のような方法でクライエントのリラクゼーションを誘導する。

◆リラクゼーション手順◆

*まっすぐに、気持ちよく座る（もし適切なら横たわる）。

*目を閉じる（緊張することなく目を上方にそして内側に動かすことは、アルファ波を発生させ、右脳を活性化させるのに役立つ）。

*呼吸の過程に注意を集中する（呼気と吸気をいつもよりも少し深くする）。

*筋肉を緩めることに集中する（緊張／緩和を比較させる体験が助けになる）。

(2) 受動的な視覚化

これは、内的な体験からの感覚的な印象を発達させることである。すると、取り組んでいる課題に関連する内的経験への気づきを、クライエントが焦点化することを通して視覚化が起きる。それから、内的経験を最もよく描写できる隠喩を発展させるように後押しする。描写の細部や、その意味や、さまざまな感覚（聞く、見る、味わう、におう、感じるのような触覚的・情緒的な）を引き出すため、隠喩を発展させることができるのである。それから、それがイメージを言語的に探求していくように導くこともあるし、直接視覚化のワークに導くこともあるかもしれない。カウンセリングに抵抗のあるところでは、受動的な視覚化の過程を通して、それを調べることができる。

(3) 視覚化の変化（感覚的な印象を創造し操作すること）

この過程は、感覚的な印象を創造することと操作することの、両方を含む。その人の全感覚を巻き込んでいくのである。細部の創造や、行動化、比較、隠喩を後押しすることを通じて、この過程を強く深くすることができる。

視覚化（受動的な視覚化、あるいはその変化）をするためには、カウンセラーが楽観主義や、信頼、肯定性を成長させながら、クライエントが判断を見合わせるのを励ます必要がある。もしクライエントの助けになるなら、音楽や文学、音声、マントラ（呪文）のような補助物を、リラクゼーションや生き生きしたイメージを推進するのに使ってもよい。

(4) アファーメーション（肯定の言葉）

視覚化の取り組みがうまくいったあと、個人的なアファーメーションを内的に繰り返し言うことによって、クライエントの進歩を引き上げることができる。アファーメーションとは、「強い、肯定的な、感情豊かな、何かがすでにそうだという言葉[62]」である。たとえば、自己表明する自分を視覚化している人のためのアファーメーションは、「私はわかっています」「信じています」「私自身の権利について強く感じます」とか、「私は自己表明的であることに自信を感じています」という表現になるかもしれない。

アファーメーションは、肯定的なやり方で「再プログラム」を作り上げるもので、よくある否定的な自己声明と置き替えていく。アファーメーションは自分自身の行動の責任を引き受け、自分の人生を調整するという認識である。

5　カウンセリング関係を超える展開

いったん視覚化の基本的な技術を学んでもらったら、カウンセリング関係から離れて目標に関しての戦略を規則的に使うように、クライエントを励まさなくてはならない。リラクゼーションや視覚化の段階を焦点化する録音テープは、その役に立つ。規則的に使ってもらうと、「再プログラミング」として、つまりうまく連結できた感覚受動器を含む過程として、変化に導くことができる。継続性と忍耐が大切である。

●実行中のＡＲＰＩ――事例●

❖視覚化の戦略

ジョアンが戦略としての視覚化の使用が適切だと思ったいくつかの側面、つまりケイトの体験とその目的にかなう側面が、明らかにあった。特にそれは、自尊感情を育てるという意識化された目標に取り組むのに良いやり方だった。ケイトと一緒にジョアンは、強いイメージを創造する感覚のすべてを使って、そしてアファーメーションを育て表現しながら、促進的なリラクゼーションの基本をゆっくりと教えた。ジョアンは、ケイトが自分の状況を描写することができる明らかに強い視覚化の潜在能力を持っているため、またケイトがカウンセリング関係から離れて彼女の毎日の経験に組み込めるため、ケイトはこのやり方に向いていると思われた。

応答的な探索というかかわりの過程のなかで、ケイトにもっと徹底的に、実際の体験が何だったのかを見つめさせるため、ジョアンはケイトとの受動的な視覚化の取り組みに自然と進んだ。つまり、マルコムの脅しの前でケイトがどのように行動したか、そしてそれが父親に対する母親の応答にどのように類似していると思うかを探索し、「温めている」とき、ジョアンは彼女にただ静かに座って、目を閉じて、マルコムに対する応答に関する、何か体験している中心へ行くように求めた。

ケイトは言われたようにして、ジョアンの励ましによって、小さな生き物をはるかに超えて人を喰らうかのようにそびえ立つ巨大な黒い影のイメージを描写した。それに伴う感情は、死とか麻痺とかいうものだった。二人は一緒に、このイメージの要素、どのようにそれが脅しの状況のなかで彼女に影響するのか、また力と支配を自認しているマルコムが、ケイトの起こす反応に対してどのように応答するのかを探索した。意識化された欠損／目標の言葉を使ってジョアンは、「あなたは葛藤しています。なぜなら、マルコムの脅しに力強く迫力あるように見えるやり方で応えることができず、でもあなたはそうできるようになりたい。自分自身をおとしめずに、でもあなたの傷つきやすさのせいで彼を有利にしてしまう（？）」というように応答した。

ケイトはこの視覚化が、自分の表現し続けてきたことを正確に理解したものだと思った。ジョアンはケイトに、目標を念頭に置いて自分のイメージを変えるよう取り組んだ。マルコムの脅迫的な態度という文脈のなかで選択肢のイメージを探索し、それに伴う感情を発展するようにした。ケイトは、そびえ立つ影に直面するなかに、「変態していく」動物のイメージを視覚化して、内的な強さを成長させた。ジョアンは、ケイトがその周辺で適切なアファーメーションの声明を発展させるのを（たとえば、「私は強くて、脅しに直面しても立っている！」「私は私自身の強さを求める。私のなかに発達してきたその強さを感じる！」）、またそれらを自分自身に向かって表現していくのを、援助した。

ケイトは視覚化ワークをした結果、自分自身が強くなったと感じた。そして、自分の発展的なワークの部分として自分自身を使えたことを、うれしく思った。その成果は、ケイトが自信を持つために、また何年も育ててきた古いパターンを修正するために重要であった。

催眠

1 紹介

視覚化技法と催眠技法の間には類似点がある。視覚化技法はイメージでトランス状態に導入するが、催眠は暗示でそれを行う。両者の主要な違いは、催眠技法がより高い水準の説得性と、より外側からの入力を持っていることである。

催眠に関連する段階は、視覚化技法と同様に、具体的な目標を見つけたとき非常に有益である。そのような目標はわりと具体的であることが多く、それを達成させるのに強い動機づけを持っていることが多い。催眠はクライエントからの強い抵抗がないときに、最も有益である。

催眠アプローチを理解し適用するための価値ある参考文献、そして本項の材料の出典は、ハドレー(Hadley, J.)[65]、アンドレアス(Andreas, C.)[66]によるものである。

2 主要な信念

催眠の仮説は次のようなものである。

＊われわれは一連の違った意識水準を持っている。それは、覚醒・白昼夢状態・軽いトランス・適度のトランス・深いトランス・睡眠、である。
＊催眠状態は、自然な下意識体験である。

＊催眠後の暗示は、態度や行動に影響を与えることができる。

3　重要な概念

催眠の重要な二つの領域は、トランスへの導入と催眠暗示である。

(1)　トランスへの導入

トランス状態に導入するためには、たくさんの方法がある。一番ふつうの方法は以下のものである。

＊凝視法（興味のある狭いポイントを見つめる）
＊敏速法（短く敏速な説得性のある命令を含む）
＊リラックス法（体系づけられた段階に取り込む）
＊間接法（ごく一般的にはミルトン・エリクソン〈Erikson, M.〉に関連した類似や隠喩を用いる）

体や心にリラクゼーションをもたらす目的は、注意の焦点を狭めること、外的環境や日常の事柄への関心を減らすこと、内的な感覚やトランスのような状態により関心を持ってもらうことである。

(2)　催眠暗示

トランス状態が変化の文脈として見られる一方で、変化そのものは効果的な催眠暗示に依存的である。催眠暗示は「介入や批判的思考がない状態で受け入れられる、信念あるいは行為のための前提条件[65]」と定義される。このような暗示は、トランス導入によって受け入れ可能状態の下意識に影響を与え、それが信念や直接行動を修正すると考えられている。

催眠暗示は、リラクゼーションを進め、より深くトランスに入っていくためのメッセージを通して、トランス状態を強めるために有益である。これはまた、催眠ワークのなかでは変化のための主要な資源でもある。トランスを強めるための暗示、あるいは変化を作るための暗示は、直接的なもの（ある方法で応答するクライエントを導き指示するもの――普通は簡潔で的を射たもの、イメージ以上の言葉を含むもの）と、間接的なもの（イメージ性のあるワーク、過去経験から現在の状況に関連のあるもの、その主題に関して意識的な気づきの外にある隠喩や類似を通しての暗示）がある。暗示もまた、即時的なものと催眠後にするものとがある。後者は催眠導入の間に与えられ、そのあとの時間に実行されるように設計される。

4　カウンセラーの仕事

(1)　トランス導入のために

導入の言葉は、同義語的な言い換え、連結した言葉や時間指示の暗示を使うことによって、特徴づけられる。催眠の声は、典型的にはふつう、①単調で抑揚や変化のないものか、②リズミカルな「歌を歌う」調のものの、二つのうちどちらかである。

導入の方法もまた、以下の二つのやり方がある。

①権威的な方式――その人を「統制」する直接的な命令や、命令の繰り返しを使うことで、行動を変えたり支配を及ぼしたりするようにいざなう。

②許容的なスタイル――やわらかな口調や声で、親密的なメッセージを通して人をリラクゼーションへと導く。

（2） 催眠暗示のために

以下のような原則が、催眠暗示を作るために効果的だと見られている。

◆催眠暗示の原則◆

催眠暗示は以下のようでなければならない。

＊直接的、単純、簡潔に。
＊繰り返しを含むように。
＊信じられるように、望むことができるように。
＊時間枠とうまく協調できるように。
＊逐語的に解釈できるような言葉を使って。
＊一回に一つの問題と限定するように。
＊物事を自分でやりくりできる大きさにして。
＊肯定的な話法で。
＊何かが湧き上がるような考えを避けて。
＊キーワードやキーワードを含んだ言い回しを使って。
＊直後あるいは催眠後暗示を増加させるためにイメージを使って。
＊望まれない提案は避けて。
＊創意や動機づけ、期待を盛り上げて。
＊信じていることを推進していきながら。

●実行中のARPI――事例●

❖催眠の戦略

もしジョアンが、ケイトの自尊感情に関しての戦略として催眠を使うなら、視覚化技法で使うよりもいっそう積極的なやり方ですることになるだろう。ジョアンは、自分の声を穏やかで静かで抑揚のないようにしながら、トランス導入としてリラクゼーションを使う。ケイトは以下の流れで話すかもしれない。

「私の声を聞きながら、あなたはくつろいでいきます。次第に深く深くくつろぐにつれて、のどかな場所にいる自分を想像してください。海のそばか、田舎にいるかもしれません、どこかあなた自身にとって素敵な場所、あなたが選ぶどんな場所でもいいですね。あなたがその場所で、どんなに気持ちがいいと感じているか想像しましょう。そしてその感じをもっともっと発展させてみましょう。そして、自分自身をいっそう深くくつろがせてください。あなたが深くくつろぐほど、もっともっと平和に感じるでしょう」

ケイトがくつろぎだしたとき、ジョアンは催眠導入をするだろう。ジョアンは以下のようなことを言うかもしれない。

「このくつろいだ場所にいると、あなたのことだけを書かれている本を創作する時間が訪れます。あなたは今、自分の手の中に本を持っています。本の中には、自分が何者であるかを作り上げるための具体的な特徴が全部書かれています――あなたのことだけを肯定的な言葉で書かれています。

あなたがその本を開くと、印刷されたあなたの名前が見えます——目の前にありますよ。あなたがページをめくると、あなたの身体的な自己について書かれたところが見えますね——全部積極的な形です。一覧をごらんなさい、自分がどのようであるかがわかるでしょう。それぞれの特徴を覚えて、肯定的な資質を認めましょう。それぞれの特徴を読むにつれて、それに伴った自尊心が生まれてくるのを感じるでしょう。

そしてページをめくると、人格の特徴を書いたページに出会います。さあ、それをごらんなさい……」

この催眠暗示のワークは、さまざまな人格の特徴を通して肯定的なやり方で続けられるだろう。終わりになってトランス状態から解き放つ前、どのように日々の生活で彼女がそういうものを持てるかについてジョアンは繰り返し、これらの肯定的な資質の全体をケイトに結びつける。

交流分析（TA）

1 紹介

交流分析（TA）は、包括的で独立性のあるカウンセリング・アプローチである。変化を導くのに有益な、このアプローチに関連した応用的な戦略はいくつもある。

このアプローチに認知的な結合があることはきわめてはっきりしているが、最近ではゲシュタルト・ワークにも関連づけられてきているので、それを利用した非常に効果的な経験的ワークの可能性も持っている。

TAアプローチを理解し使うための価値ある参考文献、そして本項の材料の出典は、スチュアート（Stewart, I.）[70]とジョインズ（Joines, V.）[67]、バーン（Berne, E.）[68]、ハリス（Harris, T.）[69]、フリード（Freed, A.）によるものである。

2　主要な信念

TAの基本的な仮説は以下のものである。

＊人は「OK」、すなわち、人には価値と尊厳があり、基本的には受け入れられるものである。
＊人はみな考える能力を持っている。そして責任性を受け入れる欲求を持っている。
＊人はその人独自の到達地点を決定し、その決定を変えることもできる。

3　重要な概念

TA戦略を使うときに理解する必要のある重要な原則／構造は、以下のものである。

＊自我の状態（思考、感情、行動の領域）
　P：親の自我状態（CP：批判的な親の自我状態、NP：保護的な親の自我状態）
　A：成人の自我状態
　C：子どもの自我状態（FC：自由な子どもの自我状態、AC：順応的な子どもの自我状態）
＊構造分析――汚染と排除、エゴグラム
＊交流――相補交流、交差交流、裏面交流
＊ストローク――肯定的と否定的、ストローク探し
＊時間の構造化――引きこもり、儀式、暇つぶし、活動、ゲーム、親密さ
＊人生脚本――勝者と敗者、人生の立場、拮抗禁止令、禁止令と許可、値引き、再定義、共生、ラケット、

スタンプとゲーム

＊契約――交渉と同意

＊個人の自立性（TAワークの中心的な目標）――これは、気づき、自発性、親密性を通じて達成される。

4 カウンセラーの仕事

TAを用いるとき、カウンセラーはある程度までこの概念を教えておく必要がある。その度合いは違うだろうが、通常は自我の状態、構造分析、相互分析を知ってもらう必要があるだろう。

クライエントがこれらの要素を理解すれば、カウンセラーは内面にかつ他人に働きかけていく自我状態を焦点化するよう、援助することができる。この言葉と過程の認識的理解は有益ではあるが、最大の効果は経験的なワークからやってくる。これはおそらくゲシュタルトの技法に含まれる、クライエントと一体感を持ち、変換していき（離して置いてある二つの椅子を使って）、感情やメッセージごとに経験するさまざまな自我状態から応えていくというようなものである。またクライエントに、何が問題を作っているかを試して「決断」（TA用語での）するために、コミュニケーションの難しい人に対する自我状態に入って自分自身を投影してもらうこともできる。

またTAのなかで、重大な個人的変化というクライエントの目標を探索することが、それぞれ関連するクライエントの人生脚本、禁止令、対抗脚本に焦点を合わせることにも導く。重ねていうと、もしカウンセラーがその過程のなかに経験的なワークを取り込むなら、TAはより恩恵をもたらすだろう。TAワークの中心的な目標は、より満足でき、個人的に生産的で、対人関係で効果的に働く自我状態について、クライエントが意味のある決定ができるところまで到達させることである。そのような自立性は、構造的なやり取り機能への気づきを引き上げることや、成人の自我状態の機能を通してより大きな自発性や親密性を追及することで到達できる。

●実行中のＡＲＰＩ――事例●

を持っている。

❖交流分析の戦略

交流分析には、ケイトの個人的な目標を達成するのに使えるさまざまな技法がある。ケイトは、子ども時代に学習したパターンに基づく他人への立場や、マルコムへのかかわりに、自信を持てるようになるという目標を持っている。

そういうかかわり部分で、ジョアンはＯＫ表に関係する技法を引き出せる場所にいるとする。ＯＫ表を利用して、彼女の「ＯＫ性」と、他人に適用してきた人生の立ち位置を認めることができるだろう。ＯＫ表によると、ケイトは「私はＯＫでない」から「私はＯＫ」というところへ最も機能しているように見え、そしてこれは、ケイトの人生のなかで男性が関係していることは確かである。過去や現在の正当性を考えてみるため、ケイトのＡ（成人の自我状態）を使うという視点で、この位置に隠されている両親のメッセージを発見し、経験的に演じてもらうことができる。これは、ケイトのＡＣ（順応的な子どもの自我状態）、つまり「私はＯＫでない」応答を〝うまく引っ掛け〟、他人からの自我状態のメッセージに気づかせるように発展させることができる。再び、Ａ（成人の自我状態）にとどまることを決めながら、「私も他人もＯＫ」という位置に動いてみることは、ケイトの人生と他人との関係を変えるのに役立つだろう。つまり、ケイトとジョアンがＡ（成人の自我状態）から働き、その周りの機能を統合するというかかわりになる。

マルコムとの人間関係での実際の経験を生かした戦略のひとつとして、カープマン（Karpman, S.）の三角形、犠牲者‐迫害者‐救助者という悪循環の力動性がある。(71) ジョアンは、暴力と汚染の明らかに破壊的な領域にあるケイトとマルコムとの関係性を検証して、変化させる方法としてこの力動性を、ケイトに適用することができる。迫害者であるマルコムのパターン、犠牲者であるケイト、そしてマルコムが、自分が悪くて後ろめたいと自責したときに彼の救助者であろうとするケイトの転換、あるいは、ケイトが彼に仕返しをするときに使いたがる迫害者という行動パターンを、一緒に考えながら認識するだろう。

ケイトに、このマルコムとの破壊的な三角形の関係性から移動してもらいたいというのが、ジョアンの目的になるだろう。これは、身体的な暴力はどんな形でも受け入れられない、もしそういうことがまた起きたら別れる、という動かせないものをマルコムに明らかにするA（成人の自我状態）の機能に基づく決定的な行動をとることを、意味するかもしれない。それは、もしマルコムがもう一度ケイトに暴力を振るったのなら、ケイトが行動化をするように突きつけるものである。関係性のなかで優位になっている不満足で非生産的なのが明らかな自我状態のパターンを変えるのには、このような直接的なメッセージや行動は不可欠である。

論理療法（RET）

1 紹　介

名前から推定できるように、論理療法（Rational-Emotive Therapy）は認識力でもって感情という性質を中心課題に据えながら、認知（cognition）と感情（feelings）を焦点化する。この療法の技法は比較的簡潔ではあるが、広い理論的根拠を持っている。

RETを理解し適用するための価値ある参考文献、そして本項の材料の出典は、エリス（Ellis, A.）[72]、ドライデン（Dryden, W.）[73]によるものである。

2 主要な信念

RETの主要な仮説は、以下のとおりである。

＊情緒と理性は、複雑で、込み入って、もつれ合ったものである。そして、諸行動に影響する情緒面や理性に注意を払うことは、自己破壊的な行動を理解したり変えたりするのに重要である。

＊われわれは物事には邪魔されないが、それらを見る見方に邪魔される。

＊人はまわりからの影響を非常に受けやすいものであり、家族や文化の圧力がイラショナル（非論理的・非合理的）思考を助長させる若い時代に、最もその影響が大きい。

＊われわれは比類なく論理的で、かつ非論理的な存在である。非論理的には、完全主義、尊大主義、自己破壊の思考を含む。

＊仮想的で情緒的に深刻な問題のすべては、神秘的で経験的で、実証できない思考に直接端を発している。そして、われわれはこういうパターンを自分自身に刷り込み続けている。

3 重要な概念

手ほどき技法に論理療法を効果的に取り入れるためには、カウンセラーは以下の概念や原則を理解する必要がある。

＊問題は、大きく非論理的で非合理的な（悲劇的な）思考の結果なので、逆に合理的思考を最大限にする必要がある。

＊人のビリーフ・システムが中心的な課題である、だから、変化はより合理的な筋道になるよう強い規制を通して起こる。
＊ABC（D）仮説がある。クライエントに機能不全の結果（C＝Consequences：結果）を起こすのは、出来事そのもの（A＝Activating：直前に引き起こされる出来事）ではなく、クライエントがその出来事について持っている信念（B＝Beliefs：ビリーフ）である。カウンセラーの主な仕事はこれらのビリーフを論駁（D＝Dispute：論駁）し、クライエントにその非論理思考の現実化を図ることである。
＊RETの全体的な目標は、クライエントが内省的に自分の世界のゆがみを分析し、訂正できるようになることである。これは、クライエントの非論理的な、絶対的な、悲劇的なビリーフに挑戦し、もっと現実的で論理的なビリーフ・システムを適用し、操作できるようになるために、信念のゆがみを認識できるようになるということである。

4　カウンセラーの仕事

RET戦略を活用するにあたって、カウンセラーは比較的積極的に、時には指示的になることが多い。このアプローチでは最初に、クライエントにイラショナル・ビリーフ（非合理的思考）やABC仮説の力動性について教える必要がある。これは、別の機会を設けて教えることもできるし、クライエントの生活経験にその力動性が現れていることを指摘するために、そのクライエントが困難に陥っている材料を使って教えることもあるだろう。

カウンセラーは（クライエント参加のあと）クライエントのイラショナル・ビリーフを探し、見つけ、精力的に論駁する。それはクライエントの体験のなかに隠れているもので、「私はすべてに愛されなければならない」「ほかの誰も間違いをしない」のような絶対的思考、あるいは、「～するべきである」「～しなくてはいけない」

「私は完全であるべきである」「私は素晴らしくあらねばならない」「私は〜ができるようにならなければならない」という言い方に特徴づけられる完全主義を含んでいるだろう。これらの非合理思考（たとえば、「私は完璧でなければならないし、すべての重要な人に認められなくてはならない」）の多くはごくありふれたものであって、そのクライエント独自のものもある。

カウンセラーは、「真実性」（合理性）と「虚偽性」（不合理性）をドラマ化するのに一生懸命取り組まなくてはならない。これには、誇張やユーモア、モデリング、そして基本的なビリーフ・システムにクライエントが挑戦する行動が求められ、またその行動に直面する覚悟のうえで働くロールプレイを使うことによって、効果を上げることができる。ロールプレイは宿題の形として、セラピー外でも似たような種類の課題を引き受けるように発展させることができる。

●実行中のARPI――事例●

❖論理療法の戦略

RETの用語でいうイラショナル・ビリーフを、ケイトが持っている徴候があった。その徴候は、非常に適切で前向きな行動を逆に引き戻すものだった。イラショナル・ビリーフのいくつかは、ケイトがジョアンと、マルコムと別れるという課題を検討したときに明らかになったものである。ケイトはこの選択を真剣に考える必要があり、もし必要なら自由に行動できると自分ではわかっていた。しかしながら、もしマルコムがもう一度彼女を殴ったとしても、別れるという恐怖から、ケイトはすでに行動しないようになっていた。そして、出て行くという考えに対しては自分自身が硬直してしまわずにはいられなかった。

ジョアンは、ケイトにこの選択で、硬直しないところまで動いてもらうことが重要であると判断した。これは、必ずしも別れるということではなく、もし望ましいと思ったならそれができるとケイトに感じてもらうことであった。ジョアンは、RETの知識を引き出し、マルコムと別れるという問題に関してケイトが持っているビリーフを見つけるように援助した。ケイトは、自分の持っている困難と、起こりそうな結果のすべてについて、非常に道理にかなった心配を持っていることが探索することで明らかになった。しかしながら、同様にケイトが多少のイラショナルなビリーフを持っていることも明らかだった。そういうものは、予想できる悲劇的な結果に集中していた。彼女の見地で明白なのは、別れることは耐えられないだろうというものであった。財政的には不可能なことであり、子どもたちは精神的にとんでもないことになるだろう。ケイトは間違いなく孤独になり、すべては信じられないほど過酷なものになるだろう。全体的に見ると、それはケイトとマルコムにとっては終焉を意味するだろうと。

論理水準では、こういうビリーフが存在しているという考えにケイトは抵抗したが、それにもかかわらず彼女は、感情経験の水準ではビリーフの存在を認識できた。ケイトはひどく恐怖感を持っていて、別れるのを検討することについてすら抵抗があり、その強さはその考えにつきまとうケイトの悲劇的ビリーフによるのだということを、当然ながら認めさせることになった。

ジョアンは、ケイトがその領域でのイラショナルな性質のビリーフに挑戦するように援助した。ケイトは、別れることは非常に厳しいだろう、不愉快な結果になるかもしれないという一方で、信じているほど恐ろしいことにはならないだろうと理解するようになった。その結果としてひどいことになるものは何もないだろうし、実際には否定的な可能性より肯定的な結果でいられる可能性のほうが高かった。

そのイラショナル・ビリーフに挑戦することによって、ケイトは選択肢としてのマルコムと別れるという問題で固まっていた地点を超えて、動くことができた。そのことがケイトにいっそうの力と、自分がより統制できると感じさせる選択肢をくれた。別れることは違った可能性となり、そのことがまた、二人の間で物事が動くように、マルコムに役割を演じてもらう「てこ」のような力をケイトにくれた。マルコムも事態が良くなるように望んでいるのだが、何かはっきりしたことをするのにずっと抵抗していることを、ケイトは自分ではわかっていた。彼女と子どもたちは、別居してもやっていけるし、物事は彼らが思っている以上により良くなることさえもありうると理解することで、マルコムとの関係をケイトはいっそう力強く、自由に処理していけるようになった。

ナラティヴ外在化

1 紹　介

ナラティヴ・セラピー（物語セラピー）は急速に広がってきた分野である。カウンセラーとクライエントを区別する明らかな力関係のある専門的臨床や、オール・ノーイング（all knowing）見地の適用、唯一の説明や解決という仮説の反作用として、またある部分では複雑で個人的な現実がますます認められてきたこと、意味を形作るなかでのストーリーの重要性、そのなかでの社会的・文化的・政治的な文脈の重要性と力、こういったなかからナラティヴが出現してきた。

ある意味、ナラティヴの方向づけは、カウンセリングのなかで長い歴史を持っている。カウンセリングで話されること、分かち合うこと、そしてライフストーリーを作り直すことは、すべてのカウンセリング・アプローチにあるわけではないので、この点が最大の特徴である。[74] 実際に物語やストーリーの概念は、たとえば人生脚本が交流分析の中心概念であるように、ナラティヴ理論の本筋である。[75] しかしながらナラティヴそれ自体は、独自の理論的な概念と同様、一般的にストーリーの発見や再構成に焦点を合わせるものとは別の、卓越した哲学的原理を強調するものである。人は絶えず理解されることを求めるので、カウンセラーのことさら探索的で追求的であろうとする実験的な見地、それが「計画的な無知」であってさえも、その必要性が特に大切とされる。[76] クライエントは積極的なストーリー作りの行為者として見られ、その体験はある度合いまで、社会的・文化的・政治的な基準（談話）によって作り上げられた知識に、大きく影響を受けていることが多い（ホワイト〈White, M.〉とエプストン〈Epston, D.〉によれば、「人の経験は、ますます外在化された単位や、世界的な『知識』を反映する談話によって形作られ、操作されていくようになった」[77]）。ナラティヴ・セラピーは、クライエントがそんな形で征服されていない領域の体験を発見するのを援助する。それによってクライエントは別の選択肢とか修正された談話に基づいて、積極的に自分のライフストーリーを新たに著すことができるのである。

ＡＲＰＩモデルは、ナラティヴ・アプローチとまったく矛盾なく、その哲学とカウンセラーの言動を取り入れることができる。ＡＲＰＩモデルの中心的な特徴である応答的な土台は、力関係の差を発展的に減らし、積極的に個人的なストーリーを共有し合い、クライエントのためにその意味を見つけるのに役立つ。クライエント独自の体験の、本当の表現であるとして、そのストーリーには価値がある。意識化技法の段階では、ナラティヴのエージェンシー（自分自身と社会的・文化的・政治的に制約されている自分の環境に働きかけていくことを通して、「書き直しのための著者」の潜在的な可能性のある要素を探すこと）に焦点を合わせる。

もちろん、ナラティヴ・セラピーのアプローチは、ＡＲＰＩモデル自体にあるものよりも、当然ナラティヴのいくつかの面をいっそう強調するものである。しかしながら、ＡＲＰＩモデルは本来、クライエントのニーズに関係した特別な要素を強調する柔軟性を持っているので、ＡＲＰＩのアプローチの重要な側面は、クライエント全員に使う唯一の方向づけを持つのではなく、必要だと思われるもののみを使うことができる。外在化の戦略[78]はナラティヴ・アプローチの重要な構成要素を成しているので特に有益であり、特にＡＲＰＩの枠組みで使うことのできる戦略としてここに取り上げたい。

ナラティヴ・アプローチの枠組みを理解し適用するための価値ある参考文献、そして本項の材料の出典は、マクレオッド（McLeod, J.）[79]、モンク（Monk, G.）とウィンスレイド（Winslade, J.）とクロケット（Crocket, K.）とエプストン[80]、ホワイトとエプストン[77]、パリー（Parry, A.）とドアン（Doan, R.）[81]によるものである。

2　主要な信念

ナラティヴ・セラピーの主要な仮説は、以下のものである。

＊われわれは自分たちの文化がもたらす意味のうえに、文化的環境が自分にとって親しみやすくさせるストーリーを日々積み重ねながら、積極的に自分のアンデンティティを構築している。

＊各自の物語（ナラティヴ）は、知ることの、あるいは「同化していく構造」の、基本的なやり方を代表している。

＊経験の主要側面は、その言語によってわれわれの社会的な相互交流のすべてを特徴づける力関係に中心的な役割を果たす、言語を通しての位置決めというものである。そのような位置決めは、沈黙という側面を見せることもあれば、自分自身のストーリーを語り構築するために権威を規制するという側面もあり、その両面を取り入れる傾向がある。

＊問題というものは典型的には、不完全で、泥まみれで、広範囲にわたって征服されたり悲劇的な結末を迎えたりするライフストーリーに関係のある、社会的・文化的・政治的な文脈のなかで生産される。

＊経験の再構築は、ストーリーを違ったふうに作り直す可能性をドミナントな（支配的な）ストーリーへと導きながら、問題が優位になっていないところや、まだ勇気を失っていないところから出現する。

3　重要な概念

ナラティヴ・アプローチの重要な概念は、以下のものである。

＊ディスコース――その世界があるやり方、あるいはあるべきやり方についての、多少なりとも首尾一貫したストーリーや言葉。

＊ポジショニング――その世界のなかでの位置づけ、あるいはディスコースによる重要側面。

＊ナラティヴ的真実――その人にとって真実であること（完全に客観的な現実を示す歴史的事実と対比して）。

＊ユニークな結果――選択肢として自分のストーリーを構築するための出発点。問題に侵されていない経験面であることが不可欠。

＊外在化の言葉――その文化的な意味のなかに問題を置くこと（内的な病理学としてそれを置くことと対比して）。これは、問題から個人を分離するための必要性を強調するもの。

＊エージェンシー――自分自身の声で話すこと、それによって自分自身を再配置すること。

＊ストーリーの作り直し（書き直し）――脆弱になっているストーリーとの対比で、可能な別のストーリーの構築。

4　カウンセラーの仕事

ナラティヴ・ワークのなかには、有益で一般的なさまざまなやり方がある。ARPIモデルの応答技法は、クライエントに自分のストーリーを語ってもらうのに、(82) またそのストーリーの主題を見つけるにも価値がある。また以下に紹介するように、マクレオッド[83]の多くの具体的な介入方法がある。

＊ストーリーの全体の意味をとらえるための、また新しいストーリーを創造するためのメタファー（治療的隠喩）の使用。
＊現在のストーリーを見つけたり、新しいものを作ったりするための、ファンタジーの利用。
＊自伝やライフストーリーを書くこと。
＊神話や昔話のような、そこから意味を引き出せるような話をクライエントに聞かせること。
＊ストーリーの一部分を十分に意味あるものに高めることができる、カウンセラーによる情感に訴える言葉の使用。
＊「生き生きした声」でクライエントに応答すること。
＊サイコドラマのようなエピソードのあるストーリーを実演することや、ストーリーテリングの「情緒的な間合い」を統制すること（たとえば、クライエントがその感情により近くなるように、また必要なら感情からある距離を取れるように）。

別の文献でマクレオッド[84]は、ナラティヴの介入戦略を大きく三つの主要グループに分類している。書くこと（クライエント、カウンセラー両者を含んでの）、癒しのためのストーリー（神話の使用や毎日のストーリー）、そして、ナラティヴ的脱構成と再構成である。この全部に適切で貴重な戦略であり、特に脱構成や再構成の中心的になるものが、外在化の戦略である。

5　外在化

外在化は、人を脆弱化させる文化に優位なストーリーの渦中にいる人の、現在の意識を引き上げ、また、自分の利用できる資源を経験してその人を自由にする、その両方に役立つ手ほどき技法の戦略である。したがって、これによって動機づけることができ、選択肢、つまりより魅力的なストーリーを構築することができる。典型的には、そういった文化に優位なストーリーに征服されてきた過程は、その人が「木から森を見る」ことができないように、潜在的に持っているはずのナラティヴの価値を引き下げてきたり、水面下に埋没させてきたりしただろう。外在化は、文化に優位な物語を持ち続けてきた人が、より建設的な選択肢を考えるために、それらから解き放たれるという広がりを理解するのに必要な分離を提供するのに役立つのである。

この戦略は、クライエントの人生を圧倒していたストーリーを発見し、それを外在化することである。その過程を通して、クライエントは支配されてきた物語から自分自身を分け始める。そして、その優位な物語はただ、利用できるたくさんの選択肢のひとつにすぎないと理解するようになる。典型的には、クライエントは自分が他人のストーリーや、特有の社会的・文化的なストーリーを演じることに、積極的な役割を果たしてきたということを学ぶ。それがクライエントの人生のなかに起きてくる書き直しのための可能性を持つ、言外の意味の発見へ自然に導くことになる。

この作業の重要な段階は、クライエントとともに問題体験の中核になっているディスコースを一緒に見つけ、統合した性質をとらえる方法でそれに名前をつける。そして、外在化された特徴を維持するやり方で、理解と対話（書かれた／話されたダイアローグ）を通じて、それにかかわるのである。

●実行中のARPI――事例●

❖ナラティヴの外在化

ジョアンはケイトの重大なストーリーを共有し、内省し、ケイト自身と他人へそれがどのように機能しているのか広げるために、ケイトをずっと勇気づけながら応答技法を使ってきた。ケイトが経験している困難のなかには多くの要素があったが、一方で、ジョアンは最も問題だと思われるさまざまな要素に意味を与えるのに役立つ、ディスコースを見つけるための探索に積極的だった。

二人は一緒に、ケイトはマルコムとの人間関係には、一貫性のある強く毅然とした建設的なやり方ではうまくやりくりできないという葛藤があることを認識した。そのやり方にはひとつのパターンがあって、ケイトの子ども時代の体験に結びついているパターンだった。今度は、どのように男女がお互いにかかわりを持つべきかという、社会的経験にも明らかに関連があることだった。ケイトが探索したことに基づきジョアンは、ケイトが困難に陥る経験を表面上繰り返してしまうという力動性と、必要で望ましい変化であると認識してそれを維持できる資源を見つけてもらうことができた。ケイトはまるで、開けることのできない方法で鍵をかけられているみたいだった。彼女は、何が起きているか見ることができるものと、それについて何かできることとの間で、心をかき乱されていた。ケイトは自分自身を弱くて一貫性がないと見ていたし、さらにその見方が、自分の人生を変えていこうとする企てをことさら邪魔していた。

自分のストーリーを語るなかに、ケイトは強力な他人によって強迫的にされ、どうするのが一番良いかともがいていることを示す多様なナラティヴを、詳しく語り続けた。必ずしもその努力に気づいていなくても、母親が父親から虐待されて苦しんでいるのを、また同じパターンが自分とマルコムとの間に「出現」しているのを、ケイトはじっと見続けた。また、メディアに描写されているような男女の行動についての期待や、メディアの伝える伝統的な力関係のパターンに対しても、気がついた。ケイトの人生で多くのものは、誰が支配的で誰の見方が主導的かについての夫婦間の葛藤を意味していると思われた。そのなかには、若い母親でいるための要求に応えるのに何が一番良いかということ、それは、彼女自身の興味や願望を抑えざるを得ないやり方であり、そのやり方が不必要なぐらい過剰なため、挑戦するのさえ難しいやり方に思われたものが、中心になっているものもあった。

ジョアンは、ケイトがこういう支配的な主題を伝えるのに苦労しているのを、また人間関係のなかで自分を変化させるのに無能力であることにいらいらしているのも、見ることができた。困難のひとつはそういうメッセージの外見上の一貫性であり、ケイトがその問題に強く影響されて、怒りや自責や混乱の感情を経験しているという事実であると認識した。何が起こっているのか、自分自身や他人が彼女に苦悩を与えるのにどんな役割を果たしているのかを完全に理解することは、ケイトには確かに難しかった。

ジョアンは、期待や力関係のなかにケイトがどっぷりと浸されている、強力な一貫性のあるディスコースを理解した。また、ケイトが今起こっている力動性を客観的に理解することができないほど、そのなかにどっぷりと浸りすぎているということも認識した。ジョアンは、有益な手ほどき技法の戦略は、ケイトに強迫的なディスコースから自分自身を分離させることであると決断をした。そのことによって、そのディスコースが何のためだったのかと同時に、自分がその外側にいる経験を見ることによって、ドミナントな物語のなかの支配的なパターンに強いられていない、脇の筋書きを手に入れ始めることができるのである。たとえ、何年にもわたってドミナント・ストーリに浸ってきた体験が困難を作っていたとしても、ジョアンは、ケイトに別のストーリーのなかにいることの可能性を経験してもらい、もっと建設的で意味のある物語に発展させてもらいたいと思った。ジョアンは、ナラティヴ・セラピーからの戦略である外在化を使うことで、それをしようと決めた。

ジョアンはすでに、ケイトからのドミナントなナラティヴを聞いており、その要素を認識できているので、面接場面での意識化された応答を作ることができる。「あなたは葛藤を感じています。なぜなら、マルコムによって支配されているパターンを変えることができないから。そしてあなたにとって、究極的にはみんなにとって何が一番良いか決めることができるために、本当にそれをするのが必要です（？）」。本当にそうだとケイトが認めたことから、引き続きジョアンはケイトの体験を外在化する方向に動いた。ケイトのために、典型的にどんなことが起こっているのか見極めるためにデザインされた質問と外在化する言葉を使って、ジョアンはケイトの人生に大きく影響している疑いもない従順さと自己犠牲を、ケイトが発見して客観化するのを援助した。これらの要素の性質と、いま現在を助長しているケイトのやり方と広がりを焦点化するというのではなく、こういうものが彼女の人生に主導的で、問題はその方法で振る舞うようにすることを選んでいる彼女にあるのではなく、それがケイトに与えているメッセージのなかに問題があるという線上で、ジョアンは一緒にワークを始めたのである。

こういう観点からのアプローチにより、ケイトは父親と母親から受け取ってきた、妻と母親の役割についての支配的なストーリーのなかに、自分がずっと浸されてきたというところまで十分に見る準備ができた。それは、もともと彼女のなかで成長してきたものであり、現在のディスコースに貢献してきたマルコムのものでもあった。総体的には、女性と母親でいることに関連する文化的な規範からの影響を含み、ケイトは共同で作り上げてきたストーリーのなかで役割を演じてきたのである。

この方法で物事を構築するのは、ケイトにとって、自分の人間関係で何が悪かったのかという葛藤から自由になるように自分自身を解放していくことだった。何が「彼女の中身」なのか、何が他人に属しているのかと闘っている精神的混乱から、それはケイトを切り離してくれた。そのためにまた、ケイトは従属的で自己犠牲のなかには閉じ込められてはいない自分自身を経験するのを、認識することができた。彼女はそのとき、自分の経験を再体験する始まりとして、また自分のストーリーで積極的に発言しようとする努力として、今まであった期待に抵抗している自分の時間を発見することができた。

ジョアンは、ケイトが外在化の見方を維持し、自由で意味のあるナラティヴに発展させる方向へ積極的に働くよう、ケイトを励ました。ケイトは、自分が内在化してきた従順な妻・母親の期待をもはや担わない、新しいまったく違ったストーリーの著者になっているという力を、認識できるようになった。ケイトがマルコムとの間に、時には自分の両親との関係に困難を見つけたとき、ケイトはその力動性を認識して、何が起こっているかという迷うことのない外在化の見方を維持することができたのである。ケイトは自分の望んだ方向に行くように答えを書けるようになったが、それは彼女がより強くなり、より権限を持たされているということを意味している。

この立場から、マルコムや自分の両親に対して、新しい個人的に意味ある関係を創造したいという自分の側面を、ケイトは発展させることが可能になった。以前の支配的なナラティヴに自分を合わさなくてはいけないという体験をしたために、本当の葛藤の時期があった。それは厳しかったのだけれど、その体験がそこから動くための新しい土台を与えてくれ、自身の支配的なディスコースを検討し語り直すなかで、ケイトはなにかまとめ役のような位置にいた。

第10章　感情志向の戦略

本章で述べるアプローチはゲシュタルト療法ただ一つだが、その多様な戦略方法を検証したい。しかしながら、ARPIモデルは、来談者中心療法の基盤のうえに構築されているということを理解されるべきであって（その核となる要素については、*Person-Centred Counselling in Action*[85]を参照のこと）、クライエントの情動的な経験に絶えざる関心を払うことを必要としている。したがって感情志向は、ARPIモデルの全体を通して、まさしく強調されるものである。

ゲシュタルト療法

1　紹　介

ゲシュタルト・アプローチのどのような方式にも、おそらく直接的に感情を焦点化するものがあるだろうが、それは行動や思考の領域から離れたものではない。ゲシュタルトの見方からすると、人としての経験の認知領域は、不適切にもわれわれの機能面を圧倒している。したがって、このアプローチは知的、精神的な側面よりも、思考の自然で、直接的で、直感的な面を強く焦点化するものである。ゲシュタルトでよく知られた言い方、「心を無にして感覚に至りなさい」はこの方向づけを示している。

ゲシュタルトの手ほどき技法の戦略は、臨床でも研修でも私が最も気に入っているものである。なぜかというと、私はそう信じているのであるが、クライエントが一番避けようと構えている感情の領域を取り入れるために、最も大きな潜在的可能性を持っているからである。そうはいっても、私自身と多くのクライエントのためにいうが、感情志向は強力であり同時に典型的に扱いにくいものである。別の利点としては、この技法が即時的で力動的であり、クライエントとのワークが創造的であると、私は思っている。また大人や子ども、青少年にも等しく有益なものであり、多目的に利用できる。

ゲシュタルト・アプローチを理解し適用するための価値ある参考文献、そして本書の材料の出典は、パソン(Passons, W.)[86]、クラークソン(Clarkson, P.)[87]、ポルスター(Polster, E.)とポルスター(Polster, M.)[88]、オークランダー(Oaklander, V.)[89]、フランクル(Frankel, A.)[90]、パールズ(Perls, F.)[91]によるものである。

2 主要な信念

ゲシュタルトの中心になっている仮説は、以下のものである。

＊私たちは「世の中にいる」人全体に関係している必要がある。

＊私たちは人生にうまく対処していく内的な能力を持って生まれている。しかし、「悪く」「自己中心的で」「不公平」なものを、本来備わっているものとして「教えられて」きた。つまり、われわれはそういう態度を取り込んで、自己受容の欠如や自己不信の態度を発達させてきた。

＊重きを置くべきなのは、何ができたのか、何をすべきだったのか(内容)ということにではなく、今何が起こっているのか(過程)、である。今ここでの経験の気づきに重点を置く。

＊人は自分の行動に責任がある。

3 重要な概念

このアプローチを活用するにあたって重要な概念は、以下のものである。

＊**全体主義**——自然のすべては、結合された、一貫性のある全体である。

＊**組織／環境との相互関連性**——われわれは環境のなかに埋め込まれ、絶えず環境と影響し合っている。成熟というのは、環境から自己支援ができるようになる動きを含む。

＊**有機的な自立性**——有機組織体は自分の必要性に最もよく合わせるため、内的に機能する。

＊**経験の循環**（図17参照）——その過程は、ゲシュタルトの形成と破壊を含む。

＊**終結への動き**

＊**図／地**——ゲシュタルトの形成の部分／破壊の過程。

＊**接触**——われわれが自分自身と環境に関係する過程にかかわるやり方の性質や、その品質。

＊異常な機能は、接触の過程、つまり投影、注入、逆屈折、置換、合流を通して、干渉を起こす。

＊**気づき**——われわれの内側と外側の現象世界を、今この瞬間で起こったように全感覚を使ってとらえること。経験に対して個人的な責任をとること。

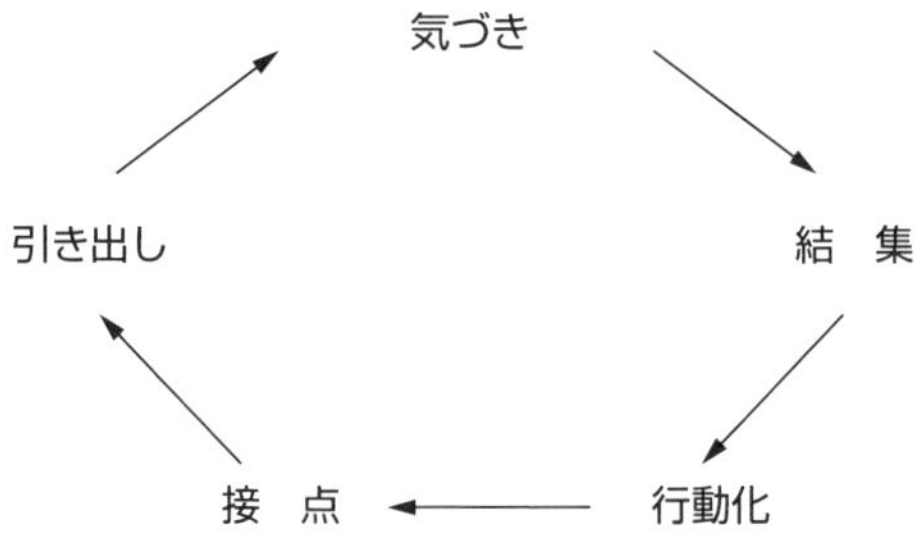

図17　経験の循環

＊抵抗――気づきの循環のなかでの干渉。
＊多元性／両極性――必要性に見合う過程のなかの世界観（内的／外的に）を分離する方法を意味する。
＊このアプローチの基本的な目標――気づきを通して、終結（地への動き）に持ってくるため、経験（強い図）の循環を活性化すること。

4 カウンセラーの仕事

変化（ゲシュタルトの用語ではフリー・ファンクショニング）を追求するのに、生産的で、ＡＲＰＩモデルの探索、理解、行為の概念に合う具体的な戦略は、プレゼンタイジング（気づきの出現）、ダイアローグ（対話）、ファンタジー、夢のワーク、描画である。最後のものは特に、若い人や内観するのが難しい人と一緒にするのに価値がある。

これらの戦略のすべてが持っている主要な道具として、今中心となる気づきと経験の循環がある。この循環を活用しながら、カウンセラーはクライエントとその関係する環境面に強い接点を作り、自分の経験への気づきを持ち、それを見極め、そのための責任をとれるように努力する。カウンセラーはこの循環への干渉、特に接点を作る際に最もありがちな投影、注入、逆注入を認識し、取り組むこともまた必要である。

カウンセラーは上記の概念や原理を理解したうえで、経験の循環という文脈のなかに、クライエントのための適切な実験を設定し作りだすという潜在可能性を持っている。実験の仮説は、もしクライエントが現在という時点での完全な気づきに達したなら、自然な循環を活性化させ、現在持っているニーズに関して、終結に至る変化が起こるための条件が存在するというものである。

究極のセラピーの目標は有機的な自主規制、つまり特殊な状態というよりも循環である。しかしながら、自分の経験に「責任をとる」というような、そして「自分自身の本当の自己」を見つけるというような目標は、クライエントの経験や行動に重大な変化を及ぼすので、非常に重要である。

プレゼンタイジング（気づきの出現）

これは、クライエントの体験のなかに感情を持ってきたり、気づきを推進したりするのに重要で、強力な戦略である。われわれは今この瞬間に人生を経験することができるだけであり、われわれの活力の多くが、現在から離れたところで消費されてしまっているという原則に基づく。プレゼンタイジングは、材料を現実である今この瞬間に持ってきて、情動を通して「活力を与える」。プレゼンタイジングを通して今経験しているようにＡＲＰＩで探索し、より良く理解し行動するための充実した接点を作る機会を持つことができる。

クライエントが自分の経験（例としては、クライエントが語っている何かとか、あるいはすでに起こったか起こるかもしれないことを語る経験）を、「まるでそれが今ここで起こっているかのように」話すことにより、再創造するよう求める技法がある。

カウンセラーは、クライエントが今この瞬間に物事を詳しく語るのを後押しする。「私が上司に会いに行ったら、彼が言いました」ではなく、「私は上司のところへ行きます。彼が言うには～」と現在形でクライエントは話す。より完全な、より豊かで強力な作用のための可能性は、距離を置いて離れたやり方でそれを思い出すのではなく、その瞬間を経験することからやってくる。カウンセラーは、その体験を豊かにできるよう、反射的な応答を使って、たとえば「あなたは話すときに、ひどく怖がっている感じがします（？）」と同様に、「あなたは何をしていますか。何を見て／聴いて／感じていますか」と開かれた質問をすることができる。

プレゼンタイジングすることが困難なクライエントもいる。そういうクライエントは何かを語るのに、今この瞬間から離れて過去にとどまり続ける。カウンセラーは、それをただ思い出させる必要がある。たとえばクライエントが「座りました」と言ったら、カウンセラーを次のように言い換える必要がある、「座っています」と。やがてクライエントはそれを使うようになるだろう。もしそうではなく、引き続き現在から距離を置いているようなら、カウンセラーはこれに対決して、その困難な課題の一部分として、その事柄をクライエントと探索する必要があるかもしれない（現在から離れているというのは、何かを完全に経験することや、それが含まれていることすべてから離れているということである）。

プレゼンタイジングは、他のゲシュタルト技法にも広がりを提供してくれる。たとえば、言葉を通しての経験でクライエントに責任を取ってもらうこと（例を挙げると、「私はできない」に対して「私はしない」とか、「両肩がこっている」ではなく主体的な動詞を使って「私は肩こりがする」のように）。また、気づきを引き上げる誇張した行動をとるようなこともできるだろう。またこのやり方は、より完全な探索（「おそらく、～に関して意味する言葉のなかに、どんな困難があるのか見るべきです」とカウンセラーが言う）をしようとするときに、強力な方法として以下のように材料を提示することもできるだろう。理解のために（「私が上司たちに対してしていることが見えます。だからそれを変えたいのです」とクライエント）、そして行動化のために（「あなたの上司が今ここにいるのを想像してみましょう。そうできるようになりたいという言い方で、彼に言ってみてください」とカウンセラー）というふうに。

最後のカウンセラーの言い方からわかるように、プレゼンタイジングは、ゲシュタルト・ダイアローグや、本書で紹介している手ほどき技法の戦略のどれとも、併せて使うことができる。

❖プレゼンタイジングの戦略

ジョアンはケイトとのワークに、プレゼンタイジングをずいぶん使った。ジョアンはこのやり方をするときは、過去のことを詳しく語る客観的な知性を使うことや、それが未来にはどうなるのか、ということと比べても、より多くの激しさ、エネルギー、情緒的な即時性がいるとわかっていた。

安全であるという感情について未解決課題になっている、ケイトの子ども時代の家族経験を取り扱うのに使うワークで、ジョアンは思い出を語るのではなく、あたかも状況が今現在起こっているかのようにケイトに経験してもらった。ジョアンはケイトに、両親が口論している特別な事件を思い出したとき、それを語るというのではなく再体験してもらったのである。

ケイトはその設定と出来事を、自身に今起きているかのように描写した。ジョアンは開かれた質問と置き換え可能の応答で、より完全に受容し、感じ、応答できるよう、ケイトの探索を後押しした。ケイトが現在から離れて思い出のなかに陥ってしまったときは、ジョアンがケイトの言ったことを現在形で繰り返した。

この過程を通して、ケイトは自分の恐怖体験と、自分をひどく小さくて取るに足らないものにしようとする反応とを、強く結びつけた。彼女は、自分がひどく息切れして、涙であふれ、怖がっているのを経験した。ジョアンはゲシュタルトの理論的解釈を用いて、できる限りケイトの気づきに焦点を当て、感情を誇張してさらに発展できるように、十分な接点を持った。また同時に、その感情にケイトの言葉を入れるようにした。この経験は、次の戦略描写に見られるダイアローグ・ワークに導いた。

ダイアローグ（対話）

ダイアローグ・ワークは、自己と環境両面で、より大きな接触（形の発展）にクライエントを引き込む方法である。この技法は、より完全な気づきや責任、終結に向かっての動きを活性化することができる。

プレゼンタイジングの原則が、このダイアローグの過程には不可欠である。ダイアローグの戦略は、それをかかわる部分への同一感（たとえば分離にも）を、クライエントが深めていく努力を必要とする。たとえば、カウンセラーは次のように質問することができる。「では、ここで（この椅子で）あなたは自分の上司になっています。上司のつもりで、私にあなたのことを話してください。あなたは何歳ですか。子どもは何人いますか、など」。これは、そのダイアローグに異なった役割が現れたら、それらをぼやかすのではなくその違いをクライエントに体験してもらうのに役立つだろう。このようなやり方で、接触はより豊かになる。

ときにはクライエントに、「あなたがスミスさんだとしたら、どう言いますか」のように尋ねると、クライエントはためらいながら「彼がなんと言うかわかりません」と答えるかもしれない。こういうことは、この論理に巻き込まれている若者によく起こる。そのときカウンセラーは、「あなたはわからないことは気づいています。なぜだと思われますか」と聞くことによって、生産的に進行するダイアローグを続けることができる。効果的なダイアローグ・ワークの重要な手順は以下のものである。

◆ゲシュタルト・ダイアローグの手順◆

(1) 接触の境界を設定する――ダイアローグの各要素間に、分離する部分と接触する部分を作りだし、維持する（自己の内的部分で、あるいは自己と環境との間に）。

（2）個人責任を推進する――互いの役割の経験を「所有すること」にしたがって、クライエントの応答を後押しする。
（3）かかわり――現れてきて機能しているクライエントの現在の特別な側面に、直接かかわる。
（4）強調――覚醒の水準を上げるため、クライエントの経験面を強調する。
（5）表現――知的で抽象的な物事を、活動という手段で表現するようクライアントに指示する。

これらの手順は、経験の循環を（終結に向かって）活性化するために設計されている。

●実行中のARPI――事例●

❖ダイアローグの戦略

ジョアンはケイトに対して、かなり多くのダイアローグ・ワークを使った。これは、ケイトの経験に強い接点を持ち、過去の出来事に迫る気づきを増やし、解決や現在のより建設的な機能に進む、という意図に基づいている。

プレゼンタイジングの戦略を通して、ケイトの両親間の争いによる心的外傷を再体験してもらうとき、ジョアンもまた、自分自身とその似た状況のダイアローグ・ワークを行うことになった。はじめにジョアンは、ケイトに自分が小さく、目立たなくて、コチコチになっている子どもであると、認識してもらった。これによって、恐怖や、差し迫った大惨事、「事実を閉鎖」することで、起こっていることを認めようとする表現ができた。ジョアンはケイトに場所を変わってもらい、ケイトが大きくなった自分を認め、小さな子どもの自分に話すのを援助した。これは、ケイトのずっと圧倒されてきた部分に、非常に大きな援助と注意と自信を生み出した。また、ケイトが小さな子どものときに感じていた無力感の程度や、今現在の自己が持っている力に気づくようにもなった。

ジョアンは現れてきた気づきを立ち上げ、ケイトに「力強さ」の極と、対極の「無力さ」と対話してもらった。このことは、ケイトがストレス状態にある無力な極性を備えてきたが、同じように強くあることができる潜在能力も持っているという、非常に明確な認識に導いた。しかしながら、自分の力を発見し、「所有する」ことは、他人に対して破壊的であるという恐怖にも結びついたので、彼女は自身の力強い領域から離れて自分を閉ざしてしまったのである。典型的なのだけれど、つまりケイトは自分の利用できる力の幅を、あまり経験していなかった。なぜなら彼女は、自分の潜在可能性から切り離されてきて、基本的には力の部分にたった一つしか答えを持っていなかった。それは、自分の極端な無力感を自覚することだったのである。

ジョアンはケイトに、自分の力強い自己が破壊的になることなく機能する能力に気づくことができるというところまで、このダイアローグ・ワークをするのを援助した。たとえそれがほんのわずかであったとしても、ケイトの性格傾向は自分をこの力強い潜在能力から遠ざけるものであったので、ジョアンは彼女がこの部分の自己を「所有すること」、そしてその土台上で、周りにいる重要な人々とダイアローグ・ワークでかかわることができるように援助した。ケイトは、力強い自分として、両親やマルコムと話した。

このダイアローグ・ワークの過程で、ケイトは両親やマルコムの位置から彼らと同じ心境になり、意思を疎通することによって、どのように自分の力が男性に否認されてきたか投影し、自分の母親の受動的で無力な自我をはっきりと見極めたのを、ケイトは認識した。また母親についてのこの発見は、ケイト自身がその能力から自分を遠ざけようとし、その立場を固めるという方法で環境に応えることを意味していた。必ずしも破壊的になるというのではなく、自分の力に気づくようになることは、この領域での「全体」になるという見通しを与え、経験や行動化という視点から新しい選択肢へ動くことができるという見方に導いた。

ファンタジー

ゲシュタルト・ワークの多くのやり方のなかで、ファンタジーは、違った原則を持ってはいるが視覚化技法に似ている。ファンタジー・ワークで経験の循環を活性化しながら、コンタクトの目的や個人的な責任についての原則が強く形作られ、究極の終結までたどり着くのである。その間はずっと、プレゼンタイジングや気づきが、カウンセラーによって焦点化される。

ファンタジー技法は、はじめにクライエントの目を閉じてもらい、現在集中している呼吸（くつろいで現在に留まること）に意識の焦点を合わせる。その後、カウンセラーはクライエントに、ＡＲＰＩモデルの探索・理解のワークから出てきた今の心配事に注意集中し、ファンタジーを通して表現してもらう。この方法は、ＡＲＰＩモデルの行動化段階（視覚化の変化）と同様に、その探索／理解過程（受動的な視覚化）のときにも有益である。

カウンセラーはクライエントに、（身体的な、情緒的な、感覚的な）経験のあらゆる側面の気づきを発達させることに、焦点を当ててもらう必要がある。普通はそのために以下のように質問する。

「今どんなことに気がついていますか」
「それ（感情や感覚のような自己のなかの、あるいは人や物体のような環境のなかの）を形、色、音、言葉などで表現してくださいますか」

これをファンタジーで応えるとき、クライエントは言葉や行動といったものを通した体験に、責任をとる挑戦ができるのである。そして、その体験に伴う強い接点（形）を作りだすのに必要なものが何であれ、それを膨らませ、試し、行動するように要求することができる。

吟味しているものが何であれ、それを見極め、投影されたものを認識し受け入れるよう、クライエントに求める。この段階が創造するものはダイアローグ・ワークと同様であるが、ダイアローグ・ワークのように場所（椅子）を変えることなしに、ファンタジーでは内的なイメージを変えることによって、スイッチを切り変えるように変化を起こすことができる。

●実行中のＡＲＰＩ――事例●

❖ファンタジーの戦略

力強い自己というケイトの気づきを増やしていく試みとして、またそれに関して強い接触を作る試みとして、ジョアンはケイトにファンタジー・ワークに参加してもらった。ダイアローグ・ワークをしている間、ケイトが力強い自己を発見し、それと同時に強い恐怖感を持っていたことに気づいたとき、ジョアンはケイトに、目を閉じて自分の力への気づきを発展させるように頼んだ。

ケイトは自分の気づきを内側に向け、次第に胸、腕、肩の中の強い感覚に気づくようになった。ジョアンは開かれた質問を使って気づいたものを言葉にさせ、ケイトにファンタジーの感覚を探索してもらった。ジョアンは、ケイトの力の感覚についての色や形を尋ね、ケイトは赤や黒のイメージやその形の尖《と》がりの鋭さを表現した。ファンタジーのなかにさらに探索を進めると、怖くて危険なイメージが現れた。

ジョアンがそれをひとつの物体としてイメージすると、ケイトはピストンで動くエンジンとして描写した。

さらに描写を進めていくと、赤と黒の汽車になり、しばらくたってから、ケイトは子どものときのあいまいな記憶として持っていた、恐ろしい列車事故の記憶を語った。多くは思い出すことができなかったが、ニュースを見て大勢の人々が死んだことを思い出した。記憶の途切れたところもあったが、見れば怖くて直ちに目を引きつけられるおぼろげなニュース写真のことを思い出した。ケイトは詳しいことは覚えていなかったが、それが忘却に関係があることはわかっていた。

ジョアンは、そのファンタジーの持っている正確さそのものは重要ではないと認識している。実際、ファンタジーの持っているものは、色や力、恐怖などの連想に基づいて、演習のなかに形作られてきたものにすぎないかもしれない。重要なことは、そのファンタジーがケイトの感情に関連するさまざまな投影を含んでいたということ、またそういう感情が恐怖として経験されていたことである。したがって、ケイトには力という感覚に対して接点を持つことも、自分に対する他人の力を恐ろしいとすることも限定されていた。

ファンタジーの気づきを通して、ケイトが自分自身の力に接触するための、そしてそれが破壊的である必要はないということを認識する可能性が、そこにあったのである。

夢のワーク

夢は、ゲシュタルト用語では、その個人の投影を含む、経験されたファンタジーである。夢のワークのなかでカウンセラーはクライエントに、人や物や出来事であれ、再体験し、引き受け、夢のさまざまな部分を同一化してもらう。

カウンセラーはクライエントに今この瞬間での夢を物語らせ、そのさまざまな要素と対話してもらう。これは夢の違った要素に対して、前に概観した気づきの原則や責任、終結に焦点を当てながら、言葉にしていくことを意味する。

夢のワークは普通、探索／理解を焦点化することで始まるが、そのどちらかで行動化が起こる。ゲシュタルト・ワークを体験すると、終結に向かって体験の循環を活性化することを通して、行動化があることがわかる。また、再体験する夢のなかでカウンセラーは、夢の「やり直し」の側面へ、つまり自分の他の領域へ出て行くこと（接触する）をクライエントに挑戦させることができる。たとえば、「その怒りをもう一度表現できますか。でも、今回はそれを笑わないでやってくれます？」というふうに。

●実行中のARPI——事例●

❖夢のワーク

汽車と恐ろしい破壊の情景を持ったファンタジーを通して接触するケイトのワークの結果、彼女はそれに続く力強い夢のセッションを続けた。たしかにジョアンは、ファンタジー・セッションに続く夢のワークには驚かなかっただろう。たとえば、ケイトは、機械、人々、（手足の）切断を含む、非常に複雑だが生々しい情景を物語った。その情景のなかに彼女個人はいなかったが、何年も昔からぼんやりと覚えているなかでは、彼女はずっと観察者であったのかもしれない。

夢が自分の投影されたものを表現するということを認識しながら、ジョアンはまるでそれが今起こっているかのように、その夢をすぐに物語ってもらったに違いない。また、その夢と対話の要素を、見通しを持って発見してもらっただろう。その目的は、ケイトが体験した要素に強く接触し、自分自身を表現した部分の要素に気づいてもらうことである。そうするなかで、ケイトは自分の体験、つまり、明らかに彼女が見極め、そして自分からは離れている「自分の」体験に対して、責任をとる機会を持つだろう。

ケイトは、大きなエンジン修理工場にいて、鋼鉄を切っているのを見たり聞いたりしているという視点から、その夢を物語り始めるかもしれない。機械に向かって歩いているのは人だった……ジョアンはケイトに、それを役割として見出した切断機の特徴を取り入れてもらう。「私は、大きくて強力な切断機です……」。このイメージは発展して、ケイトはその情景のなかの人になる。これは、この怖い力と、少なくとも夢のなかでは恐ろしい体験に直面している人との間の、対話の条件を作りだす。しかしながら、その夢の構成要素とその物語っている話は、今ケイトが直面している板ばさみ状態への重大な気づきの材料を持ってくるかもしれない。

描画法

さまざまな年齢の子どもたちや、比較的言語化するのが苦手な人々、おびえていたり、内的な過程を焦点化したりするのが難しい人々とともに、ゲシュタルトの描画法や道具を使うのは、とても適切である。描画や物体を操作することは、ゲシュタルトの原理を適用する材料を提供するにすぎないが、人の外側により明白な焦点を当てるものである。それは面接の緊張をいくらか和らげ、少なくともそれができるときには、物事をより「外側」に持っていってくれる。

描画で、カウンセラーはクライエントが体験したこと、たとえば、夢の光景、人間関係の問題、あるいはクライエントの悲しみなどを引き出すように求める。描画の出来を問題にするのは、まったく不適切であるということを強調したい。できた作品は、ダイアローグ・ワーク、現在志向の気づき、責任、接点、新しい責任への挑戦、その他の材料になる。

同じ原則を、クライエントが自分自身やその環境（人や物質的なもの）を表現するために、ひとつの物体（紙コップ、灰皿、鉛筆、人形、本などの室内のどんなものでも、または与えられたものでも）を選択してもらうときにも適用できる。描画と同様、クライエントは自分が誰であるか、何と闘っているかといったことに不可欠のものを、その物体や描画のうえに投影するだろう。その投影されたものが、ゲシュタルトの原理を使うための材料になるのである。

●実行中のＡＲＰＩ――事例●

❖描画の戦略

描画や物理的な物体を使うことは、体験や役割への接点を持つ可能性をより多く持っているため、ゲシュタルト・ワークの枠組みの一領域と考えられる。たしかに、これまで物事に取り組むのが抽象的で難しいと感じていた人々がいる。

ケイトの事例では、描画を使うための可能性はまさにそこにあった。たとえば、自分や両親を含む幼児時代の生き生きした情景を作るなどである。違ったやり方では、ケイトがそれらを今見ているように、そしてそうありたいように、家族配置（ケイトの現在の家族、一緒になる前のケイトとマルコムの家族）の図を描いてもらうことも有益である。

このような描画は（美術的な質にかかわりなく）、ゲシュタルト療法の枠組みで説明した技法を使って、またその技法が構築された目的に向かって、行動へのワークの材料を提供する。ジョアンはその技法が、ゲシュタルト療法の「きわめつきの」使用法ではないという事実には、十分気づいている。ジョアンは、そのアプローチの目的を健全に理解し、戦略を使うときにはそのことをいつも心に留めている。

描画のワークで、ジョアンはケイトにその絵をプレゼンタイジングしてもらい、そのいろいろな側面に気づかせる。経験の循環を活性化し、ケイトにとって未完成で未解決になっている体験を終結へ持っていく方法として、対話をする。こうしてケイトは、即時的な体験や、（ゲシュタルト）過程に干渉して今まで彼女の意識の外にあったためずっと受け入れることができなかった選択肢に、前よりも開かれていることができるだろう。

第11章　行動志向の戦略

本章では、神経言語プログラミング、リアリティ・セラピー、コミュニケーション・スキル、行動療法といった、手ほどき技法の戦略におけるクライエントの行動に焦点を当てる。

神経言語プログラミング（NLP）

1　紹　介

神経言語プログラミング（Neuro-Linguistic Programming：NLP）は、行動を組織したり変えたりする基本的な作用のうえに成り立っている。「Neuro」は感覚、あるいは感覚器官を通して受け取った経験を認めて処理する、神経系（たとえば、視覚〈視野〉、聴覚〈音〉、触覚〈感情〉、嗅覚〈におい〉、味覚〈味〉）を意味する。「Linguistic」は、それを通して神経代表システムが記号化し、命令し、意味を与える、言語や非言語的コミュニケーションの体系である。「Programming」は、望ましい結果を達成するために組織化された、コミュニケーションや神経論理系の処理過程である。

このアプローチは、主観的な経験を処理する行動科学に焦点を当てるものである。NLPは、過去に直感的に理解されてきただけの行動のパターンや変化を明確化する。経験を説明し、解釈しようとする理論であるというよりも、ＮＬＰは具体的で経験的な現象とかかわるものであって、その創始者や信奉者によって、内容にこだわらないモデルと見られている。

このアプローチは戦略志向なので、臨床家には魅力が大きい。このモデルはいくらか概念的な複雑さを持っているが、行動面を強調し、クライエントの経験の内容にはほとんど関心を払わない。

ＮＬＰアプローチを理解し適用するための価値ある参考文献、そして本項の材料の出典は、グリンダー(Grinder, J.)とバンドラー(Bandler, R.)[92]、ラングトン(Langton, S.)[93]によるものである。

2　主要な信念

ＮＬＰのアプローチと主な操作過程を支えている仮説は、情報科学の分野とコンピューター・プログラムに提携している。ＮＬＰの主要な仮説は以下のものである。

＊実体験と、どのように表現されているかに焦点を当てる必要性があり、体験の「なぜ」ではなく、「どのように」「何が」というところに注目する。

＊人は、自分の経験を組み立てているやり方で選択をする。そしてその選択には、たとえクライエントがたびたび機能不全に陥ることがあったとしても、前向きな意図を持っている。

＊援助の基本的な目標は、経験や経験のパターンを変えることに置かなくてはならない。

3　重要な概念

ＮＬＰの概念の領域は、それらを実践に適用することによって、最もたやすく理解される。このアプローチの中心になるのは以下の概念である。

＊コミュニケーションのメタモデル――典型的には一般化や削除、歪曲を含んだ「表面的な構造」の言葉から、人の「深い構造」への通路となる言語的モデル。

＊代表システム――われわれは感覚（主に見ること、聞くこと、感じること）を通して世界を取り入れ、貯蔵する。これらの経験は同様に、情報を出し入れする代表システムとなる（たとえば、視覚、聴覚、触・運動感覚的な様式を通して）。たとえば、目の動きのような通路としての手がかりは、特別な様式の代表システムを見つける助けになる。

＊様式――これには、小さな要素であるサブ様式がある。たとえば、視覚的な様式には瞬き、色、大きさ、焦点といったサブ様式がある。サブ様式は、どのようにわれわれの頭脳が経験を整理し記号化していくか、というものだと考えられている。

＊ラポールの構築――各代表システムに合わせていく感情的つながり。

＊トランス――（主に外的な）経験のよくある側面が消えていくところでは、一方に別の（普通は内的な）ものが明確になる。

＊隠喩――何かひとつのものを表現するのに、両者に類似性や関係性があるため、別の言葉を使うこと。

4　カウンセラーの仕事

（1）アンカリング（係留づけ）

アンカリングは、情緒的に望ましい状態を、特別な刺激（感覚的な手段のどれかを通して）につなぐことである。一貫した応答パターンを引き起こすどんな刺激も、アンカーになりうる。たとえば、特別な音程の声は、ある人にとって強い感情的な反応を引き起こすきっかけ（アンカーになるための）になることがある。

アンカーは、生活の一部分として自然に働いている。アンカーを心理治療的に使う目的は、今あるアンカーを、望まない無計画なものと置き替えるための新しい感情や行動につなぎ、喜ばしい感情や生産的な行動に、慎重にアンカーを移すことである。すると、典型的には緊張の多い状況でも、それを呼び起こすことができる。意図的なアンカリングの基本的な手続きは、クライエントをある経験に十分に接触させると同時に、一つの刺激（たとえば、接触、音、表情、姿勢の変化など）を加えるというものである。その刺激は、クライエントの経験に（アンカリングして）連結される。一般的にはアンカリングに使われる手段が感覚的であればあるほどよい（重複の原理）。

アンカリングは、クライエントとのさらに一貫性のあるワーク（たとえば、ディソシエイション〈解離〉）の一部分として頻繁に使用される、NLP戦略である。しかしながら、アンカーを崩していくことは、アンカリングそのものに集中させる別の変化した戦略である。アンカーの崩壊は以下のとおりである。クライエントの（普通はつらく破壊的で、そのような見方のせいで反作用的で未統合の）望まない経験を呼び戻させ、カウンセラーはそれをアンカリングする。そしてクライエントは、肯定的な感情や建設的な行動といった必要な資源（たとえば、自信、自己主張、信頼、世話）を思い出す。それは個人的なものか集団的なもので、少なくとも問題状況と同じぐらい強烈なものでなければならない。カウンセラーはそれをアンカリングする。次にクライエントは問題経験に戻り、カウンセラーは両方のアンカーに再統合が起こったという反応があるまで続けながら、両方のアンカーを直ちに作動させる。

構造的に最も完全な状態の体験は、もともとの問題のある経験の刺激につながりながら、どのような新しい形成へも広がる。もし、無計画で混乱という性質を持つ若いときの経験と、計画的で広い情報を更新している最近の経験があるなら、後者のほうが完全さにおいて最も構造的であることが多く、アンカー形成に優位である。

●実行中のＡＲＰＩ――事例●

❖アンカリングの戦略

ＮＬＰアンカリングを戦略として使いながら、ジョアンは、脅しに直面しているケイトの体験にかかわる、建設的な取り組みをうまくやることができ、応答のなかに出てきた個人的な目標に取り込むことができた。「あなたは無力だと感じています。なぜなら、マルコムの脅しに直面して麻痺している自分自身から抜け出すことができないから。そしてもし、あなたがもっと建設的な結果を望むのなら、あなたは何か違った態度をとらなくてはいけない（？）」

ジョアンはケイトのための望ましい結果として、マルコムが怒り虐待するという体験のプレゼンタイジング（気づきの出現）を通して、「再創造」をすることができた。その体験（これをジョアンに知らせる）の途中で、視覚的なイメージや音、恐怖感や麻痺する感情、その感覚的な要素に気づいたとき、ジョアンはアンカーをその経験と感情につなぐために、ケイトの手首を十分にしっかりと握った。

そして、ジョアンはケイトに、怒って威圧するマルコムの刺激に対して、違ったふうに応答できるのに必要な資源を、彼女に考えてもらう。ケイトはたぶん、関係する感覚や感情、自信、強さ、穏やかで恐怖感のない状態のようなものを見つけるだろう。ジョアンはケイトに、こういった感覚や感情を感じて経験する機会を見つけてもらう。そしてその経験が起こったとき、それをプレゼンタイジングできる各々に接触してもらうのである。そのような感覚や感情をケイトが強く経験するたびに、ジョアンは、蓄積された強いアンカーを係留するために、ケイトのもう一方の手首を同様に強く握った。

ジョアンは、マルコムの攻撃性を建設的に処理するために、ケイトがすべての資源が必要だと考えていることを確認した後、ケイトに前に述べた元の情景を再創造するように求めた。それができたら、ジョアンはケイトの両方の手首の上のアンカー点を、同時に握った。そして、それを彼女からの反応で再統合ができたとわかるまで続けた。この反応は、身体の微妙な変化や呼吸のパターンであることが最も多い。

ケイトとの話し合いでは、たぶんこの種の経験で当惑はしたが、前からあった応答パターンがなくなったことがわかる。そういう当惑は、アンカー・パターンの崩壊から起きるものである。これから始める似たようなワークでも、新しいアンカー・パターンを強化するのに役立つだろう。

(2) リフレーミング

リフレーミングは、どんな行動もある文脈では役に立ち、肯定的な意図に合う、より機能的な方法を発生させるために、有機体を変える過程であると認識されている。リフレーミングは、否定的な行動や、考えや、感情として経験されたものを、資源に変えていくために設計される。

リフレーミングの基本的な原理は、機能不全的な行動や経験の背後にある、肯定的な意図を見つけることである。そして、その肯定的な意図に合う新しい、より建設的な方法を探すことである。リフレーミングの簡単な形式は、基本的に変えたいと思うどのような行動の背後にも、肯定的な意図を見つけるよう求め、同じ肯定的な意図を持っている新しい、より建設的な選択肢を見つけることである。

より洗練されたやり方として、カウンセラーとクライエントは、以下に述べるような段階的な手続きを踏む。カウンセラーはクライエントと以下のようにするべきである。

リフレーミングの手順

(1) 変えたい行動を見つける(できるだけ具体的に)。

(2) 問題のある行動を発生する自分の部分(現実の隠喩)に、内的に接触する。クライエントは発生したものの協力を求め、内的な意識のなかに接触するよう(クライエントはどんな変化にも視覚的、聴覚的、感覚運動的に関心をはらい認めていく）求め、協力的な努力の精神を維持するためにそれに感謝する。

（3）肯定的な意図のうえで、発生する部分からの情報を探す。自分のためにそれがしていることは何なのか、どのようにそれはかかわってくれているのか、明確な肯定的な意図は何なのか。もう一度その情報に感謝する。

（4）自分の想像的な部分（別の隠喩）を内的に配置して、意識と接触して助けを求める（もう一度クライエントは、どんな変化にも視覚的、聴覚的、感覚運動的に注目して認める）。もう一度その創造的な部分に感謝する。

（5）発生したものが世話をしようとしている、創造的な部分を知らせる。そして、肯定的な意図に合う三つかそれ以上の方法をたずねる。

（6）問題行動が発生している部分に戻り、実際には新しい選択肢を調べる約定を求める。それに感謝する。

（7）最後に、自分のすべての部分が、その新しい選択肢を受け入れていること（生態的な検査）を確認する。

●実行中のＡＲＰＩ――事例●

❖リフレーミングの戦略

ケイトの問題は、マルコムが彼女を脅かして殴るということが明らかにどんなに不適切なことかと感じていること、この方向づけで物事が動くことに自分たちが役割を演じていると感じていることだった。今までの過程で、ケイトは大きくなってきた怒り、いまだに止まらない怒りを持っている自分自身があることがわかった。この気づきから、マルコムがこのような暴力的なやり方で振る舞うべきでないという彼女の確信に反して、物事が進んでいるようだという心配が出てきた。

マルコムの破壊的な行動を止めるという目的を、ケイトは表現し達成しようとしているので、ジョアンはリフレーミングの戦略を行ってみた。ケイトは、自分の明らかに矛盾した行動や意識の過程に容易に利用できそうな、ありそうな課題の諸要素を探索するのに意欲があり、ジョアンは、ケイトの「挑発的な」行動の背後にありそうな、肯定的な意図を見つけるように頼んでみるという、より直接的なリフレーミングの方式を始めた。

ケイトははじめ、「良い」理由のためにそう振る舞っているのかもしれないという見通しに、少し驚いた。そして、どんな理由も見つけるのは難しいと思った。しかしながら、ジョアンから開かれた質問や置き換え可能の応答を通して、励まされ探索したことで、本当にケイトは、マルコムの怒りに対して、かすかではあるが一貫した行動になっている肯定的な意図があると気づくようになった。ケイトが見出した肯定的な意図とは、次の三つである。①マルコムと「親密に」していられるやり方として、②彼女の過去の暴力に関しての未解決の問題ともう一度かかわってみようというやり方として、③彼女とマルコムの間の危機的な段階まで物事をもっていくことによって、事態が変わるだろうというやり方として。

ケイトとジョアンはそれらは意味のあることだと認めたので、その意図に見合う別のもっと建設的なやり方を探した。ケイトはこの時点では、マルコムが積極的に夫婦カウンセリングへ参加するというのではなく、その意図の背後にある課題のための選択肢を持つだけであると理解している。それぞれの意図に対しては、ケイトのカウンセリングでもっと直接的な取り組みをする必要があった。ケイトは自分の子ども時代の家族の課題を扱うことが、ある程度はじめの二つの問題、すなわち強い親密性への要求や暴力に対処する経験を、価値や自信の感覚を持てるように再処理するのに役立つだろうと認めることができた。二人の問題を危機的な段階にまで持ち込むという最後の問題は、もしケイトが起きるべき結果に対する恐怖感という感情を処理できたら、自己主張的なコミュニケーションや行動化をすることによって、より建設的なやり方で処理することができるだろう。

リフレーミングの戦略は、ケイトのパターンを破ることに役立ち、そして、ジョアンとのワークのなかで一緒に見つけた目的に見合う、より建設的な選択肢を提供することになった。

(3) ディソーシエイション（解離）

ディソーシエイションを使うには、つらい過去体験にいくらか違った方法であれ、もう一度戻り、そこから心地良い安全な経験を作ることが必要である。この戦略は、過去の「トラウマ」が高水準の精神的な痛みを持ってくるときに、最も価値がある。NLPのディソーシエイション・ワークに使う手続きは、次のものである。

ディソーシエイションの手順

カウンセラーは以下のようにする。

(1) クライエントに、自分とカウンセラーが映画館の真ん中に座っているのを想像してもらう。もし適切ならクライエントがカウンセラーの手を取るか、もしくは別のやり方として、クライエントの一方の手のひらにもう片方の親指を押し付けさせる。

(2) クライエントに、自己の内側で過去の「良い」経験（気持ち良さ、守られた、安全、幸福、強さなどの資源）に接触してもらうように、そして、それぞれの援助経験に接触し、また追加してもらいながら、カウンセラーの手を握る（あるいは自分で押す）。

（3） クライエントに、その痛ましい体験が起こる直前の若い自分の写真を、映画館のスクリーンに「投影」してもらう。そして、このイメージを見ているということを確認する。

（4） 現在の自分の外側に動いてもらう。そして、現在の自分とスクリーンを見ているカウンセラーの両方が見える、映画館の後方に移動する（カウンセラーは手をクライエントの肩に置くことによって、この分離をアンカリングする）。

（5） 必要なだけゆっくりとできるように、カウンセラーは手（あるいは手のひらで）を強く握り励ましながら、クライエントに過去の出来事の映画にある映像に向かってもらう。映画が終わったとき、クライエントに、もう一度見る必要のある場面はないかどうか尋ねる必要がある。

（6） 映画館の後方にいるクライエントの自己と、映画館の真ん中にいるクライエントの自己と再会してもらう（カウンセラーはクライエントの肩から手を外し、もし適切なら、クライエントの手に重ねる）。

（7） クライエントに、映画の一場面である昔の自分に会おうとしているところを想像してもらう。自分が未来からの自己であることを確認させながら、必要ななぐさめをあげたり安心させたりして、その時点で利用できる資源で最良を尽くしたということを示しながら、元気づける。カウンセラーは次のような内容の話をするだろう。「あなたは昔の自分に会いに行って、なぐさめてあげる必要があります。彼女はその痛ましい体験のなかに、本当にずっといたのです。あなたは、なぐさめられ安心させてもらうために何が必要かを本当に知っている、世界でただひとりの人です。そのことはもう二度と起こらないだろうと安心できるでしょう。また、あなたはそのときにできる最良を尽くしたのだと、話すこともできます。あなたに必要な時間を充分に取ってください」。

（8） クライエントに、一人の自己として再統合してもらう（カウンセラーはこれが起こっていることを示す呼吸の変化を観察する）。

（9）　クライエントに、同じやり方でそれ以上の取り組みが必要かを確認する。

●実行中のARPI――事例●

❖ディソーシエイションの戦略

ディソーシエイションの戦略は、ケイトが両親の破壊的な関係に影響されている自分自身も含めて、過去の機能不全的なパターンを変えたいと願う取り組みとして、とても適切である。ケイトはそれに関して深い絶望を抱いていて、それがたぶん、現在のジレンマにも引き続いて影響していることが、よくわかっている。

ケイトは、父と母が争っているのに何もできないで、絶望的に見ているしかなかった自分のいる、生々しいトラウマ的な情景の記憶をいくつも持っていたので、ジョアンはそこにディソーシエイション・ワークを受け止める潜在的な可能性を見た。ジョアンはケイトに、精神的な緊張と絶望のなかにいる小さな子どもだった彼女と両親のいる、特別な情景を思い出してもらった。彼女は自分が七歳の時の事件を思い出し、何が起こったかを簡単に話した。

ジョアンはケイトに、自分たちが映画館にいて、怖くて震え上がるような両親の争いのまさに真ん前にいるという彼女自身のイメージを映し出しているのを、想像してもらった。ケイトがジョアンに寄せていた信頼と、二人で作りあげてきた関係や同性であるおかげで、ケイトははじめの過程で、手を取るというジョアンの提案を抵抗なく受け入れていけると感じた。

アンカリングの戦略と同じように、ジョアンとケイトは過去の「良い」経験を見つけ、その援助をジョアンの手を握ることでアンカリングした。たくさんのアンカーを作ったあとで、ジョアンは映画館の後ろに移動していき、一緒にそこに座りながらそれを見ている、さらにスクリーン中の七歳のケイトの映像を見ている二人のイメージをふくらませた。ケイトがそのイメージを持ったとき、ジョアンはケイトの肩にもう一方の手を置いた。

そしてジョアンは、その映像を映画の中に返すように、肯定的なアンカーを使ってその争いの場面を再現するようにケイトを励ました。ケイトはそのようにし、うながされると、二度見返した。そしてジョアンは、映画館の真ん中のイメージのなかで、ケイト自身を再結合するように後押しし、ケイトと物理的な接触をするのをやめた。また、ケイトが七歳の昔の自分とイメージ的に動くように、そして、支えであれ、安心であれ、なぐさめであれ、必要なものは何でも提供するようにと励ました。

ケイトは七歳の時点に動き、移動しながら昔の自分に今何が起こっているのか、そんなに無力で、見捨てられ、身がすくむといったことを感じる必要はなかったのだと理解するのに、何が必要かを表現した。ジョアンは七歳のケイトに、もう大きくなって現在の資源を持っている自分として、いつも資源を利用できるのだと安心させた。ケイトはこの最後の段階の間じゅう涙を一杯あふれさせたが、今現在は強くなって、もう大人であって、能力があり、資源をいつでも使えるのだという徴候を示した。

ディソーシエイションされた経験は、ケイトがそのような破壊性に直面して伴う混乱や、いろいろな感情を持っている七歳の自己にいつでも戻れるのを、認識する助けになった。しかしながら、彼女はもはや単なる七歳の子ではなく、自分の体験を質的に変える常に利用可能の資源やその理解を持っている自分だとも、認識したのである。

リアリティ・セラピー

1　紹　介

リアリティ・セラピーは、率直で現実的で常識的な援助アプローチである。それは青少年、特に行動化をするのが困難な青少年（たとえば、非行少年のような）とかかわるのに、特別な価値を持っている。しかしまた、大人との取り組みにも意味がある。このアプローチ自体は、カウンセラーとクライエント間で構築し維持する非常に高い水準の介入を適用するための、一連の現実原則から成り立っている。援助関係で起きるこのような介入の可能性は、ＡＲＰＩモデルの手ほどき技法の前段階（すなわち、ＡＲＰ〈注意を払う／応答する／意識化する〉の性質によって高くなる。

リアリティ・セラピーの枠組みを理解し適用するための価値ある参考文献、そして本項の材料の出典は、グラッサー（Glasser, W.）[94]、バサン（Bassin, A.）と同僚[95]、そしてコックバーン（Cockburn, J. R.）[96]によるものである。

2　主要な信念

このアプローチは、次のような仮説で成り立っている。

＊健康な人間というのは、基本的な生活のニーズ（愛し、愛されること、価値があると感じること）を満たす過程のなかで、責任をとれる人として見なされる。そのニーズは、その人に経験に基づく一体感や、個人的なアンデンティティ、人生の目的という感覚を一緒に与えてくれる。

＊現実は存在し、人は現実的な枠組みでそのニーズを満たさなければならない。クライエントは概して、自分のまわりの現実を否定する。
＊意識、計画的な行動、選択、責任に焦点を当てる。
＊成功経験を確認することに焦点を当てながら、肯定的な見地を推進する。
＊人は主として行動面から見られる。その行動は客観的な基準（すなわち、現実、つまり実際的だとか道徳的といった基準）と比較される。
＊人は（今この瞬間で）自己決定することによって、アイデンティティを発展させることができる。自己決定は、複雑な世界（人と環境間の複雑なやり取り）のなかの現実の状況という文脈でなされる。そして、人は認知的に自分の決定した結果に進んで直面するべきである（つまり、自分の行動の責任を受け入れる）。

3　重要な概念

次の主概念が、このアプローチの中核を作りあげる。

＊**われわれは基本的な心理学的ニーズを持っている**――愛すること、愛されること、達成すること、自己価値を持つこと（アイデンティティのニーズのなかに組み込まれているもの）。
＊**肯定的な嗜癖**――人がそこから、「高い」あるいは満足できる生き方を得ることができるもの。
＊**セラピーの目標**――目標は、他人に干渉しない方法でその人のニーズを満たすものである。つまり、責任のある決定をすること、そしてそれによる結果を十分に予測して行動すること、最終的には「責任を引き受け、自分自身の生活を統制して、その行為の結果と対峙すること」である。

4　カウンセラーの仕事

カウンセラーの仕事は、教示の側面を取り込んだ、次の七つの基本原則に集約される。教示の構成要素は、現実の意味を教えることと、どのようにその現実的な文脈の枠内で、責任を持って行動するかを教えることに集中している。その目標は、人が自分の現実に向き合いそのニーズを満たすため、自分の行動をその現実上に再構成「させる」ことである。

グラッサーによる七原則とは、次のものである。

(1)　リアリティ・セラピーの原則

(1)　かかわる――暖かい人間的なかかわりが、クライエントとのどのようなワークでも基本である。
(2)　現在の行動を検証する――感情が重要と思われるとはいえ、その焦点は実際の行動に置く必要がある。
(3)　クライエントには、理論的な方法で自分の行動の価値判断をさせる（その行動は得にならないということを認めさせながら）。
(4)　行動上の変化を含む行動化が、現実的であり、具体的であり、実行可能であり、成長できるものであるように援助する。
(5)　変化の計画の言質を取る――約束は言葉によるのではなく、文章で書いてもらうべきである。
(6)　言い訳を受け入れてはいけない――失敗したときには、行動計画の再吟味、契約の更新、あるいは放棄が必要になるかもしれない。しかし、言い訳を議論する必要はない。
(7)　厳しくあれ、しかし、罰は不用――責任を持ってうまく行動したことはほめる必要があるが、懲罰をその手順に含めるべきではない。

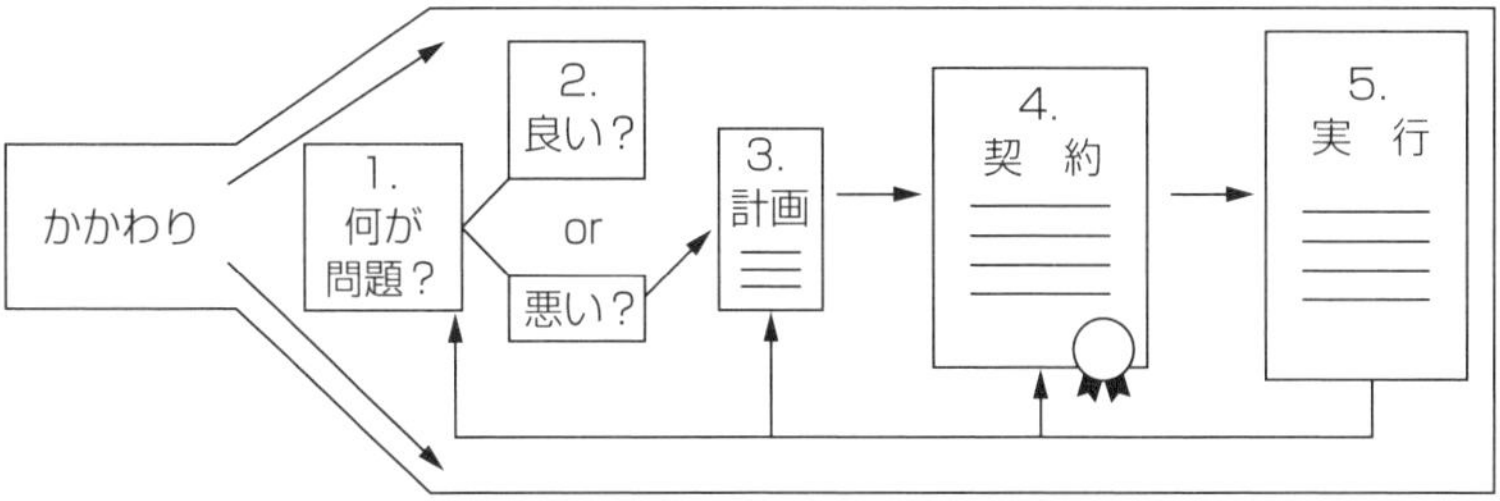

図18　リアリティ・セラピーの各段階

有益な実践モデルとして、私はリアリティ・セラピーの参考文献、*The Reality Therapy Reader : A Survey of the Work of William Glasser* の、バサンによる The Reality Therapy Paradigm 内に、カウンセラーの行動のために特別に役立つ説明チャート表を見つけた。これを図18に示す。

その応用型は、以下のやり方で説明できる。セラピスト‐クライエントのやり取り（図18のビンの絵）の生活空間でのかかわりが、各段階に起きる効果的な問題解決になる。

(2) カウンセラーのかかわりのリアリティ・セラピーの手順

(1) カウンセラーは、問題を作っている行動の詳細のすべてを把握する。そのため、「何が起きたの？」「あなたは何をしていたんですか？」といった質問をしながら、詳しい情報を得る。

(2) カウンセラーはクライエントに、その行動の価値を評価するように求める。その出来事を説明し、詳しく描写した後に、「その行為はあなたを良くしました（します）か？」という重要な質問をする。もしクライエントが直接の返答を避けるときには、よく起こりがちなことであるが、カウンセラーは妥当な質問をしてその問題を追及する。

(3) その困難を解決するために、計画の下絵を描く。一度その行動が消極的で非生産的であると評価されたら、カウンセラーとクライエントは一緒にその問題を解決するため、責任ある妥当な計画を発展させるためにかかわる。

（4）契約の交渉。その計画を練り上げたあと、具体的な契約を作成し署名をすることで、その契約の誓約をする。
（5）契約に罰も悪意も含まれていないと確認しながら、他のすべてのことが実行される。カウンセラーとクライエントはその計画の進展を評価するのに焦点を当てる。計画の見直しが必要になることもあるが、言い訳を話し合うことはしない。カウンセラーは、クライエントが失敗というアイデンティティから、成功や自己価値や自己実現へ向けて、障害を乗り越えるために努力するので、あきらめたりはしないはずであると指摘する。

●実行中のＡＲＰＩ——事例●

❖リアリティ・セラピーの戦略

ケイトの現実の重要な領域は、実際的と道徳的双方の視点から考えると、マルコムがケイトに身体的虐待を加えるのを許し、それを止めさせるような何かをするように働きかけないことは、周りの誰にとっても破壊的なことである。これはマルコムにとって建設的なことではなく、もっと重要なのは、ケイトにも子どもたちにも建設的ではないことである。一方でケイトは、それに対して何もせず、マルコムと結託し、尽くす人のように自分のアンデンティティを強化するだけで、尊厳や価値を持って扱ってもらうこともない。

ある程度ではあるが、ケイトの応答パターンが建設的でないという事実は、彼女の両親あるいは社会でケイトが経験してきた、たいていは新聞、ラジオ、テレビを通して経験する現実に基づいて認識してきた部分である。ジョアン自身はそのことを強く感じたが、少なくともケイトに接触したはじめの段階では、ケイトにそれを話さなかった。もしジョアンが話したら、ケイトにより孤独を感じさせ、混乱させ、たぶん良い気分になららないやり方で圧力をかけることになっただろうと予想できる。しかし、二人の関係は発展し、マルコムがケイトを扱うやり方がどんなに品位を落とすものであるか、ケイトにとってどんなに耐え難いかを認めたので、ジョアンは、ケイトが自分の価値や自己有能感に対して吟味するよう、励ますことができた。

ケイトは応答パターンが自分にとって快適なものではまったくないと、実に明白に認識したので、マルコムの行動をものともせず、違った振る舞いをすることを決心した。ケイトがジョアンに示したのは、以前マルコムに殴られるのは我慢できないと言ったことがあるが、その扱いから離れようと行動しなかったということである。ケイトは、今この問題に戻らなければならないこと、そして自分自身のアンデンティティと尊厳のために、マルコムがまた彼女に暴力を振るったらどう行動するかの手段を発展させなければと考えた。ジョアンは、ケイトがその行動計画を発展させるのを手伝った。その計画は、明白で自己主張的な言葉で表現された声明書をマルコムに用意すること、まず手はじめに、マルコムが彼女に身体的な暴力を振るわないという絶対的な要求を書き入れることだった。またその声明書は、もしマルコムが暴力を振るったら、ケイトは暴行に対しての訴えを起こし、即別れるというものだった。

この計画は主として、ケイトの価値を維持するのに、ケイトにとって何が適切で現実的と思われるかを検証するよう、ジョアンが後押しすることで発展した。何を伝えるかという内容と同様、その声明書を書き、手渡すことをケイトに理解してもらうためには、多くのことをしなければならなかったが、何が適切で何が「道徳的に正しい」とケイトが考えるかという点に、ジョアンは注意を払い続けた。またこの計画は、ケイトのコミュニケーション・スキルを発達させるのに、二人が一緒に働くという取り組みにも広がった。ケイトの意図を明確にしたことと関係したマルコム対策に関しては、自己主張的に挑発的でないように鮮明に残すことができた。

一度その行動計画が発展して、ケイトが明らかに自分にとってそれがどんなに「正しい」か感じるようになると、ジョアンはそれを行動に移せるように後押しした。ケイトは理解し、自分のしていることは、自分の生活で欠くことのできない領域を扱っているのだと認識した。だからこそ、自分自身をその方向に動かせるように心がけたのである。

実際には、これを設定してマルコムに声明書を渡すにはいくらか困難があったが、その後ケイトは、この件に関して明白な立場を維持できるようになった。ジョアンはただケイトに、何をすることが必要なのか、自分や子どもたちやマルコムのためにすると計画したことの重大性について、自分のした判断を何度も内省してもらい、そしてケイトはその行動計画に戻った。

その後、この行動の有益な結果、つまりマルコムが暴力に訴えるのを止めたとして、一緒にカウンセリングを受けることに対してのマルコムの抵抗に、ケイトがどのように反応してきたかを考えることになった。そして、ケイトはマルコムとともにこの問題をさらに明らかにし、継続的に解決していこうと決めた。

コミュニケーション・スキル

1 紹介

変化をもたらすためにクライエントに必要とされる行動は、クライエントの体験やニーズに建設的な方法でつながること、あるいは他人の経験やニーズに対してもっと適切に応答すること、とよく言われる。そのような行動は、自分自身について、また他人への態度と密接な関連があるので、コミュニケーション・スキルを学んで適用することが要求される。

コミュニケーションを改善することによって態度面の変化を導くという波及効果により、クライエントに対する「治療」の最適の形は、ARPIモデル（たとえば、カーカフ〈Carkhuff, R. R.〉とベレンソン〈Berenson,

B. C.〉の著作 *Teaching as Treatment*[97] を参照）の基盤になっている，応答技法の訓練であるという見方を持つカウンセラーもいる。この応答技法（パラフレージング，開かれた質問，励まし）は，後述する「積極的な傾聴」の戦略の基本である。そこでは尊重や共感の態度が，効果的に技術につながる訓練を受けた人のなかに達成されるように思われる。共感的で他人を手厚く尊重できる能力は，自分自身の困難を乗り越えることを含んでいて，人として機能する指標と見なすことができる。

私メッセージ（自分自身についてのメッセージ）やアサーション（自己主張性）のような，自分の経験やニーズをはっきりと伝えるというところにも，態度と行動間の同様な関係がある。そのような技術をうまく獲得し，統合し，表現することは，変化することが必要な顕在化している機能不全の行動を修正することに，大きく左右される。こういう種類の技術は，他人への行動や態度を変えることにも大きな可能性を持っている。アサーションや私メッセージの技術は，自分の見方を「直球」で届け，その見方に正直に反応してくれるだろうという期待を運んで，究極的にはその関係性を変えていく。その一方で，積極的な傾聴を通して応答的であることは，他人の感情を聞いたり理解したり，より開かれて他人の見方を認識できると思われるが，比較的間接的な手段によって変化を導く。

広いコミュニケーション・スキルの領域を理解し適用するための価値ある参考文献，そして本項の材料の出典は，カーカフ[97]，ジョンソン（Johnson, D. W.）[98]，カー（Carr, J.）[99] である。

2　主要な信念

コミュニケーション・スキルの哲学的な土台は，以下のことを強調する。

＊メッセージの明確さは，さまざまな誤解を生む機会を減少させる。

*自分自身の経験やそれを表現することに責任をとることは、成熟の重要な面であり、より建設的でより満足した人間関係へ導くものである。
*批判することなく他人の経験を聞くことによって、人間関係の問題を克服するのに役立つ、開かれた意思の疎通方法をとれるようになる。

3 重要な概念

ここで扱う戦略を理解し、どのように適用するのが一番良いかという有益な概念は、一般的な対人関係のモデルから来たものと、もう少し狭い枠組みのものとがある。

一般的な枠組みのなかでは、以下の概念を理解すると有益である。

***エンコード**――伝えられるメッセージを形作っている個人の表現。
***ディコード**――伝えられるメッセージの意味を理解すること。
***チャンネル**――伝えているメッセージの一部分である、多様な言語的表現（その構造や文法）や非言語の表現（近接学や周辺言語）。
***ノイズ**――コミュニケーションし理解しようとするメッセージに干渉する、個人とその環境の要素。

より具体的な枠組みで理解しなければならない概念は、以下のものである。

***応答性**――理解しようとする意思的な態度。
***パラフレーズ**――コミュニケーションのなかで理解したことを相手に反射すること。

＊**「問題を持っているのは誰ですか？」**――積極的な聞き方（他人が問題を「所有」しているとき）を使うか、私メッセージ（あなたが問題を「所有」しているとき）を使うかを決定するのに役立つ、基本的な質問。

＊攻撃的、受動的、主張的、の三つのコミュニケーションを区別すること。

（1）アサーション

アサーションは、人の権利や何かの立場を直接的に表現する伝達方法である。アサーションには、以下に挙げるような、いくつかの特徴的な要素がある。

感情を表現する能力。どのように行動するかを選択する能力。適切なときに権利を表明する能力。自尊感情を引き上げる能力。自分自身に自信を育てるのに役立つ能力。それが重要ではないと考えるときに同意しない能力。自分自身の行動を修正する計画を実行する能力。他人に防衛的な行動を変えてもらうように頼む能力。[100]

アサーションが含むのは、以下のものである。

＊言語的・非言語的な行動を含む、学習して獲得する態度やコミュニケーションの技術。
＊自尊感情や肯定的な自己概念の発達。
＊個人の権利を認識し、表現すること。
＊受動的、攻撃的、自己主張的な表現方法の違いが理解できること。

アサーションを理解し適用するための価値ある参考文献、そして本項の材料の出典は、バウアー（Bower, S.）とバウアー（Bower, G.）[100]、ラング（Lange, A.）とジャクボウスキー（Jakubowski, P.）[101]、マンセイ（Manthei, M.）[102]である。

カウンセラーの仕事

ARPIの手ほどき技法の構成要素としてアサーション技術を使うとき、カウンセラーはすでにカウンセリング過程の間にうまく構築したコミュニケーション・スキルを維持しながら、教示や訓練の役割に移っていく。クライエントはアサーションの基本的な概念や原則に基づいて、教育を受ける必要がある。時には、これが直接行われる場合もあるし、アサーションの研修会への参加という形になるときもあれば、技術の教本を使っての指導になる場合もある。しかし、カウンセリング関係という状況では、クライエントの具体的なニーズを処理するために、両者は同じ概念的モデルから働くべきである。必然的に、両者はその基本的な考え、態度、そしてアサーションの特別なモデルの適用というものを共有しなければならない。

正の強化や試行錯誤のような基本的な学習原則は、クライエントにアサーションの技術や態度を獲得し適用してもらうのに役立ち、価値があるだろう。ロールプレイや宿題として出される課題もまた、その達成をうながすのに適切で望ましい手段である。ある種の計画づくり、リアリティ・セラピーの特徴である契約や評価もまた、クライエントを現実世界の状況への学習に移していく価値を持っている。

アサーションの多様なモデルは、それぞれが大きく重なり合いながら存在する。私の信念は、そのワークから最大のものを獲得する行動と同様に、態度面でもワークができるようでなくてはならないというものである。アプローチの大部分は、今ある自己主張的でないパターンを見つけ、自己主張的な別のものを理解させ、獲得させることに焦点を当てる。

その不可欠のものを包含しているモデルのひとつは、バウアーとバウアー[100]によって発展されたもので、明瞭で、平易に理解し、適用することができる。彼らは、DESC法と呼ばれる一連の流れを工夫した。彼らは、人々が状況のなかで、以下に述べるDESC形式を発展させていくことを勧めている。このようにして、基本的な原則を学び、DESC法のやり方を日常の交流や人間関係に使っていくことが可能になる。DESCの頭文字は、他人からの問題的な行動に応えるために、人が自己主張的なコミュニケーションを構築するための手続きである。

◆DESC法◆

D（Describe：描写）――相手から受けた望ましくない問題行動を描写する（たとえば、「私があなたに話しかけているときに、あなたは本を読み続けている」）。

E（Express：表現）――望ましくない行動の結果から受ける感情を表現する（たとえば、「あなたがそうしていると、私は無視されて人としての価値が下げられていくような気がする」）。

S（Specify：明確）――その人にどんな行動を望むかを明確に言ってもらう（たとえば、「私が話しかけているときには、新聞を読むのをやめて私を見てほしい」「今は話ができないというときは、私を見てそう言ってほしい」）。

C（Consequences：結果）――望ましい行動に関係のある肯定的な結果の概要を述べる（たとえば、「もしそうしてくれたら、新聞を読む時間をそんなには邪魔しないし、その点を認め、あなたが努力してくれたことをどんなに感謝することか」）。

DESCモデルを使うことによって、アサーションの原則がたやすく理解され、毎日の生活に応用できる。この理論的根拠は、コミュニケーションが明瞭で自己主張的なことは、その立場を補強する態度が取れることであり、その態度はより強い自己概念に反映されて、自尊感情を引き上げるだろう、ということである。

●実行中のARPI――事例●

❖アサーションの戦略

ケイトの低下した自尊感情とマルコムとのやりとりの詳細から、全体としてケイトは、自己主張的に機能していなかったということがわかる。ケイトの表現方法はほとんどの場合受身的であり、物事があまりにも不満足で欲求不満になったときには、攻撃的になるのが慢性化していた。マルコムにつながりたいこと、彼らの関係性を変えることの重大性、特に暴力を止めることや外部に助けを求めることなどについての、具体的で個人的な目標に関して、ケイトの態度やコミュニケーション・スキルを修正する必要性は明らかだった。

ジョアンはケイトに、DESC法の筋書きを理解し、試み、適用してもらうことの価値を認識した。それはケイトに、自分の必要性を明確に表現することができ、マルコムが防衛的になるという予想を減少させ、価値や尊厳のある態度を維持することができるようにするためである。ケイトがその領域を進展させるのを援助する努力として、ジョアンはケイトがDESC法を学び、統合して、直接マルコムに表現していく、という具体的な段階を発達させるために一緒にかかわった。

DESCの意味をケイトとともに学んだあと、ジョアンは、マルコムにカウンセリングに参加してもらうことについて筋書きをケイトが発展させるよう、後押しした。次の会話はこのワークから生まれてきたものである。

D――一緒にカウンセリングを受ける必要性を考えるのを、あなたが断固として拒絶するなら、ないから。

E――私は本当にがっかりしてしまうわ。なぜなら、あなたが私たちの関係から完全に逃げてしまっているか、私たちがどんなに不幸かということに私一人で責任をとらされているか、どちらかだと思わざるを得ないから。

S――私たちの関係や今後のことについて、もし、あなたの選んだ誰か話せる人に会うと同意してくれるなら、感謝するわ。気持ちの準備ができたら二週間以内に知らせてね。

C――(肯定の場合)もしそうしてくれたら、私はあなたを大事にすることにもっと力を注いで、あなたの見方で物事を見るようにするわ。また、もっと楽観的に、もっと「気楽に」あなたと付き合えるようになると思うの。

(否定の場合)もしそうしてくれなかったら、私たちの関係を変えることをあなたは望んでいないと見なすわ。そんな状況には、私はもはやあなたと一緒に生活することはできないから、別れることになるわ」

この筋書きを進めて、ケイトは書き出したものを見ながら、これがマルコムに伝える必要のあることなんだと、非常に強く理解した。しかしまた、彼がそのメッセージの強さに反発して、ケイトが否定的な結果に直面して行動しなければならないこともあるだろうから、メッセージには危険があるということもわかっていた。しかしこのワークのもたらしたものは、ケイトが自主的にうまく対処する能力を持っているという信念や、恐怖を表現するようになったことだった。この筋書きはケイトに、メッセージを「外に出し」、何であってもそのとおりに行動するのに十分なほど、自分自身を信じることができるところまで、ジョアンと一緒にワークをする枠組みをくれたのである。これはアサーション戦略の重要な産出物であり、ケイトのより強い自己概念や、引き上げられた自尊感情の動きを、示唆している。

(2) 私メッセージ

私メッセージでコミュニケーションできることは、効果的な人間関係を創造し維持するのに重要である。夫婦関係や親子関係、雇用主と被雇用者のような性質を異にする他人間の関係など、そういった人間関係での困難の多くは、他人を支配しようとしたり、批判的なメッセージを伝えたりするところから生じる。他人を変えようとすることは、社会での意思の疎通のありふれた目的であり、そしてかなりの苦悩を生み出す。

一般的に、われわれが個人的に経験することを他人と共有することには、制約がある。その性質上、傷つきやすいものであるし、普通はそれほど強く望まれるものでもないためである。しかし、こういう見地や、それが引き起こす「あなたメッセージ」の意思の疎通は、かなり不満足と不調和をもたらす。あなたメッセージから自分自身の経験を伝えるメッセージに変えることは困難であるが、その効果には絶対的なものがある。アサーションのように、それは技術面と態度面での変化の双方を含んでいる。

私メッセージと積極的な傾聴について理解し適用するための価値ある参考文献、そして本項の材料の出典は、ゴードン(Gordon, T.)(103)によるものである。

A 主要な信念

私メッセージを支えている仮説は、以下のとおりである。

＊メッセージのいつもの焦点を変えることは、意思の疎通とその相互交流の品質を変えるだろう(普通はあまり防衛的ではなくなっていく)。
＊自分自身の現実経験を伝えることには、議論の余地はない(その一方で、他人の動機や意図を決めつけることは論争になりやすい)。
＊自分自身の経験に焦点を当てることは、その経験が何なのかを正確に認識する可能性を増加させる。

B　重要な概念

私メッセージを使うのに重要なことは、以下の認識ができていることである。

＊効果的でない意思の疎通（命令、脅かし、説教、解決を与える、解説、偽りの同意、冷やかし、解釈、表面的な元気づけ、尋問する、気をそらすようなこと）。

＊「問題」の所有権（メッセージの送り手が問題を「所有する」とき、適切なのは私メッセージである）。

＊偽装された「あなたメッセージ」。

C　カウンセラーの仕事

私メッセージを通しての手ほどき技法もまた、カウンセラーが少し教示や訓練をする必要がある。クライエントに基本的な原則を教え、その技術を適用することを教えなくてはならない。

クライエントに理解させるのみという教示要素に、ほとんど頼っている傾向がよくある。現実に違いを作るためには、クライエントに私メッセージを考え出し表現する技術を、試して練習してもらう訓練をする必要がある。これは、ロールプレイや、宿題、カウンセラー-クライエント関係の文脈のなかで、行うことができる。

カウンセラーはクライエントに、私メッセージが適切なコミュニケーション戦略になる状況、相手がしていることについてクライエントが心配している状況を、認識してもらう必要がある。つまり、そこにはクライエントが変えたいと望んでいる人間関係の何かがある。クライエントはそのとき、どのようにその何かを変えたいのか、伝達する責任を引き受けなければならない。問題が相手に属しているときには（つまり、相手はクライエントがしている何かが好きではない）、積極的な傾聴（後述参照）が必要になる。

私メッセージは、アサーションの技術を特徴づけるものと同じ構造を持っている。どちらもそれを表現している個人にとって、今それがどうなっているかを伝える明確な表現を組み入れなければならない。ゴードンは、DESC法と同じような手続きを工夫して描写している。[103] ゴードンによる効果的な私メッセージを作って表現するための手順は、以下のとおりである。

D 私メッセージの手順

（1） 困難を作っている問題行動を描写する（非難しない方法で）。この描写は普通、「〜ならば」という表現から始める（たとえば、「あなたが、帰ると言った時間に家に戻らないならば」）。

（2） この行動の効果が何かを示す。この効果は実行可能であり、具体的であることが必要（たとえば、「私はあなたがどこにいるか、何が起こったかわからない、それに、ご飯をちゃんと用意しておくこともできない」）。

（3） その実際効果から発生する感情を、具体的に述べる（問題行動から発生したものではなく）（たとえば、「だから、何か悪いことが起こったのではないかと思って怖いの。ご飯を準備しておくことができないから困るのよ。それに、私のことなんかどうでもいいみたいに軽く見ているみたいだわ」）。

●実行中のARPI——事例●

❖私メッセージの戦略

ケイトは、マルコムとの膨大な会話は、あなたメッセージに基づいているとたやすく認識できた。彼女は確かにマルコムのほとんどの行動と態度を受け入れることができなかった。ケイトはそういった感情を「所有」していたが、マルコムの「過失」を取り巻くケイトの意思の疎通のほとんどは、非生産的なやり方に陥っていたと認識することができた。その最も典型的なものは、基本的に相手を見下げ批判するという形をとる強力なあなたメッセージを伝える、脅し、説教、解決策、うその同意、冷やかし、気をそらすといったことだった。彼女は、マルコムがたいへん頑固で非協力的であるということにより、いくらか正当性を感じることができたが、同時に、どうにもならなかったし、マルコムがそんなにも防衛的であるという事実にもほとんど驚かないことを認識した。ある意味ではこういうやり方は、ただマルコムに、ケイトを無視して現状を維持するための口実を与えているようにも思われた。

「わめき散らすこと」や「こきおろす」といったようなケイトの伝達を、マルコムがはねつけるのを予防し、より建設的な方向に物事を持っていこうと努力する試みとして、ケイトはジョアンと私メッセージを理解して試みるためのワークをした。

ケイトはマルコムへのこきおろしのひとつの応答例として、次のように言うことができた。

「あなたが批判すると思うならば（説明）、私は自信を失い（その効果）、意気消沈してしまって自分には価値がないような気がするわ（感情）」。

このメッセージは、典型的な以前のあなたメッセージ応答と、対比することができる。

「あなたはいつも私にがみがみ言うのね。あなたが私に言うことはみんな批判ばっかり。私が自分の時間すべてを家事や子どもたちのために使うしかないならば、あなたは、私がちょっとでも気分が良くなるなんて、どうやって期待できるの」

より私メッセージに近づいてきた効果は、当初はマルコムをいくらか混乱させた。彼は確実に、話をそらして言い争いに持ち込むのが前よりも難しくなったことがわかり、防衛的に反応することも少なくなったように見えた。実際、どのようにケイトが感じるかを心配しているような徴候さえ見せた。ケイトがマルコムとのやりとりに、そのようなメッセージをより多く入れるにつれ、争いは消えた。またケイトは、どのようにマルコムが彼にかかわることを見ているかについて、彼が伝えるメッセージを聞こうと、より一生懸命努力した。ケイトはまた、どのように自分が望んでいるかというやり方をさらに続けるにつれて、前よりも気持ちが良いと感じるようになった。

(3) 積極的傾聴

人間関係の問題を「所有する」人に対してのもうひとつの判断は、ゴードン(103)によって確立された積極的傾聴の技術を使うものである。この一連の技術は、問題を「所有」していない人と、問題を「所有」していて、言われたことについて、真剣に考慮しようとする意向を持っていると認識される人との間の効果的な意思の疎通にずいぶんと役に立つ。

この一連の技術は、私メッセージですでに具体化し、確立された信念や概念に基づき、ゴードンの教材のなかに完璧に表現されている。積極的傾聴は、相手が直接的であれ間接的であれ、自分が持っている問題を伝えるとき、用意された方向づけを適用しながら熱心に聴くことである。カウンセリング実践では、これはＡＲＰＩモデルを適用しているカウンセラーによって、技術的かつ効果的に使われる応答技法の基本であるが、クライエントに重大な関係のなかでどのようにその技術を使うかを教えることを通して、手ほどき技法戦略の一部分として使うこともできる。

重ねていうが、クライエントに整理してもらうための基本的な課題は、問題の所有権を決めることである。積極的傾聴は、何かが問題になっていると他人からの示唆があったときに使われるべきである。それは関係性の問題かもしれないし、別の文脈、たとえば、相手がもうあなたに待たされるのには飽き飽きしているというメッセージを伝えた場合や、職場での要求についての心配事を家にまで持ってくる場合であるかもしれない。防衛的であったり、批判的であったり、あるいは不適切に安心したりするというのではなく、これを適用するカウンセラーは、問題を「所有」している人が話すのを励ます技術を使う必要がある。それを使うことによって、問題のより完全な精緻化が起きて、建設的な解決の予測ができるようになる。このような方法での傾聴は、聴いてもらっている相手を強化することでもあり、全体としてより大きな親密性を作る。

積極的傾聴をしている人に関係する問題のときには、両者が共有する問題を「開く」ことになるかもしれない。またそれは、バランスを取りながらその課題への意図を持ち続けるために、私メッセージを使用することになるかもしれない。問題が価値観の違いからくるときには、たとえば、問題が外見や整い方の度合いの基準の違いにあるとき、勝敗なし法に関連する技術を適用することができる。

積極的傾聴に含まれている基本的な技術は、パラフレーズ、開かれた質問、そして励ましである。あとの二つは本書の第II部で詳しく述べた。パラフレーズ（別の言葉での言い換え）は置き換え可能の応答（第II部を参照）に似ているが、応答のなかに感情を組み込む必要が、あまり強調されない。パラフレーズは中身の応答により重点が置かれる。いろいろな感情を感じたり聞いたり、積極的傾聴に入れたりできるということは、きわめて洗練されたことで、通常は集中的な訓練を必要とする。感情が明瞭に表現されているところでは、そういうものを積極的傾聴のパラフレーズに入れていくべきである。適切な声の調子や高さのような要素を取り入れていくこともまた、パラフレーズの技術から多くのものを得る助けになる。

●実行中のＡＲＰ Ｉ――事例●

❖積極的傾聴の戦略

ケイトのアサーションや私メッセージの意思の疎通を励ますのに役立つよう、ジョアンはケイトのために積極的傾聴についての理解をうながし、その練習も導入した。

二人はもう一度、この技術がケイトとマルコムとの関係に役に立つかどうかという状況を検討した。ケイトは、マルコムが彼にかかわる課題について、自分ほどには話し好きではないことをわかっていたし、仕事のような別の領域や、あるいは一緒に何かをすることについては、マルコムが問題を持っているということをケイトに知らせる合図を見つけることもできた。

ジョアンはこういった合図への気づきを援助し、マルコムに積極的傾聴に参加してもらう前提として、どのようにそれを使うか見極めるようにした。たとえば、マルコムは時に、今起こっていることが気に入らないときにはっきりと合図を出した。それに対してのケイトの典型的な反応は、マルコムが何かにうんざりしていて、彼に起きていることを明らかにしたり話したりしないことに、ケイトがいらいらさせられるのを理解することだった。時にはケイトは挑発的に言ったかもしれない、「どうかしたの？」と。そして、事態は怒りへとエスカレートしたに違いない。

別のやり方としてジョアンは、マルコムから合図に対してできそうなパラフレーズの応答や、問い詰めるような言い方ではなくただ尋ねるような言い方を、ケイトが見つける手助けをした。ケイトは「あなたは、私がこうするのにすごく怒っているみたい（？）」という取り組みをした。また同様に、彼に何が起こっているのか見つけるのを勇気づけ、どのように開かれた質問をするかを学ぶ手伝いもした（すなわち、「ここでいうあなたの反対することを、もう少し話してくれる？」）。ケイトは、声の調子によって相当左右され、同じ言葉が責めているようにも、ただ尋ねているようにも表現できるのを認めた。また、この技術を使うためには、自分がマルコムに意思の疎通をする態度もうまく処理しなければならないことも認識し、ジョアンもケイトがそうできるように援助した。

積極的傾聴を使うケイトの試みでマルコムがより開放的で表現豊かになり、ジョアンにありがたく思っているということを示した。変化それ自体は極端にドラマティックではなかったが、もう一度二人の関係が楽になるためにそのやり方は役立った。自分は引き出して使えるより建設的な資源を持っているのだと、このワークは確かにケイトに感じさせた。

行動療法

1 紹介

行動療法の手法への多くの支持が、近年カウンセリング分野からもたらされている。行動療法のアプローチは、一連の研究から経験に基づいた支持を得てきて、方向づけとして適用するのに魅力がある。その方法は、ＡＲＰＩモデルの手ほどき技法や、行動段階に応用できる。またこのモデルを通じて、クライエントに対しては比較的関心が薄かったため、またクライエントに格別意味のあるものではなかったことが多いために、行動主義が指摘されてきた一部の批判に、打ち勝つことができる。ＡＲＰＩの意識化の段階は、真剣にクライエントとその体験から出てきたものとかかわって、目標となる手段に焦点を当てるのに役立つ。行動主義のアプローチは、クライエント本人にとって重大な目標を達成するように進むのを援助する、ＡＲＰＩの良い資源である。

2　主要な信念

行動主義の方向づけとして基本的なものは、以下のとおりである。


*今まで学習してきたことによる条件づけや刺激への、予想できる反応を生み出す。

*行動の結果に大きく影響を受けている。

*行動は、報酬と罰のシステムを通して、発達、保持される。

*現在の環境は、過去の人生経験より行動に影響を受けるという点で、より重大である。

*人とかかわるなかでの関心の焦点は、環境という文脈で観察できる行動に置く必要がある。

*効果的な援助というのは、環境的な変数の「科学的」な操作である。

*クライエントの主な仕事は、古い状況に対して新しい反応を学ぶことである。

3　重要な概念

このアプローチで最も重要な概念は、以下のものである。


*基本的には二種類の条件づけにより生み出された。すなわち、①古典的条件づけ（レスポンデント条件づけ）、②オペラント条件づけ（道具的条件づけ）である。

*古典的条件づけの本質は、対になった二つの刺激である。一つの刺激は（親に殴られるような）心的外傷的な経験に関連していることが多く、それが別の刺激（たとえば権威的な性質を持っている人すべて）に関係する、自然な（反射型）反応（痛みやその回避のような）に導く。したがって、そのような人をすべ

て避けることになる。

＊オペラント条件づけの本質は、再度その行動が起きる可能性を、増加させるか減少させるかする人の行動の結果である。多くは報酬（正の強化）をあげるとその行動を増す可能性を持ち、無報酬（消滅）あるいは罰は、その行動が再度起こる傾向を減らす。

＊カウンセラーとして行動主義の原則で動くことは、応用行動分析のシステムを操作するということである。応用行動分析はクライエントとその環境を分析し、両者を結合させて、生活条件を変えるための特別な介入を発展させていく、組織的な方法である。

＊応用行動分析は、以下の四つの基本的な土台を持っている。

（1）　カウンセラーとクライエントの関係。

（2）　操作しようとする行動を通して問題を定義すること。

（3）　機能分析を通して問題の完全な状況を理解すること（すなわち、行動の前提条件、行動それ自体、行動の結果）。

（4）　クライエントのために社会的に重要な目標を構築すること。

これらの四つの土台は、行動主義の原則を適用して目標を達成できるようにするものである。ARPIの枠組みのなかで、応答段階、意識化段階の応答を通して目標が決められるだろう。そして、クライエントが目標を達成できるように設計された手ほどき技法の行動を通して、行動主義の原則を適用する。

行動療法からの強力な介入戦略を二つ、ここに述べたい。一つは、古典的条件づけ理論にその起源を持つ系統的脱感作であり、もう一つはオペラント条件づけ理論のオペラント学習である。

（1） 系統的脱感作

系統的脱感作は、習慣的な恐怖（不安）反応を、緩和となる特別な刺激へと変えることである。この過程の効果性は、学習した緩和反応が常に不安反応に反作用し続けられるよう、導入した刺激の段階的な水準を適切に積み重ねているかによって、大きく決まる。

系統的脱感作の技法は、もし緩和応答が、通常不安になる何かに直面して起こった場合、その緩和は相互作用的にその恐怖反応を抑制するであろうという、「相互抑制」の学習原則に基づいている。この原則は、子どもたちに、気持ちの良い感情で励ましながら、少しずつ薬を服用させていき、恐れに順応させていく昔からある方法と同じである。気持ちの良い感情が多く引き起こされるほど、あまり気持ちの良くない反応を抑制できる。たとえば、新しい何か尋常でないものに近づくような「怖い」状況で、子どもの手を持って安心させることを言うと、この自然な恐怖反応を抑制するのに役立つようなものである。

系統的脱感作のアプローチを理解し適用するための価値ある参考文献、そして本項の材料の出典は、ウォルピ（Wolpe, J.）[104]とジェイコブソン（Jacobson, E.）[105]による。

カウンセラーの仕事

系統的脱感作には三段階の違った操作がある。

（1） クライエントに深い筋肉弛緩ができるように訓練すること。
（2） 不安の階層を構築すること。
（3） その階層から、不安を引き起こす刺激と緩和とを、対抗条件的に持ち出すこと。

カウンセラーはクライエントに深い筋肉弛緩を教える必要がある。それは普通、六回程度の二十分間セッションと、家での毎日約十五分間の練習で実行する。

深い筋肉弛緩を教える手続きは、クライエントの身体の一部分を緊張させ、(通常の状態以上に弛緩させるために)「そう、もう少し」と指図してから、通常の状態まで弛緩させる。すると、まだ緊張している筋肉繊維まで弛緩させることができる。この系統的な手続きは、主な筋肉系全部に適用できる。典型的には腕で始め、それから頭の領域(不安が散在しているために最も重要)、首、肩、背中、腹、胸、胴体、脚へと続く。

クライエントに緩和の訓練をしながら、カウンセラーはクライエントが意義のある不安の階層を構築するのを援助する必要がある。この操作は一連の緊張状況、正確にいうなら、不安が漸進的に強くなるところまでの各段階を、設定することである。階層の各段階は、集中するのが有効となるようにほどよく幅を取っておく必要がある。

いったん緩和が徹底的に学習され、刺激を生み出している不安の段階が構成されると、カウンセラーは刺激の恐怖が最小になるところまでクライエントと一緒に緩和を呼び起こし、それを維持するように働く。一度これが起こせたら、クライエントはその次の最も強い恐怖の段階が出現しても、習得する備えができる。そのときは、クライエントは恐怖の度合いを抑制して緩和状態を維持できるので、恐怖が起きても恐怖反応の可能性を消失させることができるはずである。

●実行中のARPI——事例●

❖系統的脱感作の戦略

ケイトはマルコムと別れることを、さまざまな機会にじっくりと考えてきた。二人の関係や彼女の自尊感情に対して、マルコムの行動がどんなに破壊的であるかを真剣に考えなければと思われたときがあった。しかしながら、ケイトは、実際に別れる勇気を持つところまで考えることが、絶対できなかった。事態は今、彼女が今まで考えたこともないこの選択肢の時点にあり、マルコムはケイトがまさか実際に家を出ていくなんてあり得ないと思っているようだった。

一緒にワークをするなかでジョアンとケイトは、ひどく限定された選択肢をそのままにしておくことはできないし、そのような状況では明らかに力が弱くなることを、認めるようになった。行動を起こすための彼女の選択肢は、ケイトとマルコムが一緒にいるという境界線のなかに限定されていた。望ましいと思われたのは、その束縛の外側に出るという選択肢に広げられることだった。

ジョアンは、ケイトが言ったことを意識化のやり方で反射して言った。「あなたは無力だと感じています。なぜなら、実際にマルコムと別れるなんて想像することもできない。そして、望むならそうできるようになる必要があります。だから、あなたと子どもたちのために合うように行う努力のなかにその選択肢を持つ（？）」。ケイトは、これが自分のためにすることであり、その怖れを減らす必要があると認めた。これによって彼女は、好きなときに最も望ましいと思われる形で行動できるようになるに違いなかった。

この方向づけで事態が進むのをずっと一緒に見ながら、ジョアンはケイトが系統的脱感作を使うのを援助した。これは適切に思われた。なぜなら、ケイトの恐怖や具体的な行動を含む課題が、彼女の行動の見通しに干渉しているように思われたからである。ジョアンはケイトに、ジェイコブソン（Jacobson, E.）の漸進的な弛緩技法を教え始めた。同時に、実際にマルコムと別れることに関係する階層の構築を、後押しした。

二人が考えついた刺激の階層は、以下のようなものであった。

0――家で座ってコーヒーを飲む。

1――別れることを考える。

2――自分と子どもたちの部屋の引き出しを開ける。
3――服をスーツケースに詰める。
4――スーツケースを居間に持ち込む。
5――子どもたちに、自分とあなたたちはしばらくの間、父親と離れて暮らすと告げる。
6――マルコムに置手紙を書く。
7――タクシーを呼ぶ。
8――タクシーが到着するのを見る。
9――スーツケースを持って、子どもたちと玄関のところまで歩いていく。
10――タクシーに乗り込む。

ジョアンはケイトの緩和状態を発展させ、家でコーヒーを飲んで座っているのを想像してもらうようにした。ケイトは、簡単にこの状況で緩和状態を維持できるようになった。そしてジョアンは、ケイトが別れることを考えるのを援助した。緩和を維持するのに少し集中的なワークをしたあと、ケイトはそれができるようになり、緩和状態に留まった。次の段階は簡単ではなかったため、各階層を見直すことになった。ケイトとジョアンは一緒に、居間からスーツケースを持ち出す中間の段階を挿入し、それを想像しながら緩和を維持した。この中間の段階は、後でケイトが引き出しを開けて服を選ぶのを想像するとき、緩和し続けるのに役立った。

このように各階層での体験によって、ケイトは緩和をずっと続けながら、階層が完成するのを経験することができた。これが達成されたことで、そういった事態になったときにマルコムと別れるのを考えても、ケイトは力を与えられ、より強くなったと感じることができた。彼女はまだこのアイデアを少し理解しているだけだったが、恐怖に打ち負かされているのではなく、今や行動する位置にあると感じた。

(2) オペラント・プログラム

オペラント・プログラムは、正の強化の原理に基づいている。それは、肯定的な出来事が行動に続いて起こると、その行動が繰り返され可能性が増すというものである。この原理をうまく適用するということは、望ましくない行動が消えるのと同様に、望ましい行動が獲得されることを意味する。

正の強化は、オペラント・プログラムでの成功を確実にするおそらく唯一の、最も重要な要素であろう。正の強化とは何なのか。どのように導入し、その適用の一貫性はどのようなものか。もちろん、強化するものはその人特有のものである。したがって、いったい何がクライエントを強化しているかを決定することが、不可欠である。一度その決定ができたら、特別な時点で強化を導入し、プログラムを発展させることができる。それによって、おそらく求められる行動が発展し、維持されていく。

オペラント・プログラムを理解し適用するための価値ある参考文献、そして本項の材料の出典は、クルンボルツ (Krumboltz, J.) とソレソン (Thoreson, C.)[106]、ウォルピ (Wolpe, J.) とラザルス (Lazarus, A.)[107]、カーカフ (Carkhuff, R.)[108]、ワトソン (Watson, D.) とサープ (Tharpe, R.)[109]、である。

A　カウンセラーの仕事

ＡＲＰＩモデルは、個人的な目標を見つけることに第一義的な関心を払うため、また関係性の構築を真剣に後押しするため、この介入を行うのに大変ふさわしい。意識化の段階は、個人的に適切で意味のある目標を認識するのを強調し、その目標達成を推進するために、オペラント原則を使う特別なプログラムへ楽に変換できる。手ほどき技法の段階を使うには、カウンセラーはクライエントと典型的には次の一連の行動を進める。

B　オペラント・プログラムの手順

(1) 達成を望んでいる目標を見つける（通例これは、ＡＲＰＩの経験性欠損／目標の個人的なワークから出てくる）。

(2) 目標に到達するために、変えたり新たに獲得する必要のある行動（目標行動）を特定する（目標は、「家族に対してもっと気にかける」というような一般的な言葉で見出されることがあるが、この段階では、目標を具体的で明確にする意味がある）。

(3) 頻度、強さやその型という見地から、目標行動の詳細な観察をする（つまり、刺激になる出来事や報われている事柄、それを維持しているものを探す）。

(4) 典型的には、直前の目標や、成功のための報酬を積み上げるといった設定になる、変化のための計画を練る。その報酬は、成功の可能性への礎石になるように注意深く選ばれ、適用する必要がある（標準的な学習の理論にしたがって適用する。後述を参照）。

(5) 計画を実行する。

(6) 計画を評価し、必要ならそれを調整する。

この常識的な手続きは、それだけで有益である。それは、目標が明確で具体的であることを保障し、先行刺激や行動、そして現在の望ましくない行動を、続けるか新しいものを発展させるかのどちらかを後押ししている結果、というすべての重要な循環の分析を推進するものである。しかしながら、その有益な結果の傾向を強くするために、たくさんの標準的な学習理論をその過程に打ち立てることができる。その最も不可欠なものは、以下のとおりである（Watson & Tharpe から引用[109]）。

C 標準的な学習理論の原則

(1) オペラント（自発的）行動は、その結果からの働きである。何がそれに続くか（強化子）によって、行動は強化されたり、弱められたりする。

(2) 正の強化子は、それに随伴したものがあることによって、その行動が強められる結果になる刺激である。

（3） 負の強化子は、その状況からいなくなることによって、その行動が強化される不愉快な結果刺激である。

（4） 何が正の強化子で何が負の強化子であるかというのは、結局、関係する個人によって特定されるだろう。

（5） 罰せられる行動は、その行動の生起が少なくなるだろう。

（6） 強化されてもその強化が続かないと、行動は弱くなってしまうだろう。

（7） 断続的に強化すると、その行動が維持される傾向が増加する。

カウンセラーは、オペラント・プログラムの段階を使って、また強力な学習理論を取り込むことによって、クライエントが重大な人生目標を達成するのを援助することができる。

●実行中のARPI――事例●

❖オペラント・プログラムの戦略

共働作業のなかで、ジョアンはずっと、ケイトが次のことを見極めるのを援助してきた。「自分は欲求不満を感じている。なぜならアサーションをすることができないから（特にマルコムには）。自分は本当にそう望んでいる。そうすれば、自分のニーズを表現したり、自尊感情の水準を上げたりできるのに」。ジョアンは、ケイトがアサーションの原則、特にDESC法のやり方を学ぶのを援助してきた。しかし、アサーションの原則を理解するところから実行段階に移るのに、ケイトは明らかに慎重な援助を必要としていた。ジョアンは、それができるために適切な手ほどき技法の戦略は、オペラント学習の原則を使うことだと考えた。この原則は、行動を焦点化するプログラムにふさわしかった。たとえケイトの信念や態度が、自己主張的な意思の疎通が望ましい状況なのに、受身的になってしり込みしているとジョアンが認識したとしても。

ジョアンははじめ、ケイトに変える必要のあるのはどんな目標行動かをただ詳細に具体化してもらい、一緒にその要素を探索した。ケイトは、自分の置かれた情況や、特別な人々と一緒に自分のニーズを話すことを望んでいること、しかしそれどころか、自分は受身で、自分のなかに引きこもっていることを認識した。挑戦しないことに対する肯定的な結果としては、彼女が他からの反応（マルコムからの脅しのような）に対して、安全でいられるというものだった。しかし、ケイトは自分にがっかりして、無力であると感じたままになっていた。ケイトは、これを変えたいと本当に強く望んだ。ジョアンとの一週間コースのセッションの後、ケイトは自己主張的に意思の疎通ができた機会を日記に書いて、その力動性についての詳細（その状況、人々、先行刺激、行動、その結果を焦点化すること）を記録するようにした。

この情報をもとにして、ケイトとジョアンは同じような状況で、自己主張的でいられる長期目標を見つけるプログラムを発展させた。一週間以上、自己主張的になることを避けている応答を、一〇〇％（三十回）の基準として、一〇〇％の自己主張的な応答（場を離れるというような、心地の良い選択も含んで）に変えていくよう努力することにした。このための時間枠を三カ月に設定し、初めの二週間は（最初の試みは最も難しいと認識しながら）、自己主張の出来事一つを五％（約六／三〇の比率）まで、最初の月の終わりまでには一〇％に、そして、三カ月以内に一〇〇％に上げていく、という目標計画を作った。このプログラムは、ケイトに監視させ、その結果をセッションで報告してもらうようにした。

また二人は一緒に、この行動を継続する気にさせるためには、何がケイトを強化するだろうかと探索した。二人は成功そのものが、強い強化にきっとなるに違いないと認識した。アサーションの行動は、そのニーズに合わせて自尊感情を引き上げる傾向に導き、非常にやる気を起こさせるものである。また、ジョアンからの励ましや、アファーメーション（ジョアンは、ケイトを批判したり〔罰したり〕、ケイトからの励ましを引き出したりすることなく、肯定的な前向きの試みをふさわしく認めていこうと決めた）も、強化になったであろう。二人ともまた早い段階において、少なくともケイトは、良い結果のための具体的で実行可能なほうび、つまり小さな結果にでも、現実的で目に見える励ましがあれば、最も援助的になることも認識した。特にこれは、自己主張的であることから自分を閉ざしてしまう、マルコムの威嚇という反応（罰としての経験）からくるありがちな恐れに対して、必要なことだった。

ケイトは自分を強化すると思われる特別なことを発見して、自己主張的にできた後はすぐに自分をほめることで、それを解決した。強化の例は、たとえば、子どもたちが学校に行った後に自由時間を少し持つようにすること、手に届く範囲の服を買うこと、友達と映画に行くこと、などだった。ジョアンがはじめに強調したのは、決めたパーセンテージを達成すると、そういうことが積み重なっていって、強化するものを実行するようにしながら、ひとつの具体的な努力に関してその強化を当てはめていけることが大事だ、ということだった。

プログラムの初期の段階では非常に難しく、少なくともはじめは、マルコムの手荒な行動を引き起こす結果のいくつかは、過去のパターンを維持するように働いた。このような状況下で、ジョアンとケイトは、求められる行動パターンが起きるのを強める目的と強化を、調整する試みを余儀なくさせられた。

しばらくたつと、自己主張的な試みがひとつ（たとえどんなに小さなものでも）、非常に思慮深い方法で強化され、より実質のある結果に導くことがあった。たとえ、初期に直前の目標に出会えず、修正が必要だったとしても、上手に適用すると自己強化が予期してきたよりずっとうまくなってくるので、プログラムの後期段階の目標に、終局的にはたどり着くのである。

ケイトはＤＥＳＣ法の行動を徹底的に学び、自分の努力に報われながら、自分自身が気持ち良くなってきたと感じ始めた。この成功は、ケイトの受身的な応答によっては強化されることはないので、マルコムの威嚇行動の減少を加速させることになった。すべてをひっくるめて、オペラント・プログラムは、そのかかわった期間を通じてまったく劇的な展開を見せた。もっとも、後になっても、ケイトが前のように自己主張的には応答してないと感じるときがあったが、ケイトの受動性は目立って減少し、彼女は自分の選べる建設的な選択肢を持っていることを経験した。ケイトは、自分自身が前よりも強くなり、自分の人生も前よりも統制できると感じた。

付録――二つの事例

スクールカウンセリング

1 カウンセリングまでの経緯

(1) クライエント(マイケル)

男子高校の六年生(訳注、十七歳)であるマイケルは、成績の良い熱心な生徒だった。この数カ月間、マイケルの成績は著しく下がって基準を下回り、引きこもってむっつりしていた。マイケルの学年主任の先生は心配して、彼と話そうとしたがうまくいかず、スクールカウンセラーのフランクに支援を求めた。フランクは学年主任の先生を最初の「クライエント」と見なし、マイケルに関して先生が望んでいることや、したいと思っていることに焦点を当てた。先生が今まで努力したことや利用できる選択肢を考えたあと、フランクはマイケルに話す機会を持ち、マイケルがカウンセリングによる支援を受け入れられそうかを見ることに決めた。

(2) カウンセラー(フランク)

フランクは四十代前半で、大規模な男子校で六年間スクールカウンセラーをしている。彼は教師として実績を収め、カウンセラーに就くことになった。フランクは特別なこともなく比較的まともに育ったが、最初の結婚に敗れて妻と息子は今は別の町に住んでいる。フランクは再婚し、三人の別の子どもたちがいた。

カウンセラーとして指名されたということは、大学のカウンセラー訓練コースを終了したことを意味している。このコースは、ＡＲＰＩモデルを使った健全な理論と実践のバランスを持っており、効果的なカウンセリングができるための、カウンセラーの人間性の重要さを強調するものである。

マイケルのことは前から少しは知ってはいたが、彼と接触してみようと決め、フランクはいくつかのクラスを巡回しているかのようにしてマイケルと出会い、歩きながら一緒に雑談をした。型どおりのあいさつを交わしたあと、フランクは「このごろどう？」と開かれた質問をした。しかし、あいまいな返事しか返ってこなかった。フランクは、今困っていることがあるようだと先生が心配していると話し、話す機会を持たないかと持ちかけた。マイケルはこの案にあまり乗り気な態度を見せなかったが、フランクが提案した時間に会いに行くことには、同意した。

2　場所の設定にかかわること

この学校での初めてのカウンセラーであるフランクは、はじめ管理棟にある副校長の隣の部屋をもらった。しかし、この場所は生徒に緊張を生み出すため、フランクは別の理想的と思える新しい場所をもらえるよう、交渉した。生徒たちは教職員や他の生徒の目に触れないで会いに来ることができるだろう。

フランクは自分の部屋と待合室を整備し、標準的な事務用家具を使うことで制限されてはいたが、仕事部屋ではあっても気持ちの良い、魅力的な部屋になるようにした。部屋はかなりの防音効果があって、プライバシーを配慮した雰囲気になった。マイケルがやってくると、フランクは彼を招き入れ、ドアに使用中の札を掛けた。カウンセリングルームの受付係には、次に連絡するまで電話を取り次がないように、前もって頼んであった。

3　カウンセリング実践

(1)　かかわる

フランクにうながされて座る前、マイケルは部屋を見回し、フランクを見ようとしなかった。フランクは、マイケルに不安を感じさせない距離に椅子を引き寄せ、少し斜めに置いた。座るとき、あまり近づきすぎないように気をつけた。というのは、マイケルがあまり気が進まないように感じたし、また彼を怖がらせたくもなかったからである。実際、マイケルは体を少し離すようにしていた。フランクはそれに気づき、近くで向き合うのはマイケルにとって良い気持ちではないという意味なのかと思い、あまり踏み込まないように姿勢を少し動かした。

たとえマイケルが口をきかなかったとしても、マイケルは非言語的表現で多くの情報を伝えていた。そして、フランクは一生懸命そのメッセージを読むことに努めた。マイケルは居心地が悪そうで、フランクはこれに適切な応答をすることを望んだ。廊下での前回の立ち話のとき、マイケルは話すことが助けになるとは思えないと言っていた。フランクがそのことから受け取った「自分についてのメッセージ」というのは、マイケルはいくらか関心を持ってはいるが、何が助けになるかについて現実的な考えがないということだった。

(2)　反応する

フランクは、マイケルの様子と自主来室ではないという事実から、マイケルがカウンセリングをすることに疑問を持っているとわかった。マイケルとの密なかかわりや、正確で感受性豊かに言語的な応答をすることが、課題を探索し、二人のカウンセリング関係を発展させる度合いに影響するだろうとフランクは認識した。

まだカウンセリング経験の浅かったころなら、フランクは、カウンセリングの課題から離れ、関係づくりの時間を費やすことによって、マイケルがかかわってくれたことについて勇気づけようとしたに違いない。自分のことを好ましく思い、信頼してもらいたいと希望を持ちながら、マイケルが興味を持ちそうなことについて打ち解けておしゃべりを続けただろう。しかし、今のフランクは、クライエントに参加してもらうための最も実りのある手段は、クライエントの関心や、ためらいや、不確実な信頼を、認識し、理解し、受け入れたということを示すことだ、と理解していた。また同時に、カウンセラーとしての彼は、クライエントが苦しんでいることに関して提供する何かを持っていた。

マイケルは混乱して、よそよそしい感じで、じっとしていた。フランクは言った。

「きみはここにいて居心地が悪いと感じているような気がするけど（？）」

マイケルは応えた。

「大丈夫です」

フランクはその「楽天的」な態度に勇気づけられて、次のように続けた。

「そう、ここにいるのは大丈夫。でも、何か役に立つことがあるように思えない（？）」マイケルは言った。

「うん、まあそんなとこです」

そして、フランクはこれに応えて言った。

「君の言うとおりかもしれない。でも、君のことを心配している人から聞いたところでは、君は今困ることがあって、ぼくはその手助けができると思うんだ。たぶん、やってみる価値があると思うけど」

マイケルは自信に満ちたフランクのメッセージに、励まされたと感じた。自分のなかでは、確かに支援を必要としているのはわかっていた。しかしながら、彼は実際の心配が何なのか、どのように説明したらいいか、わからなかった。フランクは、マイケルが体験していることについて、いくつかの開かれた質問をした。それらは、自分の生活に何が起こっているか、学業をちゃんとやれないことについての心配、そして、事態をもしうまく軌道に乗せられなかったときの将来についての恐れ、などについてのマイケルの混乱を反映するものであった。しかし、それら全部を通してフランクがつかんだマイケルの自分についてのメッセージは、まわりが心配している行動の後ろに何があるか、マイケル自身が「知って」いることだった。が、マイケルがこのことを明らかにするのには、フランクにすら防衛的なことだった。

かかわりが進むにつれて、マイケルはフランクとかかわるのが、前よりも心地良くなってきて、困難を起こしている行動について話すのが、割合に気楽になってきた。フランクは、慎重に、あいまいに、ためらいがちに、マイケルが送ってくる信頼についての暗黙のメッセージに対して、表現された心配を的確に反射して返した。フランクは、自我についてのこれらのメッセージを、そしてそのように「対決」をすることによって、頭打ちになっている進行中の課題を、鋭く焦点化し続けた（この少年は、フランクを信頼するのにためらっていることを認めながらも、個人的な心配事があるという明らかなメッセージを届けていた。しかし、今二人の間のうまく構築されている応答土台を越えることは難しかった）。フランクは今まで話し合ったことを要約して言った。

「……今までずっと話し合ってきたことから、君はかなり深刻なものを抱えているように思えるんだ。でも、君は今、本当にこの重要な問題が何なのか、ただ話し合うことに不安を感じている（？）」

マイケルはフランクの要約によって、現れてきたよりもっと心配していることがあることを、フランクの手腕によって扱い挑んできたと理解した。この感覚的な理解はマイケルに、ごく個人的に話をすることについての悩みについて、より直接的に取り組ませる方向へもっていった。フランクはマイケルの内なる闘いに応答しながら、次第にマイケルが持っている困難の中心的なものは、自分が他人と違うと感じていることだ、と示せるところまで進んだ。フランクによる「最先端」の体験ワークが進むにつれ、自己についてのメッセージに光を当て、置き換え可能の応答や付加的な応答で、ばらばらの部分を一つにしていき、自分が人とは違うということについてのマイケルの開示を、明らかにしていくことになった。それは、ゲイになるかもという心配で苦しんでいるということだった。

この開示から、ゲイかもしれないという探索がさらに進んだ。それは、マイケルがなぜそう考えるようになったのか、彼の性的な自覚についての発達の歴史はどうだったか、ゲイであることは彼の生活で何を意味するか、そして、将来それは自分自身に何を意味するのか、ということだった。明らかにマイケルには、この問題に関して心配していることがたくさんあった。今までの過去をフランクに語ったところからは、マイケルの経験は部分的にはたぶん正常な発達の過程であろうと認識したが、あたかも性的行為に対するマイケルの気づきが、一定の期間ずっと大きくなってきているかのようだった。

フランクはマイケルが経験している葛藤に共感し、マイケルから受け取る信頼をうれしく思った。また、性的な事柄を取り扱っている自分自身に対して、いくらか緊張していることも認めた。しかしフランクは、この少年が経験したことはたぶんゲイになるのではということ、そして彼の考える目標への進展のために、カウンセリングに何が必要で、何を望んでいるかということを、マイケルと一緒に焦点化したのである。

(3) 意識化技法

マイケルとフランクが一緒にするワークで、「外側の」課題（たとえば、「君は心配しているね。なぜなら成績が下がって一年間の評価に響くのではないかと（?・）」）を取り扱うことから、個人的な意味ある応答（たとえば、「君は心細く感じているね。なぜなら自分がゲイで、それに直面するのは本当に怖いことなんだね（?・）」）への移行は明らかだった。この意識化の材料のうえでのワークは、特徴的な経験されたデフィシット／ゴールへの応答へ進んだ。以下はその例である。

「君は混乱している。なぜなら自分がゲイであるかどうか本当にわからない。それに、それを明らかにする必要があるのは、それが自分にとって何を意味するかを知るため（?・）」

「君は怖がっている。なぜならそのことに今までオープンになれたためしがないから。また、自分がはたしてどんな種類の普通生活をこれから送れるか、知る必要がある（?・）」

「君は怖がっている。なぜならゲイとしての自分の将来を想像できない。それに、自分に起こりそうなことを納得するのに、それがどうなのかを知らなくてはならない（?・）」

「君は欲求不満を感じている。なぜなら、今『私はＯＫ』と自分自身を受け入れることができない。でも、何があろうとそうできるようになりたい（?・）」

「君は行き詰ったと感じている。なぜなら、この行き詰った状況は自分にとって非常に混乱することなので、次に何をするべきか、何をしたいのかわからない（?・）」

表現する一瞬ごとに、一つひとつの応答がマイケルのもがきをとらえた。またそれぞれの応答が、行動の形を必要とするように導いた。フランクは、マイケルがこれら応答の含む目的を適切に達成できるように、援助した。

(4) 手ほどき技法

経験されたデフィシット／ゴールへの応答が、マイケルの経験に添った形でそれぞれ作られたあと、フランクとマイケルは、見つけた目標を達成するのにどうしたらいいか、探索を続けた。最も切迫した目標は、マイケルが現実的にゲイであるのか、それとも性に関するただの発達上の心配なのかを、探索することだった。過去何年間かのマイケルの性的関心に関する説明では、前者であると思われたが、これについて説明の必要なことがたくさんあった。

マイケルとフランクは、性的なアイデンティティの問題を広く探索した。そして「もしそうだとしたら」という問題に関心を集中した。フランクは、性的なアイデンティティに悩んでいる若い人たちと感受性豊かにオープンに話すのが巧みな、自分の知っている地域の同性愛サポートセンターに、専門的な接触をした。その後、一緒にワークをするなかで、サポートセンターでの話し合いが彼の助けになるかどうかマイケルに提起した。マイケルは決めるのをためらっていたが、フランクも一緒に出席するということで参加を決めた。

フランクは、明確になってきた重要な目標をマイケルが達成できるように、多様な手ほどき技法の戦略を使って援助した。たとえば、起きるかもしれない課題を見極めてかかわるため、おそらくゲイだと思われる未来の脚本を現在に持ってくるように、プレゼンタイジングを使った。ゲイになることが意味することや、人としての価値、他人に対してできそうな応答についてのイラショナル・ビリーフと対決するように、論理療法の戦略も使った。

この接触のかなりあとで、セッションを重ねてかなり進展してから、マイケルが自分の性的な方向づけを認識して受け入れ始めたとき、フランクは、マイケルが自分にとって大切な人たちに、自分を表現するのに必要なコミュニケーション・スキルを発達させるのも援助した。明らかにこれはとても難しかったが、フランクの援助によってそれをすることが可能になり、身近な人たち、特に家族は、はじめは難しかったが前のようにマルコムを受け入れ、マルコムの新しい気づきも受け入れていく関係を発達させるよう、努力する準備ができていることがわかった。

長い時間にわたって、フランクはマイケルとたくさんのワークを行った。マイケルがこの怖れを、フランクと自分自身にひとたび表現することができたことで可能になった、重要な働きがあった。マイケルにとっては困難な六年生だったが、それは個人的な発達への重要な移り変わりであって、生活上の新しい展望でもある広範囲にわたる個人的な取り組みを意味していた。

フランクはマイケルとの取り組みに満足感を感じた。そして、訓練の価値と、彼が使うことのできた融通性に富む統合された折衷的枠組みを、納得することができた。

キャリアカウンセリング

1　カウンセリングまでの経緯

（1）クライエント（グレム）

グレムは、広告会社で働いている三十代半ばの男性である。彼は仕事が自分には合っていないと思い、満足していなかった。また、グレムの働いていた会社は業績不振で、近い将来に従業員をリストラする可能性があった。グレムが不安に思っていたのは、以下のことである。会社に留まって何が進展するかを見てみるか、新しいキャリアを選択するか、再訓練を受けてみる、つまり新たな資格を求めてみるか、あるいは別の選択肢が可能かを見てみるか、である。彼の妻は、グレムがそのことでとても惨めな気分でいることに気がつき、彼が何を望んでいるのかを整理して追及してみてほしいと言った。彼女には、グレムが行う選択を受け入れる準備ができていた。たとえ彼女と子どもたちが犠牲になるかもしれないとわかっていても。

グレムはついに援助を求めるために、雇用・キャリア相談機関に行くことにした。彼は電話してカウンセラーに会うための予約を取った。

（2）カウンセラー（サラ）

サラは三十代前半で、教師として働いていた経歴があり、その後雇用・キャリア相談機関で働く前には商取引の業界で働いていた。彼女は結婚はしていなかったが、パートナーと一緒に住んでいた。

サラは言語学の学位と教員免許の有資格者だった。現在の指名を受けるため、高等教育機関でのカウンセリング資格習得コースの最終段階にいた。そのコースは、その中核モデルとしてＡＲＰＩを使う、一般的で確固とした土台を持っている。それを雇用・キャリアカウンセリング分野に生かしていくことは、サラにはたやすいことだった。

サラは一週間の仕事に、多くの責任を果たさなければならなかった。雇用主や教育スタッフに対して、キャリアに関するコンサルテーションが多くあり、キャリアカウンセリングを求める多くのクライエントに会わねばならなかった。ある日の予定表に、グレムの予約があった。彼女がわかることは、その人がキャリアに関して関心があり、誰かと話したがっているということだけだった。

2　場所の設定にかかわること

サラの働いている機関では大きな転換があった。単なるサービス機関から、仕事の競争原理と「受益者負担」のバランスを取っている市場志向の姿勢に移行していた。この経営方針のおかげで、仕事はかつてよりも高級な職場設定に様変わりしたが、意味のあるカウンセリングをするのには、いくらかの困難が伴うようになった。

カウンセラーは、仕切りでそれぞれ隔てられたオープン・スペースの事務所で働いていた。カウンセリングやコンサルテーション面接のためには、隅のほうに二つの面接ブースがあった。しかし、この共有仕様のために、個人的なことを話すのは少し難しかった。感じは良いけれども個性がなく、サラと他のスタッフは、それを単なる仕事場以上のものにするのに苦労していた。

グレムは事務所を難なく見つけ、また、そこにいることに引け目を感じることもなかった。受付の場所は気持ちよく、受付係の職員も温かく親しみやすかった。グレムは、自分の期待していることが不明確で少し心配だったが、必要だろうと考えたことが得られるかどうかについて、思いをめぐらせていた。

3　カウンセリング実践

(1)　かかわる

サラがグレムに会うためにオフィスの入り口にやって来たとき、彼女はそのあたりがすごく忙しそうに見えるのに気づき、グレムを認めたときに彼に笑いかけ、自己紹介して握手することで、一生懸命強い接触が取れるように努めた。別の階の面接室に移る必要があることを伝え、案内した。移動しながら、この町にどのくらい住んでいるかといった、比較的安全な話題を選んで話しかけた。

面接室に着くと、サラはグレムを招き入れ、急いで家具をきちんと整えた。小さな机を脇に移動させ、でも必要なときには記録をとるのに十分な近さに置いた。この家具の移動のおかげで部屋は広々とし、椅子と椅子との間に障害物がなくなった。サラは、机の上のメモ帳とペンを取り、グレムに次のように尋ねることでワークに移った。

「それではグレムさん、どのようなことでお役に立てますでしょうか」

(2)　反応する

グレムは自分の状況を説明した。彼は、多くの課題やそれに付随したことで話すことがいっぱいあると考えていたが、自分を煩わせている問題が何なのかをサラが理解できるように、それらを全部どのように整理したら一番良いのかわからなかった。それで、サラは主要な問題のそれぞれを心に留め、グレム自身についてのメッセージを聴きながら、その中身を聞いた。自分自身についてのメッセージは、たくさんの葛藤に直面しては圧倒されどうしたらいいかわからないグレムにとって、一番大事なものだと思われた。サラは、グレムの表現した内容、特に個人的な主題や、自我が示すメッセージを伝えようとして応答した。

グレムは、わずらわしさのすべてを払いのけることができ、はっきりした方向づけをサラがくれるのではないかと、半ば希望していた。しかしながら、そんなことは起こらないことは、彼にもすぐにわかった。サラは、グレムの葛藤や、それらがどのように関連しているかを探索することで、彼を援助した。グレムが語るさまざまなシナリオを共有するため、また、自己を支える重要な糸とは何かを見るために、一生懸命かかわった。

グレムは、彼の妻の立場や広告業界の困難さについても、同じように探索した。サラはこの副主題の材料を全体像のなかに位置づけ、グレム本人が今どんな困難のなかにいるか、彼が何を望んでいるか、次第に意識化の応答をするようになった。

(3) 意識化技法

次第にいろいろなものが一つになり、グレムの個人的な問題を処理するように進んだかなり長い探索期間のあと、サラは、グレムが何に苦しんでいるのか、自分に何がなかったと思えるのか、何を望んでいるのかというところまで言及する、包括的な要約応答をしようとした。

「ではグレムさん、あなたが何に直面しているのか、そして今どの位置にいるのかを、私が把握できているかどうか見させてください。あなたは、自分に開かれたいくつもの可能性があるので当惑しているようですね。まず、はじめに～があり、～もあります……」

サラはまた、今までの接触の間、グレムがずっと発展させてきた多様な選択肢をまとめた。それらは、以下のものである。

＊現状のまま、成り行きを見る。
＊広告業界で他の仕事を探す。

＊新しいキャリアという方向づけを見る（もしそうなら、何を？）。
＊研修や訓練を受けてみる（もしそうなら、何を？）。

お金の問題、職業的な興味、家族の援助、生活の満足など、これらに伴ういろいろな副次的問題があった。サラは、理解したり、わくわくしたり、混乱したりというような、グレムの経験した複雑な感情を心に留めながら、それらを明らかにしていった。

グレムが心配になっている要素を全部一つにまとめて、その意味を総合的に理解するという素晴らしく役に立つと思えた要約のあと、グレムとサラは、現れてきたいくつかの課題をさらに探索した。しかしながら、サラは間もなく、意識化されたデフィシット／ゴールの応答をするようになった。

「あなたは行き詰ったと感じています。なぜなら、次に何をするべきか決定することができない。そして、このことは本当に大切なことなのです、あなたとあなたの家族のうえに重大な影響を及ぼすことなので（？）」

(4) 手ほどき技法

グレムは本当にそのとおりだと肯定し、そしてサラの働きかけで、グレムの閉塞状況を開くことができるものを見つけるように動いた。より重要な問題のひとつは、彼が広告の仕事の何が好きでないか、その代わりに彼がやってみたいことの意味を見極めてみることだと、グレムは認識した。サラはそのことの価値を認め、広告業がグレムの興味やスタイルに合うという点まで、一緒に探索した。サラはまた、キャリア選択に関しての興味がどこにあるかをより明確に見つけるために、グレムに「自分探し検査」（ＳＤＳ）を使用できることを示した。サラはＳＤＳの検査を渡し、次の週にカウンセリング・セッションを持つ予約を取った。

グレムとサラとの接触は、ＳＤＳを使って、また、社会的情緒的な必要性、物理的な必要性、知的な必要性など、重要な仕事分野に関するサラからの開かれた質問を通して、彼の興味のある分野を探索する過程へと続いた。グレムは、自分の興味が何であるかをさらに理解するようになり、彼の興味はコンピューター工学の分野のキャリアにあることが示唆された。この知識で、サラはこの方向づけにあるキャリアに関する具体的な選択肢を考え、グレムが慎重に自己決定（カーカフ〈Carkfuff, R. R.〉の問題解決の枠組み[110]を使用）を行うように援助した。

究極的に、グレムは自分が望んでいる種類の仕事をうまく成功させるために、コンピューター分野での資格が必要だと決定した。彼はそのことを妻に話し、二人で一緒に集中的な倹約期間を作ることを決めた。同時にグレムは、コンピューター工学科の通信教育を申し込むだろう。そして、可能なときには、コンピューター資格習得を完了させるために、全日制コースの学生となるかもしれない。この挑戦はきついが、グレムはやる気があり、支持されていると感じた。重要なことは、短絡的に最適な選択だと思うような単なる直感ではなく、自分が望んでいることとの明確な理解に基づいた行動であるということであった。

サラは、このワークに満足したと感じている。サラは、グレムのジレンマが複雑であることに気づいていたが、相手の状況に波長合わせをして、その意味を理解し、重大な変化を作るために働く自分の能力も、確認できたのである。

注　釈

序　章

1 たとえば，Carkhuff, R. R. (1969). *Helping & Human Relations, Vols I & II*. NY : Holt, Rinehart and Winston.

2 Truax, C. B. & Carkhuff, R. R. (1967). *Toward Effective Counseling and Psychotherapy*. Chicago : Aldine.

3 Carkhuff, R. R. & Berenson, B. G. (1967). *Beyond Counseling and Psychotherapy*. NY : Holt, Rinehart and Winston.

4 Carkhuff, R. R. (1972). *The Art of Helping*. Amherst, Mass. : HRD Press ; Carkhuff, R. R. & Anthony, W. A. (1979) *The Skills of Helping : An Introduction to Counseling Skills*. Amherst, Mass. : HRD Press.

5 参照，Norcross, J. C. & Arkowitz, H. (1992). The evolution and current status of psychotherapy integration. In Windy Dryden (ed.), *Integrative and Eclectic Therapy : A Handbook*. Buckingham : Open University Press.

6 参照，Norcross, J. C. & Grencavage, Lisa, M. (1989). Eclecticism and integration in counselling and psychotherapy : Major themes and obstacles, *British Journal of Guidance and Counselling*, 17, 3, 227-247.

7 参照，James, Muriel & Jongeward, Dorothy (1971). *Born to Win : Transactional Analysis with Gestalt Experiments*. Reading, Mass. : Addison-Wesley Publishing Company.

8 参照，Lazarus, Arnold (1992). Multimodal therapy : Technical eclecticism with minimal integration. In John C. Norcross and Marvin R. Goldfried (eds.), *Handbook of Psychotherapy Integration*. NY : Basic Books, pp. 231-263.

9 参照，Beutler, Larry, E. & Consoli, Andres (1992). Systematic eclectic psychotherapy. In John C. Norcross and Marvin R. Goldfried (eds.), *Handbook of Psychotherapy Integration*. NY : Basic Books, pp. 264-299.

10 来談者中心療法の中心的な立場は，たとえば以下の文献を参照。Mearns, Dave & Thorne, Brian (1988). *Person-Centered Counselling in Action*. London : Sage.

11 たとえば，Ivey, A. E., Ivey, Mary Bradford & Simek-Morgan, Lynn (1997). *Counseling and Psychotherapy : A Multicultural Perspective (4th ed.)*. Boston : Allyn and Bacon.

12 たとえば，Nelson-Jones, Richard (1983). *Practical Counselling Skills*. London : Holt, Rinehart & Winston. を参照。

13 カウンセリングスキルと治療的カウンセリングとの間の相違については，以下の文献を参照。Frankland, A. & Sanders, P. (1995). *Next Steps in Counselling*. Manchester : PCCS Books, pp. 38-39.

第1章――統合モデル

14 Brammer, L. (1996). *The Helping Relationship : Process and Skills, 6th ed*. Englewood Cliffs, NJ : Prentice-Hall.

15 Ivey, A. (1988). *Intentional Interviewing and Counseling : Facilitating Client Development*. Pacific Grove, CA : Brooks/Cole.

16 Egan, G. (1987). *The Skilled Helper : Models Methods and Skills for Effective Helping, 3rd ed*. Monterey, CA : Brooks/Cole.

17 Nelson-Jones, R. (1983). *Practical Counseling Skills*. London : Holt, Rinehart & Winston.

18 Munroe, A., Manthei, R. & Small, J. (1988). *Counseling : The Skills of Problem-Solving, (rev. ed.)*. Auckland : Longman Paul.

19 Egan, G. (1986). *Change Agent Skills in Helping and Human Service Organizations*. Monterey, Calif : Brooks/Cole.

第3章――カウンセラーのかかわり

20 *The American Association for Counselling and Development* Conference held in Houston, Texas, 1984.

21 Combs, A. W. & Soper, D. W. (1963). The perceptual organization of effective counselors, *Journal of Counseling Psychology*, 10, 222-226.

22 Belkin, G. S. (1988). *Introduction to Counselling, 3rd ed*. Iowa : Wm. C. Brown Publishers.

23 Rogers, C. R. (1957). The necessary and sufficient conditions of therapeutic change, *Journal of Counseling Psychology*, 21, 95-103.

24 Truax, C. B. & Carkhuff, R. R. (1967). *Towards Effective Counseling and Psychotherapy*. Chicago : Adline.

25 Carkhuff, R. R. (1969). *Helping & Human Relations, Vols. I & II*. NY : Holt, Rinehart & Winston.

26 これらの特徴を強調する共感の見方については、以下の文献を参照。Hermansson, Gary (1997). Boundaries and boundary management in counselling : The never-ending story, *British Journal of Guidance and Counselling*, 25, 2, 133-146.

27 Brammer, L. (1996). *The Helping Relationship : Process and Skills, 6th ed*. Englewood Cliffs, NJ : Prentice-Hall, p. 41.

28 Kenneth Gerginは、社会的に作りあげられた自己が、その社会構成から離れて個人史に広がっていく事例を展開している。Gergin, K. (1985). The social constructionist movement in modern psychology, *American Psychologist*, 40, 266-275. を参照。

29 Berenson, Bernard & Mitchell, Kevin. (1974). *Confrontation ! For Better or Worse*. Amherst : Mass. : HRD Press.

第4章――ARPーモデルの背景

30 Waldegrave, Charles (1990). Social Justice and Family Therapy (Just Therapy) : A Discussion of the Work of the Family Centre, *Dulwich Centre Newsletter* (*Special Issue*) *No 1* ; Adelaide Australia.

31 Durie, Mason & Hermansson, Gary (1990). Counseling Maori People in New Zealand [Aotearoa], *International Journal for the Advancement of Counselling*, 13 : 107-118 ; or Mason Durie, (1989). A move that's well overdue : shaping counselling to meet the needs of Maori people. *New Zealand Counselling and Guidance Association Journal*, 2, 13-23.

32 Sue, Derald Wing & Sue, David (1990). *Counselling the Culturally Different: Theory and Practice* (*2nd edition*). NY : John Wiley & Sons.

33 Chaplin, Jocelyn (1988). *Feminist Counselling in Action*. London : Sage Pubs.

34 Drewery, Wendy (1986). The challenge of Feminism and the practice of counselling, *The New Zealand Guidance and*

Counselling Association Journal, 8, 18-28.
35 Christensen, C. P. (1989). Cross-cultural awareness development : a conceptual model, *Counselor Education and Supervision*, 28, 270-289.
36 Kluckholn, F. R. (1961). *Variations in Value Orientations*. Evanston Ill. : Row, Peterson & Co.
37 Kluckholn, F. R. & Strodtbeck, F. L. (1961). *Variations in Value Orientations*. Evanston Ill. : Row, Peterson & Co.
38 Vontress, Claude (1988). An existential approach to cross-cultural counseling, *Journal of Multicultural Counseling and Development*, 16, 73-83.
39 Locke, Don (1990). A not so provincial view of multicultural counseling, *Counselor Education and Supervision*, 30, 18-25.
40 d'Ardenne, Patricia & Mahtani, Aruna. (1989). *Transcultural Counselling in Action*. London : Sage Pubs.
41 Fukuyama, Mary (1990). Taking a universal approach to multicultural counseling, *Counselor Education and Supervision*, 30, 6-17.
42 Hermansson, Gary (1974). Counselling Polynesian Youth. In Clem Hill and Doug Bray (eds.), *Polynesian & Pakeha in New Zealand Education, Voll. II*. Auckland : Heinemann, 141-147.
43 Kelly, G. (1990). The cultural family of origin : a description of a training strategy, *Counselor Education and Supervision*, 30, 77-82.
44 Locke, Don (1986). Cross-Cultural Issues. In A. J. Palmo & W. J. Wekel (eds.), *Foundations of Mental Health Counselling*. Springfield Ill. : Charles C. Thomas.
45 Ivey, A. E., Ivey, M. B. & Simek-Downing, L. (1987). *Counselling and Psychotherapy* : *Integrating Skills, Theory and Practice*. London : Prentice-Hall International (UK) Ltd.
46 Chaplin, Jocelyn (1988). *Feminist Counselling in Action*. London : Sage Pubs.
47 Carkhuff, Robert (1969). *Helping & Human Relations, Vol. I*. NY : Holt, Rinehart & Winston.
48 Nash, Roy (1980). The social ideology of Human Resource Development, *Delta*, 26, 10-19.

49 Awatere, Donna (1981). Maori Counseling. In Felix Donnelly (ed.), *A Time to Talk: Counsellor and Counselled*. Auckland: George Allen & Unwin.

第5章――かかわり技法

50 このプロセスの説明のためには、以下の文献を参照。Hermansson, Gary, Webster, Alan, and McFarland, Ken (1988). Counselor deliberate postural lean and communication of facilitative conditions, *Journal of Counseling Psychology*, 35, 149-153.

第6章――応答技法

51 必要不可欠なのは、単にカウンセラーの体験だけでなく、共感というコミュニケーションであると認識されている。クライエントはカウンセラーの共感と、その共感を伝える強力な手段である置き換え可能な応答を、必要としている。

52 Ivey, A. E., Ivey, M. B. & Simek-Downing, L. (1987). *Counseling and Psychotherapy: Integrating Skills, Theory and Practice*. London: Prentice-Hall International (UK) Ltd. p. xi.

第8章――手ほどき技法

53 Hutchins, David. (June 1984). Improving the counseling relationship, *The Personnel and Guidance Journal*, 62, 10, 572-575.

54 Krumboltz, John & Thoreson, Carl (eds.). (1976). *Counseling Methods*. NY: Holt, Rinehart & Winston. The Conference referred to was the IRTAC Conference in Lusanne, Switzerland, in 1982.

第9章――思考志向の戦略
【自己決定の技法】

55 Manthei, Marjorie (1990). *Decisively Me*. Auckland: Heinemann Reed.

56 Carkhuff, Robert, R. (1973). *The Art of Problem-Solving*. Amherst : HRD Press.

57 Marjorie Manthei の本 *Decisively Me* は、自己決定というテーマを研修会活動で展開しているが、非常に良い参考書である。Manthei は、人が自分のアプローチを自己決定に持っていく方法がどのように違うのかを、次の三カテゴリーにまとめた。①科学的（目標設定方式、賛否両様方式、勢力分野方式、ＡＢＣ方式）、②問題解決的（５Ｗ１Ｈ方式、ニーズ整理方式、機会方式）、③グループ的（コンサルテーションの樹、同意方式、記名方式、協同方式）。

58 Robert Carkhuff のモデルの中心となる文献は、*The Art of Problem-Solving*（一九七三年、Amherst : HRD Press 刊）である。これは読みやすく、自己決定モデルがどのように使われるかを明確に示した、有益な入門書である。この本の中心になっている長所は、明白な論理とその実用性にあり、その弱点としては、技法に流れてしまい、あまりにもたやすく、クライアントの全人性やカウンセラーとクライアント関係といった焦点が、移行してしまうきらいにあると私には思われる。

59 Johnson, R. (1978). Individual styles of decision making : a theoretical model for counseling. *Personnel and Guidance Journal*, 56, 530-536.

60 Janis, I. & Mann, L. (1977). *Decision-Making : A Psychological Analysis of Conflict, Choice and Commitment*. NY : Free Press.

61 カウンセリング・スキルについての叙述の部分としては、一九八七年出版の Allen Ivey, Mary Bradford Ivey, and Lynn Simek-Downing, *Counseling and Psychotherapy : Integrating Skills, Theory and Practice*, London : Prentice-Hall International (UK) Ltd. のなかに、五段階の自己決定モデルの概略がある。このモデルは以下のものである。①ラポールをつけ、面接構造を作る、②データ集め（問題を定義し、すべての資源を見極めること）、③目標を決める、④解決のための選択肢を見つける、⑤その一般化（学習の移行を確認するために）。幅広く述べられたこの流れは、ほとんどの自己決定モデルに特徴的なものである。

【視覚化技法】

62 Fanning, Patrick (1988). *Visualization for Change*. Oakland Calif : New Harbinger Publications. 明確で非常に有益なこの本

には、このアプローチの基本原理と手続きが提示されている。著者は、変化のための多様な可能性に注目している。たとえば、体重のコントロール、禁煙、創造性や問題解決、目標の設定と達成、スポーツや学習面での成績向上、ストレスの緩和、自尊心、不眠、うつ、不安や怒り、内気、怪我、病気、痛みのコントロール、などである。

63 Gawain, Shakti (1978). *Creative Visualization.* Mill Valley Calif : Whatever Publishing. これもまた有益な書である。Fanning の本のような実際的な価値を持ってはいないが、詳細に書かれたものよりも諸原則や手続きが明白である。またこの本は、少し不快な感じをさせる傾向の強い「神秘的なニューエイジ思想」の方向性を持っている。

64 Odle, Chris (1990). *Practical Visualization : Self Development through Visualization and Affirmation.* UK : The Aquarian Press. この本は、視覚化技法の基本原則を非常にわかりやすく説明している。幾分「ニューエイジ思想」の様相も持っているが、Gawain の本ほどではない。カウンセラーと同様に、クライアントの直接的な参考書として有益だろう。

【催　眠】

65 おそらくこの戦略を使う臨床家のための最も有益な参考書は、Josie Hadley（熟達した催眠療法家）と Carol Staudacher（創作作家）が一九八五年に著した *Hypnosis for Change.* Oakland CA : New Harbinger Publications. である。彼らは、まず催眠の歴史や基本的な原則の読みやすい概略を提供し、催眠導入や暗示の基礎的なものに関心を払う。それから、催眠法に適切な広い範囲の人生課題、ダイエット、禁煙、ストレス軽減、恐怖症、自然分娩、健康問題、痛みのコントロール、自尊感情の促進、学習成績や運動の向上に章を割いて焦点化する。著者らは、いったん臨床家がこのアプローチの理論的根拠と基本的な手続きを理解するや、非常に有益に使える多様な逐語での導入や暗示の事例さえも提供してくれる。

66 特徴的な間接法をトランス導入や暗示に使う Milton Erikson の仕事は、催眠法の洗練されたものである。John Grinder と Richard Bandler の *Trance-Formations*（一九八一年、Connie Andreas 編集、Utah : Real People Press 刊）というＮＬＰアプローチに関連する本は、このスタイルを洗練するのに価値ある参考書である。この本は、John Grinder と Richard Bandler の研修会で使われた材料を叙述形式に変えて、編集者（Connie Andreas）のモデルを展開するという、いくらか不満を覚える一冊である。研修会の材料構成は、直接読者のために構成されたものとは違っており、私見では、決してうまくいくものではない。しかしながら、その教材のなかには、Eriksonアプローチの線に沿ったトランスの不可欠な要素が含まれている。それは催眠ワークを一般的なコミュニケーション・プロセスに広げ、どのようにＮＬＰの原理（たとえば、代表システムやペーシング）がトランスや変化をもたらすなかで有益であるのかを示している。

【交流分析】

67 Stewart, Ian & Joines, Van (1987). *TA Today: A New Introduction to Transactional Analysis*. Nottingham and Chapel Hill: Lifespace Publishing. この本は交流分析の主要な概念を広く網羅している。それは、ＴＡ一〇一コースの中身を形作る材料をカバーしている。それは、このやり方を使うどんな臨床家にとっても、必要不可欠なものと見なされているものである。Ian Stewartもまた、その書名から想像できるように、この方向づけで適用できる有益な本（*Transactional Analysis in Action*, London: Sage Pubs., 1989）を著した。

68 交流分析の創始者は、このアプローチについてずっと執筆活動を展開している。彼の最初の本で重要なものは、*Transactional Analysis in Psychotherapy*（一九六一年、NY: Grove Press刊）と命名されており、セラピストのための古典的な参考書と見なされている。一九七〇年初めには、Berneは、交流分析方式を一般に使用されるのに貢献したベストセラー、*Games People Play*（一九七二年、NY: Grove Press刊）を書いた。Berneはまた、*What Do You Say After You Say Hello?*（一九七二年、NY: Grove Press刊）という本の中でも自分の考えを展開しているが、そこでは特に、Claude Steinerの一九七四年の労作*Scripts People Live*（一九七四年、NY: Grove Press刊）によって、のちにより完全な形でその詳細を展開する分野、人生脚本の理論を考案した。

69 現時点で交流分析を最も理解しやすく、たやすく利用できる内容を提供する本は、一九七三年に出版され、以降改訂されたTom Harrisの*I'm OK–You're OK: A Practical Guide to Transactional Analysis*である。Harrisは明確にまた雄弁に、交流分析の歴史的な基礎や、構造的交流的分析の概念的な枠組みを設定している。また交流分析の考えを、教育、経営、民族間とのかかわり合いにも展開した。

70 特別な年齢グループと取り組むのによいほかの参考書は、Alvyn Freedによる*Transactional Analysis for Everybody Series*で

ある。これらはサクラメントにある Jalmar Press 刊行の以下のものである。*TA for Tots (and Grown Ups Too)*（一九七一年刊）；*TA for Kids (and Other Prinzes)*（一九七三年刊）；*TA for Teens (and Other Important People)*（一九七六年刊）。

71 「三角関係」のドラマともいわれる。Karpman, Stephen (1968). Fairy tales and script drama analysis, *Transactional Analysis Bulletin*, VII, 26, pp. 39-43を参照。

【論理療法】

72 論理療法の重要な要素を提供している主な参考書は、一九六二年にニューヨークの Lyle Stuart 刊の Albert Ellis による *Reason and Emotion in Psychotherapy* である。重要な参考書としては他にも以下の二つがある。Ellis による *Humanistic Psychotherapy : The Rational-Emotive Approach*（一九七三年、NY : Julian Press 刊）、また Ellis が Ron Grieger と一九七七年に編集した *Rational Emotive Therapy : A Handbook of Theory and Practice*（NY : Springer 刊）と題名した本である。このハンドブックは、理論や問題の発展、主な技能、子どもたちとかかわることに関心を払いながら、論理療法の基本的な材料を凝集している。

73 ごく最近、論理療法を発展的に著述しているイギリスでの専門家、Windy Dryden が、非常に貴重な *Counselling in Action* シリーズの一冊として、価値ある応用本（*Rational-Emotive Counselling in Action*, London : Sage）を出版した。

【ナラティブ外在化】

74 McLeod, J. (1996). The emerging narrative approach to counselling and psychotherapy, *British Journal of Guidance and Counselling*, 24, 2, 173-184.

75 Steiner, Claude (1974). *Scripts People Live*. NY : Grove Press を参照。

76 Monk, Gerald., Winslade, John., Crocket, Kathie & Epston, David (eds.) (1977). *Narrative Therapy in Practice : The Archaeology of Hope*. San Francisco : Jossey-Bass Publishers, pp. 3-31. の Monk による章 How Narrative Therapy Works を参照。

77 White, M & Epston, D. (1990). *Narrative means to therapeutic ends*. NY : Norton.

78 Monk, Gerald., Winslade, John., Crocket, Kathie & Epston, David (eds.) (1997). *Narrative Therapy in Practice : The Archaeology of Hope*. San Francisco : Jossey-Bass Publishers. pp. 32-81. の Wendy Drewery と John Winslade による章 The Theoretical Story of Narrative Therapy) を参照。

79 McLeod, J. (1996). The emerging narrative approach to counselling and psychotherapy, *British Journal of Guidance and Counselling*, 24, 2, 173-185. と McLeod, John (1996). Working with Narratives. In Rowan Bayne, Ian Horton & Jenny Bimrose (eds.), *New Directions in Counselling*. London : Routledge. pp. 188-200.

80 Monk, Gerald., Winslade, John., Crocket, Kathie & Epston, David (eds.) (1997). *Narrative Therapy in Practice : The Archaeology of Hope*. San Francisco : Jossey-Bass Publishers.

81 Parry, A. & Doan, R. E. (1994). *Story Re-visions : Narrative Therapy in the Post-Modern World*. NY : Guilford.

82 McLeod, J. (1996). Working with Narratives. In Rowan Bayne, Ian Horton & Jenny Bimrose (eds.), *New Directions in Counselling*. London : Routledge, p. 190.

83 McLeod, J. (1996). The emerging narrative approach to counselling and psychotherapy, *British Journal of Guidance and Counselling*, 24, 2, p. 180.

84 McLeod, J. (1996). Working with Narratives. In Rowan Bayne, Ian Horton & Jenny Bimrose (eds.), *New Directions in Counselling*. London : Routledge, p. 190.

第10章——感情志向の戦略

85 Mearns, Dave & Thorne, Brian (1988). *Person-Centred Counsejling in Action*. London : Sage Publications.

【ゲシュタルト療法】

86 Passons, William, R. (1975). *Gestalt Approaches in Counseling*. NY : Holt, Rinehart & Winston. Bill Passon の本は素晴ら

しい参考書である。ゲシュタルト療法の主な理論的要素を簡潔に概説し、それから主要な原則についてどのように実践に移せるかを示している。その原則が焦点化するものは、現在志向の気づき、言語的なアプローチと非言語的な気づきである。理論的な基礎が詳しく説明されるなかで欠けているものは、実際的な適用を説明することで埋め合わせされている。

87　Clarkson, Petruska (1989). *Gestalt Counselling in Action*. London : Sage Pubs. これも同様に実用的な本である（これも、*Counseling in Action* シリーズのなかの価値ある一冊である）。

88　Polster, Erving & Polster, Miriam (1974). *Gestalt Therapy Integrated : Contours of Theory and Practice*. NY : Random House/Vintage Books. サンディエゴの Polster 夫妻は、ゲシュタルト・セラピーの理論的な基盤のうえに、私にとってはきわめて明快な原稿を書いてくれた。この読みやすい本は以下の章から成っている。The 'Now Ethos,' The Living Figure, Resistance and Beyond, The Commerce of Resistance, The Contact Boundary, The Contact Functions, Contact Episodes, Awareness, Experiments, and Beyond One-to-One. この本は非常にわかりやすく、情報豊富である。

89　Oaklander, Violet (1978). *Windows to Our Children : A Gestalt Therapy Approach to Children and Adolescents*. Utah : Real People Press. この本は、そのタイトルが示すように、若い人々とかかわるときの参考書である。Passons の本のように、理論的に多くのものを提供してくれるものではないが、この本の豊かさは応用的なワークへの関心からもたらされる。Oaklander は、セラピーの過程を説明することや、特別な問題行動を取り扱うことと同様に、ファンタジー、描画、もの作り、お話作り、詩やパペット、感覚的な体験、上演や遊戯療法をどのように使用するかを示してくれている。

90　Frankel, Arthur J. (1984). *Four Therapies Integrated : A Behavioural Analysis of Gestalt, TA & Ego Psychology*. Englewood Cliffs, NJ : Prentice-Hall, Inc. これは、ゲシュタルト・アプローチを理解したり適用したりするのに、私が非常に価値があると思える参考書である。四つの治療的なアプローチを説明しており、その一つがゲシュタルトであるが、それらを行動療法との関連で分析している。この労作は、ゲシュタルト・セラピーの主原則のはっきりとした輪郭を提供し、その文脈のなかで抵抗が変化していくのを気づくサイクルを詳しく説明した、特に素晴らしい本である。

91　どんなアプローチを使うときにも、カウンセラーはその創始者の礎となる労作を、いくつかを読むべきである。その意味で価値ある文献は、Fritz Perls の単著を含む以下のものである。*Gestalt Therapy Verbatim*（一九七三年、Lafayette, Calif : Real

People Press刊), *The Gestalt Approach and Eyewitness to Therapy* (一九七三年, Palo Alto, Calif : Science and Behaviour Books刊), HefferlineとGoodmanとの共著 *Gestalt Therapy : Excitement and Growth in the Human Personality* (一九六九年, NY : Dell刊).

第11章——行動志向の戦略

【神経言語プログラミング】

92 Grinder, John & Bandler, Richard (1976). *The Structure of Magic Vols. I & II*. Palo Alto Calif : Science & Behaviour Books, Inc. ＮＬＰの古典的労作は、GrinderとBandlerによる次の二巻本である。第一巻目は、変化の構造、言語とマジック（有能なセラピスト魔術）、そして二巻目は、代表システムである。ＮＬＰアプローチの基盤となっているこの本は、別の著作のための基本書である。ＮＬＰグループの多くの本は、このアプローチの創始者、BandlerとGrinderによって開催される研修会の原稿から編集されている。この研修会の形式はわかりやすく、読書経験を含めて提供してくれる。しかし、本という形式では、いろいろな概念や諸技能からの設定が構造的に限定されるので、不満をおぼえるものがある。そのような研修会を基にした有名な著作は、以下のものである。Bandler, Richard & Grinder, John (1979). *Frogs into Princes*. Utah : Real People Press ; Grinder, John & Bandler, Richard (1981). *Trance-Formations : NLP and the Structure of Hypnosis*. Utah : Real People Press ; Bandler, Richard & Grinder, John (1981). *Reframing : NLP and the Transformation of Meaning*. Utah : Real People Press ; Bandler, Richard (1979). *Magic in Action*. Cupertino, Calif : Meta Publications ; Bandler, Richard (1985). *Using Your Brain — For a CHANGE*. Utah : Real People Press.

93 Langton, Stephen (1979). *Practical Magic : The Clinical Applications of NLP*. Cupertino Calif : Meta Publications. これはおそらく最も援助的で、よく構造化されたＮＬＰの書籍である。整理され、大変使いやすいやり方で設定された戦略に焦点を当てている。ＮＬＰそのものの性質に関心が払われているが、Langtonは、セラピーの実際的な行動をかなり詳述している。実際例と、アンカーリング、ディソシエーション、リフレーミング、メタファー、催眠、トランス、といったようなＮＬＰ介入に含まれる各ステップについて書かれている。

【リアリティ・セラピー】

94 Glasser, William (1965). *Reality Therapy : A New Approach to Psychiatry*. NY : Harper & Row. これは、リアリティ・セラピーの原典である。後の著作 *Schools Without Failure*（一九六九年、NY : Harper & Row 刊）では、若い人々のニーズに取り組むため、学校等の社会的状況にこのアプローチ広げている。さらに近年では以下のものがある。Glasser, William (1981). *Stations of the Mind : New Directions in Reality Therapy*. NY : Haper & Row ; Glasser, William (1985). *Control Theory*. HY : Harper & Row ; Glasser, William (1986). *Control Theory in the Classroom*. NY : Harper & Row.

95 Bassin, Alexander., Bratter, Thomas & Rachin, Richard (eds.). (1976). *The Reality Therapy Reader : A Survey of the Work of William Glasser*. NY : Harper & Row. これは非常に有益な参考書である。この本は、William Glasser 自身のこと、リアリティ・セラピーの理論、この方式を使った実践について書かれている。実践の章では特に、一般的、また特殊な状況でも、どのようにリアリティ・セラピーの主要な原則を適用するかが示してあるので有益である。

96 Cockburn, J. R. (1989). Reality Therapy : Interviews with Dr. William Glasser, *Psychologist. A Journal of Human Behaviour*, 26, 1, 13-16.

【コミュニケーション・スキル】

97 Carkhuff, R. R. & Berenson, B. G. (1976). *Teaching as Treatment*. Amherst : HRD Press.

98 Johnson, D. W. (1981). *Reaching Out* (*2nd ed*). Englewood Cliffs, NJ : Prentice-Hall ; Johnson, D. W. (1975). *Joining Together*. Englewood Cliffs, NJ : Prentice-Hall.

99 Carr, Jacquelyn B. (1979). *Communicating and Relating*. Menlo Park, Calif : The Benjamin/Cummings Publishing Co, Inc. ; Carr, Jacquelyn B. (1979). *Communicating with Myself*. Menlo Park, Calif : The Benjamin/Cummings Publishing Co, Inc.

【アサーション】

100 Bower, Sharon & Bower, Gordon (1978). *Asserting Yourself : A Practical Guide for Positive Change*. Massachusetts : Addison-Wesley Publishing Company. アサーション・トレーニング分野での熱心なトレーナーであるSharonとGordon Bowerは、自分たちの仕事をベースにしてこの本を書いた。より主張的になるためのステップ・バイ・ステップのプログラムでできた非常に実際的な手引書である。アサーションの性質、自尊感情を促進することや、ストレスの処理を扱っており、DESC（描写、感情表現、具体的提案、結果）の筋書きを紹介している。そして、DESC法をどのような状況で使うと役に立つかとか、その影響を強化する原則について探求している。

101 Arthur, Lange & Jakubowski, Patricia (1976). *Responsible Assertive Behaviour : Cognitive/Behavioral Procedures for Trainers*. Champaign Ill : Research Press. この本は、非主張的、主張的のそれぞれの基盤となる態度面について書かれている。

102 Manthei, Marjorie (1998). *Positively Me : A Guide to Assertive Behavior* (*New Edition*). Auckland : Methuen. この本は、アサーションのスキルに重きが置かれており、地域の資源が掲載されているという付加価値もある。

【私メッセージと積極的傾聴】

103 Gordon, Thomas (1975). *P. E. T. Parent Effectiveness Training*. NY : New American Library. Thomas Gordonによって書かれた、私メッセージのコミュニケーションを理解し、考案し、表現するのに、私の出会ったなかでは最も明確で使いやすい参考書である。私メッセージ、積極的傾聴、勝負なし法に導きながら、誰が問題を持っているのかを決定するGordonの基本公式は、両親と子どもたち、教師と生徒、リーダーと団員たちの間のコミュニケーションに向けて、さまざまな本で洗練されてきた。これは、基本的な情報源としていろいろな状況に合わせていける、私が最も大切だと思った本である。読みやすく、理解しやすく、簡単にクライエントとの実際場面に移すことができる。

【系統的脱感作】

104 Wolpe, Joseph (1958). Psychotherapy by Reciprocal Inhibition. Stanford Calif : Stanford University Press ; Wolpe, Joseph (1961). The Systematic desensitization treatment of neuroses. *Journal of Nervous and Mental Diseases*, 132, 189-203. この系統的脱感作法の創始者、Joseph Wolpe はさらに広範な著作を続けている。

105 Jacobson, Edmund (1942). *Progressive Relaxation*. Chicago : University of Chicago Press. この方法の重要な部分は、クライエントがリラックスするようにトレーニングすることである。それを行うためには多くの方法がある。しかしながら、この分野での古典的な著作は、Edmund Jacobson の漸進的リラクゼーションである。Jacobson の深い筋肉リラクゼーション法は、系統的脱感作の成功を引き上げるために、実に適切だと考えられている。

【オペラント・プログラム】

106 Krumboltz, John & Thoreson, Carl (1969). *Behavioral Counseling : Cases and Techniques*. NY : Holt, Rinehart and Winston, Inc. これは、介入の一方法であるオペラント戦略で行動療法を使った事例研究の本である。この本は、オペラント学習の原則がどのように実践に使われるかを理解するのに有益である。

107 Wolpe, Joseph & Lazarus, Arnold (1966). *Behavior Therapy Techniques*. NY : Pergamon Press. この本は、いろいろな技能を描写しながら、より完全な形で理論的基礎を論じている。

108 Carkhuff, R. R. (1973). *The Art of Program Development*. Amherst, Mass. : HRD Press. Robert Carkhuff はこのアプローチに含まれるオペラント手続きのプログラムを発展させ、実行するなかで、この有益なワークブックを書いた。目標設定の仕方、目標を実行すること、サブゴールを創ることが成功のためには重要であり、系統的であることや徹底的にまた弾力的にその原則を適用することの必要性を強調している。

109 Watson, David & Tharpe Roland. (1977). *Self-Directed Behavior : Self Modification for Personal Adjustment*. Monterey, Calif : BBBrooks/Cole Pub. Co. 応用面に焦点が当てられているこの参考書は、特別な援助になると思う。その書名が示すと

おり、この本は個人的ワークのためこのやり方を使うことに向けられている。したがって、非常に実際的であり、クライアントとのワークに容易に移行できる。

付　録

110 Carkhuff, Robert, R. (1973). *The Art of Problem-Solving*. Amherst : HRD Press.

監訳者あとがき

本書はGary Hermanssonによる*ECLECTIC COUNSELLING: Working With An Integrated Mode. 2nd edition*の全訳です。本書は、ニュージーランドのマッセイ大学大学院のガイダンス・カウンセリングコースのテキストとして、また他大学院生のカウンセラー養成のためのテキストとして、長く使用されてきました。私も、兵庫教育大学に在職中、本書を講義で使用しました。そのとき思ったのは、カウンセリングを進めていくモデルＡＲＰＩが非常にはっきり書かれていて、院生の人たちはもちろん、学部生にも説明しやすい、ということでした。カウンセリングを進めていく上での基礎的なことも、しっかりと書かれています。

Gary Hermansson先生は、ソーシャルワーカーとして、公的・私的機関に勤務され、その後、マッセイ大学の教授として二十五年間勤務されました。彼は、ニュージーランドにある八つの国立大学教授のなかで、折衷派カウンセラーの第一人者と称されている方でした。マッセイ大学はマッセイ教育大学と連携しており、本書はスクールカウンセリングの包括的なモデルの指導で役に立っていますが、そのほかにも、多様なクライアントの臨床の幅広いニーズに応えるための理論と実践の本としても役に立つでしょう。なお、現在Hermanssen先生は、カウンセリングに関わるお仕事のほかに、ニュージーランドのオリンピック選手の強化に関わる役職にもついておられます。

本書の独自性は、それぞれ異なったカウンセリング技法が、導入から終結まで、一貫したＡＲＰＩモデルとして体系化されていることです。そして、それぞれがバラバラのものではなく、筋の通った、そしてすぐに使用できる、実践の指南書として手ほどきをしてくれるように構成されていることです。心理臨床の領域に入り、初めてカウンセリングを習おうという人から、すでに心理臨床の現場でカウンセリングを実践されていて、さらにより経験を増やしたいという人まで、幅広くいろいろな立場の人たちに手に取っていただける本になっています。本書のなかの各技法に付けられたジョアンとケイトを中心にした仮想の治療事例は、それぞれを比較すると大いに読者の興味をそそるものと思います。

本書は、心理臨床で使われている折衷的なカウンセリング技法の主立ったものがほとんど取り上げられているために、大部の本であり、翻訳にあたっては、私、塩見邦雄と内林和子さんがかかり切りで翻訳の作業を行ってきましたが、本当にたくさんの月日がかかりました。

また、誠信書房編集部の中澤美穂様、松山由理子様には、出版までに本当にずいぶんとご迷惑をおかけいたしました。お二人のご援助にあつく御礼申し上げます。

塩見　邦雄

二〇〇九年十二月一日

●マ　行●

●ヤ　行●

●ラ　行●

●タ　行●

●ナ　行●

●ハ　行●

●サ　行●

●カ　行●

索　引

■監訳者紹介

塩見邦雄（しおみ　くにお）

1966年　京都大学教育学部卒

1971年　京都大学大学院教育学研究科博士課程単位修得退学

1980年　教育学博士（京都大学）

兵庫教育大学連合大学院（博士課程）専任教授，米国・デラウェア大学研究教授，中国・華南師範大学客員教授等を歴任

現　在　兵庫教育大学名誉教授

相愛大学人間発達学部教授・相愛大学人間発達研究所長

臨床心理士，学校心理士

著　書　『人格の基本構造の研究』風間書房，『こどもの学習意欲をたかめる：日本とアメリカの教育の比較から』北大路書房，『「しっかりした子」に育てる本』（共著）PHP 研究所

編著書　『発達心理学総論：エイジングの心理学』『心理検査ハンドブック』『社会性の心理学』『スクールカウンセリング：実践へのアドバイス』『学校の心理学：教育への心理学的支援』『対話で学ぶ心理学シリーズ　対話で学ぶ心理学』『対話で学ぶ心理学シリーズ　対話で学ぶ臨床心理学』

以上，ナカニシヤ出版　ほか

監訳書　『子どものしつけと規律』（G. G. ベアほか著）風間書房

■訳者紹介

塩見邦雄

（監訳者紹介参照）

内林和子（うちばやし　かずこ）

1970年　京都教育大学特殊教育学科卒

2000年　ニュージランド・マッセイ大学修士（特別支援教育ポストグラジュエイト・ディプロマ）

現　在　スクールカウンセラー，発達支援相談員，学校心理士

ギャリー・ハーマンソン
折衷的《せっちゅうてき》カウンセリング
——実践《じっせん》に役立《やくだ》つ統合《とうごう》モデル

2010年 3 月20日　第1刷発行

監訳者　塩見邦雄
発行者　柴田敏樹
印刷者　日岐浩和

発行所　株式会社　誠信書房
〒112-0012　東京都文京区大塚3-20-6
電話 03(3946)5666
http://www.seishinshobo.co.jp/

中央印刷　イマヰ製本所　落丁・乱丁本はお取り替えいたします
検印省略

Printed in Japan
ISBN 978-4-414-41439-4 C3011

傾聴カウンセリング
学校臨床編

ISBN978-4-414-40367-1

古宮 昇・福岡明子著

スクールカウンセラーが直面する様々な対応場面を，学校組織との関わり方を中心にQ&Aで解説する第Ⅰ部。転移・逆転移，投影，分離，抵抗など，精神分析的視点を踏まえた傾聴の本質を，７つの実際的な練習問題を用いて解説する第Ⅱ部で構成。カウンセリングの力量を高めるヒントが得られるとともに，学校臨床の現場を理解できる。

主要目次
第Ⅰ部　スクールカウンセラーへの実践アドヴァイス
◆スクールカウンセラーの心がまえについて
◆学校とのかかわり方
◆コンサルテーションを頼まれたら
◆守秘義務の範囲はどの程度？
◆暴力的な生徒の面接を頼まれたら
第Ⅱ部　傾聴カウンセリングの実践
◆視線恐怖・対人恐怖を訴える高１の男子
◆中３の娘が大量服薬で病院に搬送された母親
◆担任の男の先生が好きという高１の女子
◆彼からの大量メールで夜も寝られないという高２の女子
◆不登校の小６男児の担任である五十代の男性教諭

四六判並製　定価(本体1800円＋税)

傾聴術
ひとりで磨ける“聴く”技術

ISBN978-4-414-40364-0

古宮 昇著

傾聴の基礎にある来談者中心療法の真髄を，９つの実際的な場面設定の練習問題で分かりやすく解説。面接者の応答は話し手にどう伝わるか，どの応答なら話し手は本音を語ることができるのか，また，傾聴の無駄のない学び方も紹介した，今までにない傾聴技法の独学用テキスト。

主要目次
第１章　「傾聴」という援助法について
◆悩んでいる人を支える方法について
◆傾聴がなぜ支えになるのか
第２章　傾聴トレーニングの実践——応答の仕方
◆不登校で苦しむ女子中学生（３年）
◆引きこもりの息子をもつ母親（49歳）
◆離婚したいという主婦（51歳）
◆会社への不満を語るOL（30歳）
第３章　傾聴の実際
◆とにかく話し手を理解し，その理解を返そうと努めること
◆「間違えた！」と思ったとき
第４章　傾聴力をつけるために
◆傾聴力がつく学び方，つかない学び方
◆傾聴のコツ

四六判並製　定価(本体1400円＋税)

心理・精神療法ワークブック

ISBN978-4-414-40055-7

長尾 博著

心理療法の基本を，代表的な12種のワーク演習を通して解説。Ⅰ理論編では，心理療法の基礎をはじめ各種心理療法の特徴を解説。Ⅱワーク編では，各ワークの特長や実施する目的，適用できるクライエント，ふり返り時のポイントを明示。Ⅲアドバンス編では，症状別の心理療法実践のポイントなど，心理療法のエッセンスを紹介。

主要目次

Ⅰ　理論編
- ◆心理療法とは
- ◆各種心理療法の概説
  精神分析療法／来談者中心療法／ユング派心理療法／森田療法／他
- ◆心理療法の基本的技法
  関係療法／支持療法／表現療法／訓練療法／洞察療法／他

Ⅱ　ワーク編
- ◆自律訓練法／なぐり描き／コラージュ／風景構成法／箱庭／医療面接／他

Ⅲ　アドバンス編
- ◆心理療法家の職種について
- ◆心理療法家のモデルについて
- ◆年齢別の心理療法実践のポイント／他

A5判並製　定価(本体2200円＋税)

かかわり合いの心理臨床
体験すること・言葉にすることの精神分析

ISBN978-4-414-40056-4

森 さち子著

年齢，性別，病態が異なる様々な臨床素材を抽出し，クライエントとセラピスト間に生起する言葉にならない現象を浮き彫りにする。心理臨床の現場でますます重要になってきている相互交流，それを理解するための間主観性理論への格好の入門書である。

主要目次

第Ⅰ章　臨床体験――〈体験の現れ〉が相互交流に与えるインパクト
- ◆ふと口をついた言葉
- ◆受け入れがたい情緒をめぐるかかわり／他

第Ⅱ章　心の起源
- ◆心理療法過程における二つのテーマの相克
- ◆心の対話的起源――新しい展開／他

第Ⅲ章　情動調律
- ◆関係性に生起する「情動調律」
- ◆体験としての情動調律／他

第Ⅳ章　体験の現れと言葉化
- ◆〈体験の現れ〉について
- ◆〈体験の現れ〉と情動発達の関係

第Ⅴ章　臨床から理論へ・理論から臨床へ
- ◆臨床素材の検討
- ◆心理療法過程における相互交流

A5判上製　定価(本体2500円＋税)